【第二次改訂版】

離婚をめぐる相談100問100答

第一東京弁護士会人権擁護委員会 [編]

ぎょうせい

発刊の辞

　我が第一東京弁護士会の人権擁護委員会は、平成4年に両性の平等部会を設置し、同部会は、両性の平等に関わる様々なテーマで研究活動を行っています。
　その活動の一環として、同部会では、平成8年9月に本書の初版である「離婚をめぐる相談100問100答」を刊行し、10年後の平成18年1月には、その改訂版である「新・離婚をめぐる相談100問100答」を発刊致しました。さらに10年が経過した今般、その後の、法律の制定・改正や判例の変更等を踏まえて、再度、同書の全面改訂版を発刊することと致しました。本書は、離婚及びこれに関連する諸問題をQ&Aの形式で平易にまとめたもので、初版以来、その形式は変わりませんが、版を重ねる毎に、その時々の法改正や判例を反映するにとどまらず、部会での研究結果を踏まえ、内容も深めてきました。
　結婚した夫婦の3組に1組が離婚し、母子家庭の貧困が社会問題化している現在、公平な離婚給付の実現や離婚後の生活保障の問題は、解決すべき喫緊の課題となっております。離婚やその周辺の制度について、現在の法制度やその限界を知ったうえで離婚手続を進めることは、離婚後の新たな生活への再出発のためにも、大変重要であると考えます。
　離婚に直面している方、法律相談担当者など、離婚問題に関心をお持ちの皆様にとって、本書が参考となり、活用いただけることを願ってやみません。
　最後に本来の弁護士業務のかたわら、本書の執筆、編集にあたられた人権擁護委員会両性の平等部会の諸氏のご苦労に対し改めて敬意と感謝を表します。
　また、本書の刊行にあたって、多くの皆様から様々なご助力をいただきました。ここに、厚く御礼申し上げます。

平成28年1月

第一東京弁護士会

会長　岡　　正　晶

はじめに

　当部会は、平成8年9月に本書の初版を刊行し、平成18年1月に改訂版を出版しました。本書は、それに続く2回目の改訂版となります。

　前版の発刊から約10年が経過し、その間に家族法の分野では、家事審判法に代わり新たに家事事件手続法が制定され（平成25年1月1日施行）、調停や審判の手続が変わりました。また、両親の離婚により心身に大きな影響を受ける子どもについて、離婚後の養育費の負担や面会交流の明文化、ハーグ条約の批准と国内法の制定、親権停止制度や子ども手続代理人制度の創設など、子どもの保護を強める動きがあり、さらに、日弁連では、実務に定着している養育費及び婚姻費用算定表について問題点を指摘し、見直しの検討を進めています。前版の発刊直後に施行された離婚時の年金分割は、施行から10年近くが経過し、平成20年5月1日の離婚からは3号分割制度がはじまり、また昨年10月1日に施行された年金の厚生年金への一元化に伴い、手続の一部が変わりました。本書は、これらについて、その運用状況や具体的な手続を含め、平易な解説を試みるとともに、その限界や問題点にも触れています。特に、家事事件手続法の制定を受け、旧版では余り触れていなかった離婚手続について、各自が取り扱った事例などを持ち寄り、解説に力を入れました。

　「離婚」は、「結婚」に対峙する概念としてマイナスイメージは拭えませんが、結婚した夫婦の3分の1が離婚しているという統計上の数字をみれば、もはや離婚は特別なものではなく、誰の身にも起こりうる身近な出来事といえます。離婚後には、当然、新しい生活が待っていますので、法律実務家は、離婚する当事者が、できるだけ禍根を残さない形で婚姻関係を清算し、新しい生活へ踏み出すための一歩とできるよう手助けすることが重要となります。そこで、本書では、前版のときと同様、公平な離婚給付の実現など、離婚時における両性の平等を図るとともに、離婚に伴って生ずる多くの問題について、それらを規律する法制度や関連する周辺諸制度も視野に入れ、離婚後の生活や経済的な保障の問題も含めて、よりよい方策を提供するべく検討を重ねて参りました。

　ところで、本書の初版が発刊された平成8年は、法制審議会が①婚姻適齢を男女とも18歳とする、②女性の再婚禁止期間を6か月から100日に短縮する、

③選択的夫婦別姓制度を導入する、④非嫡出子の相続分を嫡出子と同等にする、⑤離婚に際しての財産分与は特段の事情がない限り平等とする、等を内容とする「婚姻制度の改正に関する要綱」の答申を法務大臣に提出した年です。この答申の内容はすべて、婚姻制度における両性の平等を実現するために不可欠なものであり、当部会の目指すところと一致するものでしたが、政府部内の異論から国会に提出さえされずに20年が経過しました。しかし、実は、この答申の一部は別の形ですでに実現し、また遅ればせながら実現しようとしています。例えば、離婚に伴う財産分与については、いわゆる2分の1ルールが実務上定着しています。また非嫡出子の相続分については、平成25年9月4日の最高裁違憲判決を受け、民法改正が実現しました。そして、本書の発刊直前である、平成27年12月16日、最高裁判所が、女性のみ6か月の再婚禁止期間を定める民法733条について、100日超過部分は憲法14条1項及び同24条2項に違反するとの判決を言い渡しました。この判決を受け、国会が民法改正に踏み切ることが強く期待されます。このように、停滞しているかに見える家族法の整備も、社会情勢や家族観の変化に対応していかなければならない現実があることを痛感します。

　一方、同日、最高裁判所は、夫婦同姓を強制する民法750条については、違憲ではないと判断しました。非常に残念な結果ですが、この判決では、5人の裁判官（女性裁判官3人は全員）が詳細な理由を付し、違憲であるとの意見を述べています。この規定についても更なる世論の高まりにより、近い将来民法改正が実現するよう願わずにはいられません。

　当部会は、今後とも社会の動きを見据えながら、両性の平等に関わる様々な法制度や運用についての研究活動を続けていきたいと考えております。

　本書が、皆様のご参考になりますことを、心より祈念しております。

平成28年1月

　　　　　　　　　　　　　　　　　　第一東京弁護士会人権擁護委員会

　　　　　　　　　　　　　　　　　　委員長　鮎　川　一　信

　　　　　　　　　　　　　　　　　　同両性の平等部会

　　　　　　　　　　　　　　　　　　部会長　安　田　まり子

凡　例

　本書では、裁判所、裁判例の出典及び法令の名称について下記の略語が用いられている。

(一)　**裁判所**

　裁判所については、その裁判所名を次の略語で示した。

　　最　　　　　最高裁判所
　　○○高　　　○○高等裁判所
　　○○地　　　○○地方裁判所
　　○○家　　　○○家庭裁判所

(二)　**裁判例の出典**

　公表された裁判例については、その出典名を次の略語で示した。

　　裁判集民　　最高裁判所裁判集民事
　　民集　　　　最高裁判所民事判例集
　　高民　　　　高等裁判所民事判例集
　　下民　　　　下級裁判所民事裁判例集
　　家月　　　　家庭裁判月報
　　判時　　　　判例時報
　　判タ　　　　判例タイムズ
　　ジュリ　　　ジュリスト
　　裁時　　　　裁判所時報
　　訟月　　　　訟務月報
　　労民　　　　労働関係民事裁判例集
　　労判　　　　労働判例
　　裁決事例　　国税不服審判所裁決事例集
　　税資　　　　税務訴訟資料

(三)　**法　令**

　法令名については、次の略語で示した。

　　育児・介護休業法　　育児休業、介護休業等育児又は家族介護を行う労働者の
　　　　　　　　　　　　福祉に関する法律

家事法	家事事件手続法
家事規	家事事件手続規則
戸籍規	戸籍法施行規則
雇用均等法	雇用の分野における男女の均等な機会及び待遇の確保等に関する法律
児童虐待防止法	児童虐待の防止等に関する法律
住基法	住民基本台帳法
所基通	所得税基本通達
人訴	人事訴訟法
ストーカー規制法	ストーカー行為等の規制等に関する法律
相基通	相続税法基本通達
措置法	租税特別措置法
DV防止法	配偶者からの暴力の防止及び被害者の保護等に関する法律
入管法	出入国管理及び難民認定法
通則法	法の適用に関する通則法
扶養準拠法	扶養義務の準拠法に関する法律
民執法	民事執行法
民訴	民事訴訟法
労基法	労働基準法
労災保険法	労働者災害補償保険法

目　次

発刊の辞
はじめに
凡　例

第1章　離婚手続

- **Q1** 離婚手続（離婚の種類） ······················ 2
- **Q2** 家事事件手続法のポイント ···················· 5
- **Q3** 調停手続 ··································· 8
- **Q4** 審判手続 ·································· 11
- **Q5** 訴訟手続（原審） ·························· 13
- **Q6** 離婚成立後の手続 ·························· 16
- **Q7** 子どもの利益保護・子どもの手続代理人 ········ 18

第2章　離婚原因

- **Q8** 偽装離婚届と有効性 ························ 22
- **Q9** 離婚の有責主義から破綻主義へ ················ 24
- **Q10** 不貞行為 ·································· 28
- **Q11** 悪意の遺棄・同居協力扶助義務違反 ············ 31
- **Q12** 精神病・認知症・難病等 ···················· 35
- **Q13** 暴力・虐待行為 ···························· 40
- **Q14** 性格不一致・愛情喪失と熟年離婚 ·············· 44
- **Q15** 不貞・暴力（精神的暴力を含む）の立証 ········ 48

第3章　財産分与・慰謝料

- **Q16** 財産分与・慰謝料 ·························· 54
- **Q17** 財産分与の対象 ···························· 56

Q18	財産分与の基準 ……………………………………… 60
Q19	慰謝料の基準 ………………………………………… 63
Q20	財産分与・慰謝料の請求手続 ……………………… 66
Q21	不貞相手に対する慰謝料請求 ……………………… 69

第4章　親権・面会交流・子の引渡し

Q22	親権とは何か ………………………………………… 72
Q23	親権者の指定 ………………………………………… 75
Q24	親権の変更 …………………………………………… 79
Q25	親権者と未成年子の利益相反行為及び特別代理人の選任 …… 82
Q26	親権と監護権の分属 ………………………………… 84
Q27	子の奪取 ……………………………………………… 86
Q28	子どもとの面会交流（特に別居中の場合）……… 91
Q29	相手方が面会交流を拒否した場合 ………………… 95
Q30	DVがあった場合の面会交流 ……………………… 98

第5章　養育費・婚姻費用

Q31	養育費の支払義務 ………………………………… 102
Q32	離婚後の養育費の請求 …………………………… 104
Q33	養育費の算出方法 ………………………………… 107
Q34	養育費の増減請求 ………………………………… 112
Q35	養育費の請求権の放棄 …………………………… 114
Q36	養育費の一括払い ………………………………… 116
Q37	協議離婚後の養育費の支払遅滞 ………………… 118
Q38	再婚に伴う養育費負担義務 ……………………… 121
Q39	婚姻費用の支払義務 ……………………………… 123
Q40	婚姻費用の算出方法（住宅ローンがある場合）…… 126
Q41	養育費・婚姻費用の支払確保 …………………… 130

第6章　外国人との離婚

- **Q42** 外国人との離婚手続 …………………………………… 134
- **Q43** 離婚後の在留資格（ビザ） …………………………… 139
- **Q44** 渉外離婚と子どもの親権・養育費・面会交流 ……… 142
- **Q45** 渉外離婚と慰謝料・財産分与 ………………………… 146
- **Q46** 渉外離婚と氏 …………………………………………… 149
- **Q47** 外国の離婚判決の効力 ………………………………… 151
- **Q48** 日本における外国人夫婦の離婚 ……………………… 155
- **Q49** ハーグ条約 ……………………………………………… 159

第7章　戸籍と氏

- **Q50** 戸籍とは何か …………………………………………… 164
- **Q51** 離婚の届出の方法と戸籍上の記載 …………………… 168
- **Q52** 離婚後の氏 ……………………………………………… 170
- **Q53** 離婚届の不受理申出制度 ……………………………… 173
- **Q54** 母の氏を称する入籍 …………………………………… 176
- **Q55** 住 民 票 ………………………………………………… 178

第8章　家族手当・会社の福利厚生施設等

- **Q56** 家族手当の受給資格 …………………………………… 182
- **Q57** 別居と家族手当・住宅手当 …………………………… 184
- **Q58** 社宅の入居資格 ………………………………………… 187
- **Q59** 退職金の受け取り ……………………………………… 189
- **Q60** 死亡退職金の受給権者 ………………………………… 191
- **Q61** 労災保険給付の受給権者 ……………………………… 193
- **Q62** 育児休業 ………………………………………………… 195
- **Q63** 離婚と職場でのハラスメント ………………………… 197

第9章　税　金

Q64	離婚と税金一般	200
Q65	財産分与と譲渡所得課税	202
Q66	税額計算	205
Q67	譲渡損失と債務引受けの課税関係	208
Q68	財産分与と贈与税	211
Q69	贈与税の配偶者控除	213
Q70	配偶者控除・配偶者特別控除とその判定時期	215
Q71	扶養控除と寡婦控除	217
Q72	養育費の一括払いと税金	220

第10章　年　金

Q73	年金制度一般	224
Q74	年金の切替え手続	227
Q75	離婚時の年金分割制度	229
Q76	合意分割の手続	232
Q77	3号分割の手続	237
Q78	加給年金・遺族年金と離婚	239
Q79	内縁の妻と戸籍上の妻との間の遺族厚生年金の帰属	241
Q80	私的年金	243

第11章　健康保険

Q81	医療保険一般	246
Q82	保険証がない場合	249
Q83	妻の就職と医療保険	253
Q84	子どもの保険証	255
Q85	離婚に伴う妻の医療保険	257
Q86	離婚に伴う子どもの医療保険	259
Q87	離婚後の子どもの医療保険の変更	261

第12章　児童扶養手当

- **Q88**　児童扶養手当の受給資格 ・・・・・・・・・・・・・・・・・・・・・・・・・・・・・・・・・ 264
- **Q89**　児童扶養手当請求の手続 ・・・・・・・・・・・・・・・・・・・・・・・・・・・・・・・・・・ 267
- **Q90**　児童扶養手当支給の所得制限 ・・・・・・・・・・・・・・・・・・・・・・・・・・・・・ 270
- **Q91**　児童扶養手当と養育費の関係 ・・・・・・・・・・・・・・・・・・・・・・・・・・・・・ 273
- **Q92**　生活保護と児童扶養手当 ・・・・・・・・・・・・・・・・・・・・・・・・・・・・・・・・・・ 275
- **Q93**　児童扶養手当と外国人 ・・・・・・・・・・・・・・・・・・・・・・・・・・・・・・・・・・・・ 276
- **Q94**　児童育成手当等のその他の福祉制度 ・・・・・・・・・・・・・・・・・・・・・ 277

第13章　DV・ストーカー

- **Q95**　保護命令 ・・ 280
- **Q96**　一時保護と避難時の留意事項 ・・・・・・・・・・・・・・・・・・・・・・・・・・・・・ 285
- **Q97**　DV事件における警察の役割 ・・・・・・・・・・・・・・・・・・・・・・・・・・・・・・ 288
- **Q98**　DV事件におけるストーカー規制法の利用 ・・・・・・・・・・・・・・・ 292
- **Q99**　離婚手続における安全確保 ・・・・・・・・・・・・・・・・・・・・・・・・・・・・・・・ 295
- **Q100**　別居後の生活の維持 ・・・・・・・・・・・・・・・・・・・・・・・・・・・・・・・・・・・・・ 298

編集後記

執筆者一覧

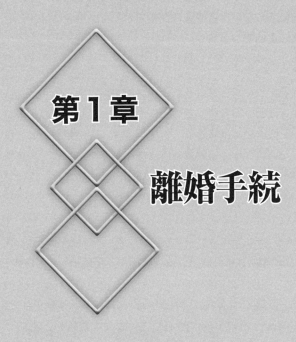

第1章 離婚手続

Q1 離婚手続(離婚の種類)

私は、夫との離婚を考えています。協議離婚はどのような場合にできますか。もし、夫が離婚に応じない場合や条件が折り合わない場合には、どのような手続をとったらよいでしょうか。

離婚と親権者について合意できれば協議離婚が可能です。慰謝料、財産分与、年金分割、養育費などの条件も離婚と同時に決めるのが一般的ですが、離婚後に決めることもできます。夫が離婚に応じない場合や条件が折り合わない場合は、家庭裁判所に離婚調停を申し立て、裁判所で話し合います。調停が不成立となった場合は、離婚訴訟を提起し、裁判で争うことになります。

1 離婚の種類

離婚には、協議離婚、調停離婚、審判離婚、裁判離婚(認諾離婚、和解離婚、判決離婚)があります。

人口動態調査によれば、平成26年婚姻数64万3749組に対し、離婚数は22万2107組で、おおよそ3組に1組の夫婦が離婚しています。離婚の方法についての割合は、ここ数年大きな変動はなく、協議離婚が87%台、調停離婚が約10%、和解離婚が約1.5%、判決離婚が1%強となっています。

離婚の種類別にみた年次別離婚件数及び百分率

	総数 %	協議離婚 %	調停離婚 %	審判離婚 %	和解離婚 %	認諾離婚 %	判決離婚 %
H22	251378	220166	24977	84	3648	30	2473
	100	87.6	9.9	0	1.5	0	1
H23	235719	205998	23576	69	3478	24	2574
	100	87.4	10	0	1.5	0	1.1
H24	235406	205074	23616	82	3831	15	2788
	100	87.1	10	0	1.6	0	1.2
H25	231383	201883	23025	173	3502	17	2783
	100	87.3	10	0.1	1.5	0	1.2
H26	222107	194161	21855	298	3303	18	2472
	100	87.4	9.8	0.1	1.5	0	1.1

2　協議離婚

　協議離婚とは、婚姻中の夫婦が離婚の合意をするもので、法定の離婚原因は必要ありません。ただし、未成年子がいる場合は、それぞれの子の親権者を父か母のどちらか一方に定める必要があります。

　協議離婚の届出方法は、Q51を参照してください。

　未成年子がいる場合には、面会交流と養育費についても父母の協議で定めることが求められており（民法766条）、離婚届にも取り決めの有無のチェック欄が設けられていますが、離婚の要件ではありませんので、取り決めていない場合やチェックしない場合にも離婚届は受理されます。

　その他の離婚に伴う条件（例えば、慰謝料、財産分与、年金分割など）も、離婚と同時に決めるのが一般的ですが、離婚後に決めることもできます。ただし、それぞれ期間制限がありますので注意してください（Q20、76、77）。

　離婚の条件については、公証役場で公正証書を作成することも考えられます。公正証書は、強制執行認諾文言を挿入することで、金銭的な給付については債務名義となり、裁判手続を経ずに強制執行の手続をすることが可能となります。また、年金分割の手続も単独で行うことが可能となります（Q76、77）。

3　離婚調停と審判

(1)　調　　停

　離婚自体や離婚の条件について協議がまとまらない場合には、家庭裁判所に離婚調停を申し立て、裁判所で話し合うことになります。

　離婚事件については、原則として訴訟に先立ち、家庭裁判所に調停の申立てをし、話し合いによる紛争の解決を図るべきものとされています（調停前置主義）（家事法257条1項）。調停手続を経ずにいきなり離婚訴訟を提起すると事件は調停に付されることになります（同条2項）。もっとも、相手方が行方不明であったり、外国に居住していたりして離婚の協議ができない場合には、調停手続を経ることなく、直ちに離婚の訴えを提起することができます。

　調停離婚は、協議離婚と同様、法定の離婚原因を要求されませんが、公序良俗に反する離婚や、相手方に著しく過酷な条件での離婚は成立させられないものと考えられています。

　調停の手続については、Q3を参照してください。

調停で合意ができれば、家庭裁判所はその合意事項を調停調書に記載し、その時点で離婚が成立します（同法268条1項）。

調停成立後の手続については、Q6、51、76、77を参照してください。

(2) 審　　判

数は少ないですが、審判離婚という制度もあります。

審判の手続については、Q4を参照してください。

4　離婚訴訟

調停が不成立となった場合には、家庭裁判所に離婚訴訟を提起することになります。

裁判の手続については、Q5を参照してください。

原審の判決に不服がある場合には、高等裁判所に控訴をすることができます。原審は家庭裁判所の人事訴訟部で取り扱われますが、高等裁判所には人事訴訟の専門部はありませんので、控訴審は高等裁判所の民事部で取り扱われます。

控訴審は、原審の審理を踏まえた続審ですので、審理期間は比較的短くすみますが、和解期日を重ねた後に判決となった場合など、それなりの審理期間を要する場合もあります。

また、控訴審の判決に不服がある場合には、最高裁判所に上告をすることができます。ただし、上告審は法律審で上告理由は憲法違反等に限られていますので、控訴審判決の事実誤認を上告理由とすることはできません。

離婚訴訟では、一般の民事事件と異なり、財産分与や慰謝料等の金銭給付に仮執行宣言がつきませんので、判決が確定するまで強制執行をすることはできません。したがって、早期の解決を望むのであれば、和解で解決する方が得策の場合もあります。

判決確定後の手続については、Q6、51、76、77を参照してください。

2 家事事件手続法のポイント

離婚などの家事事件手続が以前とは変わったと聞きました。新しい制度はこれまでとはどのように違うのでしょうか。また、実際にどのように運用されるのでしょうか。

 平成25年1月から家事事件手続法(以下、「家事法」といいます。)が施行されました。家事法は、それまでの家事審判法及び家事審判法規則に代わり、家庭裁判所での調停手続と審判手続の基本を定めた法律です。

1 調停及び審判の対象となる事件

家庭裁判所は家事法の「別表第1及び別表第2に掲げる事項」について審判を行います(家事法39条)。別表第1事件は、成年後見人選任、養子縁組許可、失踪宣告、氏名変更許可など公益的に判断がなされる事件、別表第2事件は、婚姻費用分担請求、面会交流請求、遺産分割など対立する当事者間で争われる事件です。別表第1事件については当事者間の話し合いによる解決がありえないため調停はできませんが(同法244条)、別表第2事件は当事者間の話し合いによる自主的な解決が期待できることから、審判に先立ち家事調停が申し立てられるのが一般です。家事調停が不成立になると、審判手続に移行します(同法272条4項)。

また、家庭裁判所は人事に関する訴訟事件(離婚、離縁等)その他家庭に関する事件について家事調停を行うことができます(同法244条)。

2 手続改正のポイント

別表第1、第2事件は旧法である家事審判法の甲類事件、乙類事件に対応しており、調停及び審判の対象となる事件の種類や、調停及び審判手続の基本的な枠組みに旧法と大きな変わりはありません。ただし、家事法では、これまでの家事手続の一部が時代のニーズ(当事者の権利意識や主体性の高まり、手続の利便性の向上等)に応じて改められました。その大きな柱は三つあります。

(1) 手続の透明性を図ること

　当事者が主体的に手続に向き合い、手続に納得するには、裁判所の手続がどのように進行し、裁判所が何に基づいて判断するのかを理解することが重要です。そこで、当事者がお互いの提出資料や主張などの情報を共有し、手続の透明性を確保するための手続が規定されました。

① 提出資料等の共有

　調停及び審判の申立書は、原則として相手方に送付されます（家事法67条、256条）。また、家庭裁判所は、審判の資料として事実の調査を行った場合、その旨を当事者に対して通知します（同法70条）。当事者が審判の事実の調査の対象となった記録の閲覧・謄写を請求した場合、審判の場合には原則許可され（同法47条3項）、当事者や第三者の私生活や業務の平穏を害するおそれがある場合等、許可すべきでない特別の事情があるときに限り、裁判所はこれを許可しないことができます（同法47条4項）。

　これに対し、調停の場合には、記録の閲覧・謄写請求は裁判所が相当であると認めるときに許可されることになっています（同法254条3項）。ただし、婚姻費用、養育費、財産分与、年金分割などは、調停においても収入や財産に関する資料に基づいて話し合いを進めていくことが、適正かつ迅速な紛争解決のために必要であるため、当事者から資料や主張書面の提出を受ける際には、他方当事者交付用の写しも提出するよう求められることがあります。

② 双方立会手続説明

　家庭裁判所では、調停の際に「双方立会手続説明」（同席説明）を実施し、調停委員が調停期日の開始時及び終了時に、双方当事者本人立ち会いの下で手続の説明、当日議論された内容、他方当事者の言い分、双方の対立点、調停委員会の認識・見解、次回期日までの双方の検討課題、進行予定等の説明を行い、共通理解を持つという運用がなされています。ただし、双方が立ち会うことは強制ではありません（Q3の2(1)参照）。

(2) 手続の利便性を図ること

① 電話会議システムの利用

　当事者の一方又は双方が遠隔地に居住しているため、裁判所の審判期日及び調停期日の出頭が難しいような場合や、これに準じて相当と認められる場合、電話会議やテレビ会議の方法によって、審判及び調停手続を実施することができます（家事法54条、258条）。電話会議等の方法による調停を希望する場合は、申立

時又は期日に申し出を行い、調停委員会がその当否を判断します。単に忙しくて出頭が難しい、他方当事者と顔を合わせたくないという理由では電話会議等の実施は認められません。また、電話の場合、本人確認が困難であり、裁判所が認めない第三者の臨席や、やりとりが録音される危険があるため、携帯電話や自宅の固定電話の利用は認められず、手続代理人弁護士の法律事務所か、最寄りの家庭裁判所の電話から行います。ただし、離婚又は離縁については、電話会議等によって調停を成立させることはできません。離婚又は離縁の合意ができても、調停が成立する際には当事者双方が裁判所の期日に出頭している必要があります。又は、「調停に代わる審判」（②で後述）で離婚又は離縁をすることになります。

審判手続においても同様に当事者の申出に基づいて、裁判所が電話会議等の当否を判断します。

② 「調停に代わる審判」の対象の拡大

「調停に代わる審判」とは、当事者間に実質的な合意がある場合、合意はないが当事者に一定の結論を受け入れる下地がある場合に調停を不成立として家事審判手続に入るのではなく、調停裁判所が一切の事情を考慮して事件の解決のために妥当と考える審判をすることができるというものです。旧法では、「調停に代わる審判」ができるのは離婚事件・離縁事件に限られていましたが、家事法においてその範囲は養育費、婚姻費用等の別表第２事件にまで拡大しました（同法284条）。これにより、審判という形をとりながら、紛争の簡易迅速な解決、円満解決を目指す道がひろがりました。

(3) 子どもの意思を反映させること

家事法では、家庭裁判所は、未成年者である子がその結果により影響を受ける家事事件においては、子の陳述聴取、家庭裁判所調査官による調査その他の方法により、子の意思を把握するよう努め、子の年齢及び発達の程度に応じてその意思を考慮しなければならないとしています（家事法65条、258条）。

また、子の監護に関する処分の事件（財産上の給付を求めるものを除く）、親権者指定・変更事件、未成年後見事件等、特定の家事審判をする場合においては、子（15歳以上の子に限る）の陳述を聴取しなければならないことも定められています。

さらに、家事事件の結果により影響を受ける子の福祉に配慮するため、子どもに一定の場合に手続行為能力を認め、子を利害関係参加人として手続行為を可能としています。詳しくはQ7をご参照ください。

Q3 調停手続

夫と離婚の話し合いをしていますが、お互い感情的になってしまって話がまとまりません。家庭裁判所に調停を申し立てようと思いますが、調停とはどのような手続なのでしょうか。弁護士に依頼しなければなりませんか。

夫婦間の話し合いで離婚の合意ができない場合、又は離婚自体には合意していても、子どもの親権、養育費、財産の分け方など、離婚の条件で合意ができない場合には、家庭裁判所の調停手続で合意を目指すことになります。

1 夫婦関係調整調停の申立て

(1) 管　　轄

家事調停事件の管轄は、相手方の住所地を管轄する家庭裁判所又は当事者が合意で定める家庭裁判所です（家事法245条1項）。

(2) 申立書類書式

夫婦間で離婚について話し合う調停は「夫婦関係調整調停」といいます。申立書類一式とその記載例は、もよりの家庭裁判所に行ってもらうこともできますし、インターネットで裁判所のホームページ（http://www.courts.go.jp/tokyo-f/saiban/tetuzuki/syosiki02/等）からダウンロードすることも可能です。申立書類はチェック方式となっていますので、法律的な知識がなくても、記載漏れなく確実に作成することが可能です。

(3) 申立書の相手方への送付

調停申立書は、原則として相手方に写しが送付されます（家事法256条1項）。また、その他の提出書類は相手方から閲覧謄写申請があった場合、これが許可されることがあります。例えばDV案件で、住所や仕事先を相手に知られたくない場合には、申立書に記載する住所は、同居していた時の住所や、相手方に知られても差し支えない住所にしておくことが必要です。また、申立書以外の書類については、相手方に開示したくない理由を記載した非開示申出書を作成し、提出書類とホチキス留めをして一体として提出することで、裁判官に相手

方からの閲覧・謄写申請を許可するかどうかを慎重に判断してもらうことが期待できます。源泉徴収票や給与明細等、調停での話し合いに必要な提出資料の一部に秘匿情報が記載されている場合には、秘匿すべき箇所を黒塗りし、マスキングしておくという対応が必要となります。

調停申立書に紛争の経緯などを過度に詳細に記載すると、その記載内容によっては相手方の感情を逆なでし、相手方の出頭確保や、調停の円滑な進行に支障が生じる可能性があります。そこで、調停申立書は、調停の開始に必要十分な記載となるよう定型のチェック方式の書式となっています。

調停申立書と一緒に提出する事情説明書は、相手方からの閲覧・謄写申請があれば、一般的に許可相当とされる書面です。一方、進行照会回答書、非開示申出書は一般的に不許可相当とされています。

(4) 期日等の連絡

調停申立書が家庭裁判所に受理されると、調停期日が決められ当事者双方に通知されます。相手方には、申立書の写しとともに、手続説明書面、答弁書書式、連絡先等の届出書、進行照会回答書、非開示の希望に関する申出書の用紙が送られ、期日1週間前までに答弁書等の提出をするよう指示がなされます。

2　調停の進行

(1) 手続説明

調停期日当日、申立人と相手方はそれぞれ別の待合室で調停開始を待ちます。調停開始時と終了時には、両当事者は調停室に入室し、調停委員から手続進行に関する説明を受けます（手続説明）（Q2参照）。これは双方の言い分を聴く手続ではなく、手続の明確性、透明性確保と効率的な進行のために実施されるものですが、双方立会は強制ではなく、DV等の問題がある場合、心理的に強い抵抗がある当事者の場合には、それぞれ別に手続説明を受け、又は、代理人が代わりに手続説明に立ち会うことができますので、その旨申し出てください。

(2) 事情の聴き取りと合意形成

調停事件を担当する裁判所の調停委員会は、裁判官と調停委員（男女2名）で構成されますが（家事法248条）、裁判官は常に同席するのではなく、進行について特に協議が必要な場合や調停の成立、不成立時にのみ同席します。

調停手続では、当事者が交互に調停室に入室して調停委員に実情を訴え、調停委員は必要に応じて裁判官と協議しながら、条理にかない実情に即した適正

妥当な合意の形成を目指し、調整をします。調停期日は、調停が成立又は不成立となるまで、1か月に1回程度の頻度で開かれます。

(3) 調停の成立又は不成立

　調停は当事者の自由意思に基づく合意により成立します。調停が成立した場合には、合意の内容を記載した調停調書が作成され、離婚は調停成立と同時に成立します。

　調停の合意は確定判決と同じ効力を持ちますので、例えば相手方が申立人に一定額の金銭を支払うという合意が調停調書に記載されれば、不履行の場合には申立人は調停調書で強制執行を申し立て、相手方の給料等の財産を差し押さえてこれを回収することが可能です。

　調停の合意は強制できるものではありません。合意ができなければ調停は不成立となります。この場合には、不成立調書が作成されます。

3　弁護士依頼の必要性

　家事調停は、調停委員会のサポートのもとで法律的知識のない方、経済的に余裕のない方でも手軽に利用することができる話し合いの制度ですから、基本的には弁護士を依頼する必要はありません。ただ、高額な財産分与・慰謝料が生じるケース、DV案件で本人が一人で手続を行うことに不安が強いケース、争点が複雑で十分に調停で言い分を伝えられるか心配なケースでは、弁護士への依頼を検討してもよいと思います。弁護士が手続代理人となった場合でも、調停期日には本人も出席するのが原則です。少なくとも、離婚調停成立時には本人が出席している必要があります。

Q4 審判手続

離婚には審判離婚というものもあるようですが、どのような場合に審判離婚となるのでしょうか。婚姻費用を決めたり、子どもの面会交流を決めたりする通常の審判手続とは異なるのでしょうか。

A

1 審判離婚とは

家庭裁判所は、調停に付されている離婚事件について、調停成立の見込みはないが、なお審判が相当であると考えられる事案では、「調停に代わる審判」をすることができます（家事法284条1項）。これを審判離婚といいます。

調停事件の延長線上にある手続ですので、改めて離婚訴訟手続をとるよりも、簡易、迅速に合理的な解決を図ることが可能です。

審判離婚（調停に代わる審判による離婚）がなされるのは、①離婚について実質的合意ができていても、当事者の一方が遠隔地にいたり、入院していたりして調停に出席できない場合、②離婚自体については合意ができていても、親権者・監護権者の指定、養育費、財産分与などの付随的部分について合意ができず、ただ、当事者が裁判所の判断には従う意向を示しているような場合、③外国人と日本人、又は、外国人同士の離婚において、離婚について合意ができていても、当該国の法律が協議離婚を認めておらず、離婚がその国でも有効とされるために裁判所が離婚を判断する必要があるような場合です。

当事者間に離婚について合意の余地がない場合、事実認定・法的判断に関して大きな争いがある場合は、審判に対して異議の申立てがなされる可能性が高いため、審判離婚には適しません。

2 審判離婚の手続

調停に代わる審判は、婚姻費用や面会交流等、別表第2事件の通常の審判手続（Q2参照）とは異なり、裁判所が職権で行うものです。すなわち、裁判所が、当事者双方の衡平、調停手続で聴取された事情、提出された書面、調査の結果

等の一切を考慮し、調停委員の意見を聴いて調停事件の解決のために必要な審判を行います。

3 審判離婚の効力

　審判がなされた場合であっても、当事者が審判の告知を受けた日から２週間以内に適法な異議の申立てをすれば、その審判はすべて効力を失います（家事法286条1・5項）。

　審判に対して適法な異議の申立てがなければ、その審判は確定し、判決と同一の効力が生じます（同法287条）。

4 別表第２事件についての調停に代わる審判

　ところで、家事法の施行により、離婚・離縁のみならず別表第２事件の調停についても、調停に代わる審判が可能となりました。特に、迅速に解決する必要のある婚姻費用、養育費の事件で積極的に活用されています。

　別表第２事件では、あらかじめ、書面で調停に代わる審判に応じる旨を共同で申し出た場合には、審判に対して異議の申立てをすることができなくなります。この共同申出がなされると、２週間の経過を待たず審判は確定します。

　離婚・離縁については、共同申出をすることはできません。

5 訴訟手続（原審）

　夫と離婚調停中ですが、言い分が食い違いとても合意できそうにありません。調停が不成立となった場合には、裁判をするしかないと聞きましたが、離婚訴訟とはどのような手続でしょうか。

　調停が不成立となったときは、家庭裁判所に離婚訴訟を提起することができます。訴訟における審理は通常の民事訴訟事件と基本的には変わりませんが、人事訴訟法に一部、民事訴訟とは異なる手続が定められています。ここでは、民事裁判とは異なる点を中心に解説します。
　また、裁判離婚が認められるためには、法定の離婚原因が必要です。

1　離婚訴訟の管轄

　離婚訴訟を管轄するのは、「原告又は被告の普通裁判籍」（すなわち原告又は被告のどちらかの住所地）の家庭裁判所（人訴4条）です。
　また、調停を行った家庭裁判所は、離婚訴訟の管轄がない場合でも、特に必要があると認めるときは、申立て又は職権で自ら審理・裁判ができます（人訴6条）。これを自庁処理といいます。

2　離婚原因

　裁判離婚の場合に判決で離婚が認められるためには、民法770条1項各号に定められた離婚原因が必要ですので、原告は、離婚原因が存在することを主張・立証する必要があります。
　法定の離婚原因は次のとおりです。具体的な内容については3章を参照してください。

①　配偶者に不貞な行為があったとき
②　配偶者から悪意で遺棄されたとき
③　配偶者の生死が3年以上明らかでないとき
④　配偶者が強度の精神病にかかり、回復の見込みがないとき
⑤　その他婚姻を継続し難い重大な事由があるとき

3　親権の指定と附帯処分

　離婚訴訟では、離婚の判決とともに、未成年子がいる場合には、親権者の指定を行います。また、離婚訴訟では、審判事項である子の監護に関する処分（養育費、面会交流）、財産分与、年金分割についての附帯請求（人訴32条）を求めることができます。附帯請求がなされた場合、裁判所は、離婚の判決とともに、請求事項についての附帯処分を行います。

4　慰謝料の請求

　離婚訴訟では、離婚とともに離婚（又は個別の不法行為）に基づく慰謝料請求を行うことができます。民訴法では、数個の請求を一つの訴えでできるのは、同種の訴訟手続による場合に限られていますが、人事訴訟法では、その例外として、離婚等の人事訴訟に係る請求と当該請求の原因である事実によって生じた損害の賠償に関する請求とを一の訴えで行うことを認めています（人訴17条）。

5　審　理

　訴訟における審理は通常の民事訴訟事件の審理と基本的には変わりませんが、人事訴訟法に一部、民事訴訟とは異なる手続が定められており、また実務上も異なった審理方法がとられている場合があります。

(1)　離婚訴訟などの人事訴訟では、通常の民事訴訟と異なり、職権探知主義が採用されています（人訴20条）。職権探知主義とは、裁判所が判断を下すための証拠資料を自ら収集するという原則をいいます。したがって、裁判所は、当事者が主張しない事実をしん酌したり、職権で証拠調べをすることができます。

　ですから、被告が第1回口頭弁論期日に、答弁書を出さずに欠席した場合でも、裁判所は必ず証拠調べを行います。公示送達による場合など、被告の欠席が見込まれる場合には、第1回口頭弁論期日に本人尋問を行い、結審することもあります。その場合、陳述書などの書証や証拠説明書を訴状と一緒に提出しておく必要があります。

(2)　一般の民事訴訟では、本人尋問に代えて陳述書ですます場合もありますが、離婚訴訟では、裁判所はほぼ例外なく本人尋問を行います。通常は、同じ期日に原告、被告双方の本人尋問を連続して行います。

(3) 離婚裁判では、審理や和解の席に参与員が立ち会うことがあります（人訴9条）。これは、一般国民の良識や感覚を反映させることを目的とする制度で、参与員は、調停委員と同じように一般国民の中から選任されます。
(4) 裁判所は、尋問事項が当事者や証人の私生活上の重大な秘密に係るものである場合には、当事者尋問等を非公開で行う場合があります。要件は厳しく限定されており、①当事者又は本人が公開の法廷でその事項について陳述をすることにより、社会生活を営むのに著しい支障を生ずることが明らかであることから、十分な陳述をすることができないこと、②他の証拠のみによっては当該身分関係の形成又は存否の確認のための適正な裁判をすることができないこと、という二つの要件を満たす必要があります（人訴22条）。具体例としては、尋問事項が、夫婦間の著しく異常な性生活や、養子が養親から著しい性的虐待を受けていたことに及ぶ場合等が想定されています。
(5) 附帯処分（養育費、面会交流、財産分与、年金分割）又は親権者指定について、裁判所は事実の調査を行うことができます（人訴33条）。その場合、事実の調査は、家裁調査官にさせることができます（人訴34条1項）。

6　離婚の成立

　裁判離婚においては、離婚請求を認める旨の判決がなされたときは、判決が送達された日の翌日から14日間の控訴期間（控訴審の場合は上告期間）の経過によって判決（控訴審の場合は原審又は控訴審若しくは双方の判決）が確定し、その日に離婚が成立します。上告審の場合は、上告理由がないと判断されると上告を受理しない決定がなされ、言い渡しの時点で原審又は控訴審若しくは双方の判決（一部更正があれば決定も）が確定し、離婚が成立します。和解・認諾の場合は、離婚する旨の和解が成立した時（和解離婚）及び裁判期日において被告が原告の離婚請求を認める旨述べた時（請求の認諾）に離婚が成立します（人訴37条1項）。なお、和解及び請求の認諾をするには、離婚の意思の確認のため、当事者本人が期日に現実に出頭しなければなりません。また、請求の認諾による離婚は、未成年の子のいない夫婦間において離婚のみを求める場合に限られ、附帯処分の裁判を必要とする場合には認められません（人訴37条1項但書）。

　離婚成立後の区役所や年金事務所等における手続については、Q6、51、76、77を参照してください。

Q6 離婚成立後の手続

調停や裁判で離婚が成立しても、区・市役所への届出や年金事務所への年金分割の手続が必要だと聞きました。その具体的な手続について教えてください。

調停や裁判による離婚の場合、離婚成立時点に離婚自体の効力は生じますが、戸籍役場（区・市役所、町村役場）へ報告的届出を行う必要があります。また、年金分割については、離婚成立後2年の請求期限内に、年金事務所等へ分割の請求を行う必要があります。

1　離婚の効力発生時期

離婚自体の効力は、離婚が成立したときに生じます。したがって、協議離婚は戸籍役場による離婚届の受理時（Q51）、調停離婚は調停成立時（Q3）、審判離婚は審判確定日（Q4）、裁判離婚のうち和解及び認諾は和解・認諾時、判決の場合は判決確定日（Q5）に離婚が成立するとともに離婚の効力も生じます。なお、協議離婚をする旨の調停又は裁判上の和解が成立した場合には、通常の協議離婚の届出を行う必要がありますので注意が必要です。

2　離婚の報告的届出

調停離婚や裁判離婚の場合、離婚成立から10日以内に、調停調書（審判書）又は判決（和解・認諾調書）（以下、「調書・判決等」といいます。）の謄本を付して、戸籍役場に報告的届出を行う必要があります（戸籍法77条1項、63条1項）。本籍地以外の役所に届け出る場合には、戸籍謄本も必要です。

報告的届出は、一次的には調停の申立人又は裁判の原告が行いますが、期間内に届出なかった場合には、相手方（被告）が行うことができます（同法77条1項、63条2項）。正当な理由なく届出を怠ると5万円以下の過料の制裁があります（同法135条）。この制裁はそれほど厳しく運用されているわけではありませんが、届出に必要な書類の取得は段取りよく行っていくことが肝要です。

戸籍役場に提出する調書・判決等については、調停や裁判が係属した部の書

記官から、調書・判決等の謄本又は正本のほかに、戸籍届出用の謄本（調停条項、主文、和解条項のうち、離婚と親権者に関する部分だけが記載された、いわゆる省略謄本）の交付を受けます。審判と判決の場合には確定証明書が必要ですので、同時に交付を受ける必要があります。

具体的な報告的届出の方法は、Q51を参照してください。

3　婚氏続称の届と新戸籍

離婚後、婚姻時の氏を続けて称する場合には、離婚から3か月以内に、婚氏続称の届（戸籍法17条の2）を行う必要があります（Q52参照）。

その場合には、新戸籍が編成されます。婚姻前の氏に戻る者が報告的届出を行う場合には、同時に婚氏続称の届を行えば、婚氏での戸籍を作ることができます。これに対し、筆頭者の方が届出を行うと、他方当事者は、一旦、婚姻前の氏に戻り、婚姻前の戸籍に戻ってしまいますので、改めて役所で婚氏続称の届を行い、新戸籍を作る必要があります。このような二度手間を省くため、筆頭者が申立人又は原告の場合、調停調書や和解調書で届出を行う者を婚姻前の氏に戻る相手方又は被告と指定しておくことも可能です。

4　年金分割の手続

年金分割については、調停・和解が成立したり、判決が確定しただけでは効力を生じず、年金事務所等へ分割の請求を行う必要があります。離婚成立後2年の請求期限を徒過すると分割を受けられなくなりますので注意が必要です。

請求手続の詳細は、Q76を参照してください。

年金事務所等に提出する調書・判決等についても、調停や裁判が係属した部の書記官から年金分割請求用の謄本（調停条項、主文、和解条項のうち、離婚と年金分割に関する部分だけが記載された、いわゆる省略謄本）の交付を受けます。審判と判決の場合には戸籍役場提出用とは別に確定証明書の交付も受けます。

5　その他の手続

離婚に伴う住民票の異動、（国民）年金及び（国民）健康保険の手続、児童扶養手当の申請手続等については、10章から12章を参照してください。

Q7 子どもの利益保護・子どもの手続代理人

離婚にあたり、子どもの意見が取り入れられることはあるのでしょうか。

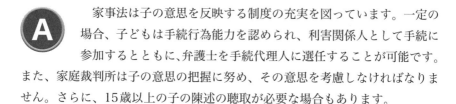
家事法は子の意思を反映する制度の充実を図っています。一定の場合、子どもは手続行為能力を認められ、利害関係人として手続に参加するとともに、弁護士を手続代理人に選任することが可能です。また、家庭裁判所は子の意思の把握に努め、その意思を考慮しなければなりません。さらに、15歳以上の子の陳述の聴取が必要な場合もあります。

1　子どもの手続行為能力

　民法では、未成年者が法律行為を行う場合には、親権者の同意を得ることが必要とされ、同意を得ないでした法律行為は取り消すことができるものと規定されています（民法5条1・2項、家事法17条、民訴28条）。家事法は、この原則に例外を設け、未成年者であっても、一定の事件については、子どもに意思能力（物事の善悪がわかる程度の能力）があるかぎり、親権者から独立して手続をすることができる手続行為能力を認めました（家事法252条）。離婚に関連して子どもに手続能力が認められるのは、次のとおりです。
①　子の監護に関する処分の審判事件及び同審判を本案とする保全処分（同法151条2号、118条）（ただし、養育費請求事件については除かれます。）
②　親権者の指定又は変更の審判事件及び同審判を本案とする保全処分（同法168条7号、118条）
③　子の監護に関する処分の調停事件（同法252条2号、別表2の3の項）
④　親権者の指定又は変更の調停事件（同法252条4号、別表2の8の項）
　子どもに手続行為能力が認められる場合には、子どもは、家庭裁判所の許可を得て、家事審判の手続に利害関係人として参加することができます（同法42条2項）。ただし、家庭裁判所は、子の年齢及び発達の程度その他一切の事情を考慮して手続への参加が子の利益を害すると認めるときは、申立てを却下しなければならないとされています（同条5項）。また、申立てがない場合でも、家庭裁判所の方で子どもの参加を認めた方がよいと判断すれば、職権で、子ど

もを利害関係人として手続に参加させることもできます(同条3項)。その場合、子どもは事件当事者と同様に記録を閲覧謄写したり、期日に立ち会うことができます（同法42条7項、47条、69条）。

　この規定は、調停の手続にも準用されます（同法258条）。親権者の指定は、通常、両親の離婚調停の中で話し合われます。離婚調停に関する手続行為能力を定めた同法252条1項5号の規定も、子どもの利害関係参加人としての参加を排除する趣旨とは考えられていません。したがって、両親の離婚調停で親権者が話し合われる場合には、子どもは、家庭裁判所の許可を受けて、利害関係参加人として、独立した立場で両親の離婚調停に参加し、意見を表明することができると考えられます。

2　子どもの手続代理人

　子どもが独立の立場で手続に参加できるといっても、実際に子どもが単独で手続に参加するのは非常に困難です。そこで、子どもが弁護士の援助を受けて意見表明できるようにするために設けられたのが手続代理人の制度です。

(1)　選　　任

　裁判長は、必要があると認めるときは、申立てにより、又は職権で、弁護士を手続代理人に選任することができます（家事法23条1・2項）。本制度の利用が有用な事案の類型としては、①子どもの言動が対応者や場面によって異なると思われる事案、②子どもの意思に反した結論が見込まれるなど、子どもに対する踏み込んだ情報提供や相談に乗ることが必要と思われる事案、③子どもの利益に適う合意による解決を促進するために、子どもの立場からの提案が有益である事案等です。

(2)　権　　限

　手続代理人は、子どもの代理人として利害関係人参加の手続等に関与します（家事法24条）。手続代理人の役割は、①子どものための主張立証活動、②情報提供や相談に乗ることを通じた、子どもの手続に関する意思形成の援助、③子どもの利益に適う合意による解決の促進、④不適切な養育等に関する対応などです。

(3)　報　　酬

　子どもの手続代理人の報酬は、裁判所が相当額を決定します（家事法23条3項）。調停や審判の手続費用は、本人負担が原則ですので、子どもの手続代

理人の報酬も子ども本人が負担するのが原則ということになります（同法28条1項）。しかし、子ども自身は特別な場合を除けば無資力で、費用を負担するのが困難な場合が多いことから、非常に問題が多い制度となっています。

　裁判所は、事情により当事者など本人以外の者に費用を負担させることができますので（同法28条2項）、手続代理人の報酬について両親を負担者とする決定を出すことが考えられますが、両親が任意に支払わない場合には、手続代理人自身が強制執行などによって取り立てるほかありません。調停の場合には、その負担者をあらかじめ調停条項で定めておくことになりますが、両親が費用負担をめぐり対立する可能性もあります。

　このような報酬の負担者をめぐる制度の不備も一因となって、子ども手続代理人の選任件数は伸び悩んでいるようです。子どもの手続代理人を選任する権利を実質的に保障し、この制度の利用を促進するためには、法律総合支援法を改正するなどして、子どもの手続代理人の報酬を公的負担とすることが必要不可欠だといえるでしょう。

3　子の意思の把握

　家庭裁判所は、親子や親権に関する家事審判その他未成年者である子（未成年被後見人を含む）がその結果により影響を受ける家事審判の手続においては、子の陳述の聴取、家庭裁判所調査官による調査その他の適切な方法により、子の意思を把握するように努めるものとし、審判をするにあたっては、子の年齢及び発達の程度に応じて、その意思を考慮しなければならないとしました（家事法65条）。この規定は、調停手続にも準用されます（同法258条）。

4　15歳以上の子の陳述の聴取

　子の監護に関する処分の審判（家事法152条2項）、同審判前の保全処分（同法157条2項）、親権者の指定・変更に関する審判（同法169条2項）、同審判前の保全処分（同法175条2項）をする場合には、家庭裁判所は、15歳以上の子の陳述の聴取することが求められます。ただし、養育費に関する処分の場合は除かれます。

第2章

離婚原因

8 偽装離婚届と有効性

　私は事業に失敗し、多額の借金を作りました。債権者から妻に対する督促を避けるため、妻と協議して便宜上協議離婚届を出しました。債務を整理し、妻に復縁をもちかけましたが拒否されました。私は、離婚の無効を主張して婚姻関係を復活させることはできるでしょうか。

　あなたが一旦自分の意思で離婚届を提出した以上、離婚は有効であり、離婚の無効を主張して婚姻関係を復活させることはできません。妻が任意に再婚に応じない限り、復縁は難しいと思われます。

1　離婚の意思

　協議離婚が有効となるには、離婚当事者に離婚の意思が必要です。協議離婚は離婚届が戸籍役場で受理された時に成立するのですから、離婚の意思も届出の時に存在することが必要であり、届出の際に離婚の意思のない偽装離婚は無効とされます。この点、この「離婚の意思」とは何をいうのかについて学説が分かれます。

　実質的意思説では、離婚の意思とは「実質的に離婚をする意思」であり、届出の際にこのような意思のない離婚は無効であるとします。

　他方、形式的意思説は、離婚の意思とは「離婚の届出をする意思」であるから、届出の際に届出の意思さえあれば、それが便宜上のものであっても有効とします。判例は、一般的に、形式的意思説をとっているものと理解されています（注1～4）。

2　離婚が有効とされた具体例

　裁判で離婚意思があると認められたのは、①強制執行を免れるために、債務整理の解決までということで協議離婚をした事案（注1）、②債権者の追及を免れ、家産を維持するための方便として協議離婚をした事案（注2）、③戸主権（旧民法）を妻から夫に移すための方便として協議離婚をした事案（注3）、④生活保護費の支給を受ける手段として協議離婚をした事案（注4）などです。

いずれの事案でも「法律上の婚姻関係を解消する意思」をもって離婚意思と捉えたうえで、離婚の届出がそのような意思の合致に基づいてされたものである以上、離婚を無効とすることはできない旨判示しています。なお、②の事案では、「離婚の届出をする意思を有していた以上、真に法律上の婚姻関係を解消する意思を有し」ていたものとの認定がなされています。

3 離婚が無効とされた具体例

離婚意思がないと判断された例としては、①離婚届への署名を拒否した妻に対し、夫が茶碗等を手当たり次第投げつけるなどの乱暴な振舞いをしたので、妻がその場を収拾するためやむなく離婚届に署名・押印したところ、夫がそれを役場に提出し、受理されてしまったという事案があります（注5）。裁判所は、協議離婚届の作成・届出当時妻には離婚の意思は全くなく、離婚届の署名も険悪な事態を収拾するための方便としてなされたものにすぎず、一方、夫も妻の意思を知悉していたのであるから、夫婦間に協議離婚の合意が成立したものとは認められず、離婚は無効である旨判示しています。

また、②妻が離婚に同意せず「そんなもの自分で書けばいいじゃないの」と口走って離婚届の署名押印を拒んだところ、夫が他人に妻の氏名を代署させた離婚届が受理された事案（注6）では、妻が夫との離婚に同意したものでないことが明らかであり、離婚意思を欠き無効とされました。

さらに、③夫が、離婚届作成時点では一旦離婚を承諾して署名押印したが、その後まもなく市職員に対し離婚届が出された場合には止めるよう依頼し、妻が作成から約6か月後に離婚届を提出したことを知った後すぐ裁判所等に相談に行くなどした事案（注7）では、届出時点での夫の離婚意思の存在が推認されないとして離婚は無効とされました。

(注) 1 大審判昭16.2.3民集20巻1号70頁
2 東京地判昭55.7.25判タ425号136頁
3 最判昭38.11.28判時360号26頁
4 最判昭57.3.26判時1041号66頁
5 札幌高判昭55.5.29判タ419号116頁
6 東京高判昭和52.4.27判時857号84頁
7 大阪高判平6.3.31判時1515号89頁

9 離婚の有責主義から破綻主義へ

　結婚10年になります。夫は若い愛人をつくり同棲をはじめて5年になります。夫はその愛人と結婚したいため、私に離婚を要求します。私たち夫婦には小学生の子どもがいますので、離婚に応じたくないのですが可能でしょうか。

　夫の離婚の要求が認められるかどうかは、離婚した場合のあなたや子どもの経済状況等諸般の事情によるので一概にはいえませんが、このまま別居状態が続けば離婚が認められる可能性が高くなることは事実です。

1　判例の動向―離婚の有責主義から破綻主義へ

　最高裁は昭和27年の判例（最判昭27.2.19民集6巻2号110頁）で、有責配偶者（婚姻の破綻について責任がある配偶者）からの離婚請求に対し、「勝手に愛人をもった夫からの離婚請求が許されるならば、妻は踏んだり蹴ったりである」と判示し、その後35年間にわたり有責配偶者からの離婚請求を否定してきました。このように、有責配偶者からの離婚請求は認めないという考え方を、有責主義といいます。

　しかし、その後昭和62年に、最高裁は、夫婦関係が破綻し、妻以外の女性と同棲関係にある有責配偶者（夫）からの離婚請求に対し、①夫婦の別居が両当事者の年齢及び同居期間との対比において相当の長期間に及んでいること、②その間に未成熟の子が存在しないこと、③相手方配偶者が離婚により精神的・社会的・経済的に極めて苛酷な状態におかれる等、離婚請求を認容することが著しく正義に反するといえるような特段の事情が認められないこと（いわゆる苛酷条項）、といった要素を総合的に考慮の上、有責配偶者からの離婚請求も認められる場合があるとする画期的判決をしました（注1①）（なお、この事件の差戻審では夫の離婚請求を認め、また妻から夫に対する財産給付の請求に対して、財産分与1000万円及び慰謝料1500万円が認容されています（注1②）。）。このように、たとえ有責配偶者からの離婚請求であっても、婚姻が破

綻している以上離婚を認めてよいという考え方を、破綻主義といいます。

2 離婚認容に際して考慮される要素

(1) 相当長期間の別居

判例は、有責配偶者の離婚請求を認容する場合、夫婦の年齢・同居期間に対比して別居期間が長期に及んでいることを重要な要素としています。それは、当事者又はその周辺の人間関係の中で、あるいは社会的倫理観に照らして、時間の経過が一方配偶者の有責性を風化させる点に意味があるものと思われます。

この点について、判例・裁判例の動向を見てみると、当初は別居期間30年（注1③）でしたが、その後、22年（注1④）、16年（注1⑤）、10年余（注1⑥）と短縮し、さらに、平成2年には、別居期間8年の事案について有責配偶者の離婚請求を肯定しました（注1⑨）。

もっとも、別居期間8年余という他の事案では（注2①）、夫婦の年齢・同居期間との対比において別居期間が相当長期に及んでいるとはいえないとして、有責配偶者の離婚請求が否定されました。

両事案を分析してみると、注1⑨の事案では、有責配偶者である夫は別居後も妻子の生活費を負担し、また、別居後間もなく不貞の相手方との関係を解消し、さらに、妻に対して誠意のある財産分与の提案をしたことから、このような点が夫に有利に斟酌されたものと思われます。これに対し、注2①の事案は、有責配偶者である夫が別居期間中、妻の生活を見なかったなど、有責配偶者の背信性の程度が強い事案であったといえ、信義則上、8年ではまだ別居期間が長期に及んでいるとはいえないと判断されたものと思われます（後記(3)参照）。

これら判例の傾向からすれば、別居期間が相当の長期間に及んだかどうかを判断するにあたっては、別居期間と両当事者の年齢及び同居期間とを数量的に対比するのみでは足りない点に注意が必要ですが、他方で、別居期間6〜8年程度の事案が離婚の可否の分かれ目となる分水嶺的事案といえます。

(2) 未成熟子の不存在

有責配偶者の離婚請求に際しては、未成熟子が存在しないことが考慮要素の一つとされます（注1①）。両親の離婚によって未成熟子の家庭的・教育的・精神的・経済的状況が根本的に悪くなり、その結果未成熟子の福祉が害される特段の事情があるときは、未成熟子のために、有責配偶者からの離婚請求は認められないとしたものと思われます。

なお、未成熟子とは、親の監護なしでは生活を保持し得ない子をいいます。民法上の未成年とは意味合いを異にし、20歳未満でも親から独立して生計を営んでいる場合は、未成熟子には含まれないこともあります。逆に、たとえ成年に達していても、心身の障害や病気等により親の介護・看護を必要とする子は、未成熟子と同視される場合があります（注4⑥、⑦）。

　もっとも、未成熟子（高校2年生・17歳）が存在する有責配偶者からの離婚請求について、最高裁は平成6年の判決で離婚請求を認めています（注3）。未成熟子が幼少（3歳）より妻のもとで養育され、間もなく高校を卒業する年齢に達していること、夫は別居後に妻に毎月15万円程度を生活費として送金していること、また、夫から妻に対し離婚に伴う経済的給付が期待できること（夫は財産分与として700万円の提供を申し出ている）などから、未成熟子が存在していても離婚請求の妨げにならないとしたものです。

　しかし、一方で、平成9年には、同程度の別居期間（13年）の事案で離婚を認めない判決もなされています（注4④）。離婚を請求している有責配偶者の有責性の程度、婚姻関係の維持への努力の欠如、未成熟の子が成人に至るまでに要する期間を総合考慮すると、離婚請求は未成熟の2人の子どもたちを残す現段階においては、いまだなお、信義誠実の原則に照らし、これを認容することはできないとしました。

　以上のように、有責配偶者からの離婚請求は、あくまで個別の事情に基づき、相手方配偶者や夫婦間の子（さらには内縁の相手方やその子）の利益などを総合的に考慮したうえで判断されることになります。

(3) 苛酷条項

　いわゆる苛酷条項については、民法には明文はありませんが、裁判では、同様の観点から、夫婦双方の職業、収入、生活状況や、有責配偶者が婚姻費用（別居中の生活費）を支払ってきたか否か、財産分与や慰謝料としてどの程度の金額の申出をしているかといった事情が考慮されます。

（注）有責配偶者と離婚請求
　　（同＝同居期間、別＝別居期間）（夫／妻年齢／子＝未成熟子、子年齢）
1　未成熟子不存在で離婚が認容されたケース
①　最判昭62.9.2判時1243号3頁（同12年／別36年）（夫74／妻70）
②　東京高判平元.11.22判時1330号48頁（上記①差戻審）（同12年／別40年）（夫

77／妻73）
③　最判昭62.11.24判時1256号28頁（㊙4年／㊖30年）（夫不詳／妻63）
④　最判昭63.2.12判時1268号33頁（㊙18年／㊖22年）（夫不詳／妻不詳）
⑤　最判昭63.4.7判時1293号94頁（㊙20〜21年／㊖16年）（夫不詳／妻不詳）
⑥　最判昭63.12.8家月41巻3号145頁（㊙10年／㊖10年3月）（夫37／妻39）
⑦　東京高判平元.2.27家月42巻4号51頁（㊙8年／㊖22年）（夫60／妻58）
⑧　最判平元.9.7裁判集民157号457頁（㊙4年8月／㊖15年6月）（夫61／妻53）
⑨　最判平2.11.8判時1370号55頁（㊙23年／㊖8年）（夫52／妻55）
⑩　東京高判平3.7.16判時1399号43頁（㊙17年2月／㊖9年8月）（夫54／妻53）
⑪　最判平5.11.2家月46巻9号40頁（上記⑩上告審）
⑫　東京高判平14.6.26判時1801号80頁（㊙24年／㊖6年以上）（夫51／妻50）

2　未成熟子不存在で離婚が否定されたケース
①　最判平元.3.28判時1315号61頁（㊙22年／㊖8年余）（夫60／妻57）
②　名古屋高判平15.2.21裁判所ウェブサイト（㊙約27年／㊖7年以上）（夫62／妻60）
③　東京高判平20.5.14家月61巻5号44頁（㊙15年以上／㊖15年以上）（夫57／妻50）

3　未成熟子存在で離婚が認容されたケース
　　最判平6.2.8判時1505号59頁（㊙14年11月／㊖13年11月）（夫56／妻54／㊗17）

4　未成熟子存在で離婚が否定されたケース
①　東京高判昭63.8.23判時1288号86頁（㊙18年／㊖11年）（夫不詳／妻不詳／㊗17）
②　東京高判平元.5.11判タ739号197頁（㊙10年／㊖10年）（夫47／妻47／㊗17）
③　最判平2.3.6家月42巻6号40頁（上記②上告審）
④　東京高判平9.11.19判タ999号280頁（㊙6年／㊖13年）（夫不詳／妻不詳／㊗中学2年生・高校3年生）
⑤　最判平16.11.18裁時1376号4頁（㊙6年7月／㊖2年4月）（夫33／妻33／㊗7）
⑥　東京高判平19.2.27判タ1253号235頁（㊙約14年／㊖9年以上）（夫54／妻54／㊗成人しているが四肢麻痺の重い障害を有するため日常生活全般にわたり介護を必要とする）
⑦　高松高判平22.11.26判タ1370号199頁（㊙約19年／㊖7年以上）（夫52／妻52／㊗25歳であるが複数の障害により24時間の付添介護が必要である）

Q10 不貞行為

1年ほど前から、夫の帰宅が遅く、休日の外出も増え、理由を聞いても仕事だなどとはぐらかされ、一度残業だという日に会社に電話してみたところすでに帰宅したといわれたこともありました。携帯電話を異常に気にする様子もあり、不倫をしていることは間違いないと思います。夫は不倫の事実をあくまでも否定し、離婚はしないと言い張っているのですが、このことから夫との関係はギクシャクしてしまい、現在は私が家を出て別居しています。夫とは離婚したいと考えているのですが、認められるでしょうか。

相手方配偶者に不貞行為がある場合、婚姻の継続が相当と認められる特別な事情がなければ、他方の配偶者からの離婚請求が認められます（民法770条1項1号、2項）。

1 不貞行為の意味と内容

民法770条1項1号のいわゆる「不貞行為」は、一夫一婦制の貞操義務に違反する行為を意味すると解されており、具体的には、配偶者のある者が、自由な意思に基づいて、配偶者以外の者と「性的関係」を結ぶことをいいます。この場合に、相手方の自由な意思に基づくか否かは問わないため、夫が強姦をした場合にも不貞行為にあたるとして離婚が認められています（注1）。また、妻が売春をした場合も不貞行為にあたるとされています（注2）。逆に、強姦の被害者の場合は、自由な意思に基づくものではないため不貞行為とはいえません。

上記「性的関係」が性交関係に限られるのか、性交関係以外の行為を含むのかについては、双方の見解があります。不貞行為は性交関係に限るという見解をとったとしても、その性交関係以外の行為が民法770条1項5号の「婚姻を継続し難い重大な事由」に該当する場合に離婚原因となります。また、同性愛のケースも、同条1項5号の問題として扱われています（注3）。

なお、夫が婚姻関係の破綻後に妻以外の女性と同棲している場合、夫の770条1項5号に基づく離婚請求を排斥すべき事由とすることはできないとした事例があります（注4）。

2　不貞行為による離婚が認められなかったケース

(1) 期間が短く不貞行為自体を離婚原因とは認めなかったケース

　性交渉の回数は、たとえ1回であったとしても不貞行為にあたります。ただし、2か月間性的関係があったケースについて、期間が短く一時の気の迷いと考えられるとして不貞行為自体を直ちに離婚原因とは認めなかった判例もあります（注5）。もっとも、この判例の事案においては、妻子の生活を顧みない夫の態度から婚姻を継続し難い重大な事由があるとして、別の離婚原因による離婚が認められています。

(2) 婚姻の継続が相当とされたケース

　注6のケースでは、夫の不貞行為を理由とする妻からの離婚請求について、夫の不貞行為は認められるが、夫婦関係の悪化の原因は経済的理由によると考えられるところ、一切の事情を考慮したうえで、妻にとって夫との夫婦生活を続ける方がより幸福であると認められ、婚姻を継続するのが相当とされています。

(3) 復元の可能性があるとされたケース

　注7のケースは、夫の不貞行為が原因で別居に至り、夫から離婚請求、妻からも離婚の反訴請求がなされたケースで、婚姻関係は破綻しているものの、夫の努力次第で復元の可能性があるとして離婚を認めなかった事案です。ただし、妻は真意においては離婚を求めているのではなく、妻からの離婚請求の反訴は擬勢を示したのにすぎず真意ではないとして棄却されたものです。

3　他の離婚原因との関係

　実際の訴訟では、不貞行為のほかに婚姻を継続し難い重大な事由等複数の離婚原因が主張されることが多いのですが、特に不貞行為の立証（Q15参照）が困難と思われるケースでは、ほかの離婚原因も併せて主張することが必要です。
　例えば、夫の不貞行為又は他の女性との親密な交際等婚姻を継続し難い重大な事由があるとする妻の離婚請求につき、夫の度重なる隠し事、他の女性との親密な交際及び暴力によって破綻したということができるから、民法770条1項5号の婚姻を継続し難い重大な事由が認められるとして離婚請求を認めた事例（注8）、夫の異性との交際が不貞行為とまでは認めるに十分ではないが、妻が疑惑の念を抱いているのに、その疑惑を解き信頼を回復するよう誠意を尽くすようなことを全くしなかった事案において、民法770条1項5号の婚姻を継続し難

い重大な事由にあたるとして離婚が認められたケースもあります（注9）。

4　設問の場合

　あなたの場合、夫の不貞行為だけでは離婚原因とすることが認められない場合でも、夫の不誠実な行動や、それにより夫婦関係が悪くなり別居に至った事情、別居期間などが考慮され、「婚姻を継続し難い重大な事由」があるとして離婚が認められることもあるでしょう。

（注）1　最判昭48.11.15民集27巻10号1323頁
　　　2　最判昭38.6.4判タ156号104頁
　　　3　名古屋地判昭47.2.29判時670号77頁
　　　4　最判昭46.5.21民集25巻3号408頁
　　　5　名古屋地判昭26.6.27下民2巻6号824頁
　　　6　東京地判昭30.5.6判時51号12頁
　　　7　千葉地佐倉支判昭48.8.6判時733号96頁
　　　8　東京地判平18.3.14LLI／DB【L06130212】
　　　9　東京高判昭47.11.30判タ291号329頁

11 悪意の遺棄・同居協力扶助義務違反

私と夫の間には3人の幼い子どもがいます。それなのに、夫は、給料をほとんど全部遊興費に使い、サラ金や友人などから借金をしていました。その後夫は出発予定も行き先も告げず、今後の生活方針について何ら相談することもなく、家を出てしまい戻ってきません。私はパート勤務をしながら子らを養育していますが、このような夫と離婚したいと思います。離婚は認められるでしょうか。また、離婚が成立するまでの間、もし夫が同居や生活費を要求してきた場合、私はそれに応じなければならないでしょうか。

夫の行為は、別居について正当な事由があるとは認められませんので、あなたに対する同居協力扶助義務の不履行は法定の離婚原因である悪意の遺棄にあたり、あなたの離婚請求は認められると思われます。

また、このような夫が離婚前に同居や生活費を請求してきた場合も、夫に特別の事情のない限り、あなたはそれに応じる義務はありません。

1 悪意の遺棄と離婚原因

夫婦は同居し、互いに協力し扶助しなければなりません（民法752条）。すなわち、夫婦は共同生活を本質とするところから、夫婦には扶養義務があり、この義務の性質は自己と同一の生活程度を保障すべき生活保持義務と解されています。同居を拒否し、この義務を履行しなかった配偶者は、正当な事由がない限り、相手方配偶者を悪意で遺棄したことになります。そして、悪意の遺棄は法定の離婚原因です（同法770条1項2号）。

「遺棄」とは、夫婦の共同生活を行わないことを意味し、また、「悪意」とは、社会的倫理的非難に値する要素を含むものであって、夫婦共同生活を廃絶しようと積極的に企図し、若しくはこれを認容する意思をいいます（注1）。すなわち、夫婦の一方が自ら相手方や子どもを捨てて家出をしたり、相手方を虐待その他の手段で追い出したり、あるいは相手方が家出をせざるを得ないように仕向けて復帰を拒んだりして、夫婦共同体としての同居協力扶助義務を履行しな

い場合は、夫婦共同生活を破綻させたものとして、その配偶者は悪意の遺棄を行ったこととなります。

典型的事例は、夫が家を飛び出して身体障害者（4級）で半身不随の妻を自宅に置き去りにし、長期間全く生活費を送金しなかったという事案で、裁判所は、妻からの離婚請求に対し、夫の行為は悪意の遺棄にあたるとして離婚を認めました（注2）。また、夫が、出発予定も行き先も告げず、以後の生活方針について何ら相談することもなく、妻と3人の幼い子どもを置いて独断で上京に踏み切った事案においても、裁判所は、妻からの離婚請求に対し、夫は「敢えて夫婦、家族としての共同生活を放棄」し、妻を悪意で遺棄したものと判示し、不貞行為・婚姻を継続し難い重大な事由も認めて、離婚を認容しました（注3）。

夫婦が外形上同居していても、配偶者らしい扱いをしていなければ（性交拒否・精神的遺棄など）、遺棄になるとの見解もあります。

2　同居拒否の正当事由

別居による同居義務違反は、単に外形上同居義務に違反している場合すべてをいうのではなく、不当な同居義務違反に限られます。したがって、夫婦の一方が同居を拒否した場合でも、同居拒否についてその者に正当な事由がある場合には、同居義務違反には該当しません。

例えば、夫又は妻が、職業上の理由から単身赴任する場合や、病気療養・子どもの教育上の理由・経済的理由のため、あるいは夫婦の一時的な紛争の冷却の必要性などから、一時的に別居することが夫婦共同生活を維持するために望ましい場合などには、同居義務違反にはなりません。

同居拒否の正当事由があるか否かを判断するに際しては、夫婦の婚姻関係が破綻しているか否か、同居による円満な婚姻関係の回復可能性があるか否かを考慮するのが実務の傾向です。

婚姻関係が未だ回復することができない程度に破綻しているとはいえないから、同居拒否の正当な事由があるとは認められないとして同居義務を肯定し、夫から妻に対する同居申立審判を認容したケースが注4及び注5です。他方、仮に同居審判に基づき同居生活が再開されたとしても、夫婦共同生活の前提となる夫婦間の愛情と信頼関係の回復を期待することは困難であり、夫婦が互いの人格を傷つけ又は個人の尊厳を損なうような結果を招来する可能性が高いと認められるから、同居を命じるのは相当ではないとし、妻の夫に対する同居申

立審判を却下したケースが注6、注7です。

このように、配偶者の暴行・虐待・不貞などの有責行為のため同居に耐えられなくなった他方の配偶者が別居しても、同居拒否の正当事由があるので、同居義務違反にはなりません。そして、夫が無為徒食であったり家庭を顧みなかったりしたため婚姻関係が破綻している場合についても、同様に同居拒否の正当事由が認められると思われます。

3　同居拒否の正当事由と扶助義務

同居義務の不履行が正当な事由に基づくときでも、生活費の仕送りをしない等生活扶助義務（民法752条）や婚姻費用分担義務（同法760条）に違反する場合には、特別の事情がない限り悪意の遺棄にあたると考えられています。したがって同居拒否について正当な事由がある配偶者でも、当然には、相手方配偶者に対する扶助義務を免れることはできないと考えられます。

しかし、他方で、同居義務の不履行すなわち別居が被扶助者の責に帰すべき事由に基づくときには、その者には扶助請求権がないと解されています。注8の最高裁の決定は、婚姻関係の破綻について配偶者の一方（妻）に主たる責任がある事案で、妻は夫に対して扶助請求権を主張できなくなったのであるから、夫が妻を扶助しないことは悪意の遺棄にあたらないと判示しています。

ただし、その後の裁判例で、婚姻関係破綻につき有責の配偶者からする婚姻費用分担請求について、別居後請求者が稼働するに至るまでの期間、生活保護法による生活扶助基準の割合の金員を負担すべきものとし、請求者が最低生活を維持する程度に限って扶助義務を認めたものが見受けられます（注9）。

以上のとおり、同居拒否について正当な事由のある配偶者であっても、扶助義務に違反しているので悪意の遺棄にあたるとされ、その結果、離婚請求に際して有責配偶者からの離婚請求であるとして認められにくいようになったり、相手方配偶者から慰謝料を請求されたりする可能性を否定できませんので、注意が必要です。

4　他の離婚原因との関係

悪意の遺棄乃至同居協力扶助義務違反が問題になる事案では、実際には、不貞行為（民法770条1項1号）乃至婚姻を継続し難い重大な事由（同条1項5号）等の離婚原因が併せて主張され、争われるのが通常です。例えば、夫からの離

婚請求・妻からの反訴としての離婚請求について、夫の氏名不詳者との不貞行為により婚姻は破綻し、また転居先を隠したままの別居は悪意の遺棄にあたるとして、双方の離婚請求を認容した事例があります（注10）。他方、仕事を理由にほとんど帰宅しない夫に対する離婚請求について、同居協力扶助の義務を十分に尽くしていないといえ、悪意の遺棄による離婚請求までは認容できないが、婚姻を継続し難い重大な事由があるとして離婚請求を認めた事例があります（注11）。

　よって、必ずしも上記のような悪意の遺棄そのものに該当しなかったとしても、離婚が認められる場合があり、事案に応じて複数の離婚原因の主張が必要になることもあります。

(注)　1　新潟地判昭36.4.24判タ118号107頁
　　　2　浦和地判昭60.11.29判タ596号70頁
　　　3　浦和地判昭60.11.29判タ615号96頁
　　　4　東京高決平12.5.22判時1730号30頁
　　　5　大阪高決平17.1.14家月57巻6号154頁
　　　6　東京高決平13.4.6家月54巻3号66頁
　　　7　大阪高決平21.8.13家月62巻1号97頁
　　　8　最判昭39.9.17民集18巻7号1461頁
　　　9　名古屋高金沢支決昭59.2.13判タ528号301頁
　　　10　名古屋高判平21.5.28判時2069号50頁
　　　11　大阪地判昭43.6.27判時533号56頁

12 精神病・認知症・難病等

妻は認知症になり、ここ5年間は日常の家事もできないし、私との会話も成り立たない状態です。私は、家事と妻の介護に尽くしましたが、仕事もできず疲れ果てています。妻と離婚したいのですが、離婚の請求は認められるでしょうか。また、離婚の手続を説明してください。

配偶者が強度の精神病にかかり、回復の見込みがないとき、その配偶者の療養・監護について具体的方途があるときは、離婚は認められると思われます。認知症は、この要件にはあたらない可能性がありますが、精神病の場合と同様の要件で「婚姻を継続し難い重大な事由」に該当するとして離婚が認められる場合があります。

1 回復の見込みのない強度の精神病の場合

(1) 精神病の意義及び程度（離婚認容の条件その1）

「配偶者が強度の精神病にかかり、回復の見込みがない」ことは、法定の離婚原因の一つです（民法770条1項4号）。

精神病とは、幻覚や妄想などによって現実と非現実との区別がつかない症状であり、人格変容、意思伝達能力の欠如、日常生活能力の喪失等を伴います。同4号の「精神病」とは、統合失調症、双極性障害（躁鬱病）、偏執病（パラノイア）、初老期うつ病などであり、アルコール依存症、麻薬中毒、ヒステリー、神経症（ノイローゼ）などは該当しません。認知症も精神症状を伴うことがありますが、精神病とは異なって分類されます。

また、「強度の」とは、夫婦の協力義務（民法752条）が十分に果たせない程度に精神障害がある場合を意味します。さらに、精神病が「回復の見込みがない」ことを要します。判例は、精神病が軽快し退院できても、通常の社会人として復帰し、一家の主婦としての任務に耐えられる程度にまで回復できる見込みがない場合に、同4号の適用を認めました（注1）。他方で、精神病で度々入院していてもその都度日常生活に支障がない程度に回復している場合は、不治の精神病にはあたらないとしました（注2）。

(2) 療養・監護の具体的方途（離婚認容の条件その２）

　回復の見込みのない強度の精神病（民法770条1項4号）に該当し、離婚原因があるとしても、裁判所がなお婚姻を継続すべきと認めるときは、裁量により離婚請求を棄却することができます（同条2項）。

　この点、判例は、「民法は……諸般の事情を考慮し、病者の今後の療養、生活等についてできるかぎりの具体的方途を講じ、ある程度その方途の見込みのついた上でなければ、離婚の請求は許さない法意である」旨判示し（注3）、離婚後病者の療養・監護に十分な保障がない場合には、離婚の請求を認めないとしてきました。本来、夫婦の協力扶助義務（同法752条）は、配偶者が病気に罹患したときにこそより強く求められるべきものであることからすれば、その義務を十分に尽くしたうえではじめて離婚を認めるとする判例の趣旨は当然の帰結といえるでしょう。

　その後、判例は精神病者の生活の保障の要件をやや緩和して、離婚の請求を許す傾向にあり、精神病者の実家に療養費の負担をするだけの資力があるうえ、離婚請求者自身も可能な限り支払う意思を表明している事案について、離婚を認めました（注1）。下級審の裁判例においても、①親族等による精神病者の引受態勢ができている場合（注4）、②離婚請求者が離婚後の扶養・看護に全力を尽くす旨誓っている場合（注5）、③離婚請求者に離婚と同時に財産分与を命ずることによって、療養費や生活費の相当額が負担される場合（注6）、④生活扶助・医療扶助等国の保護による療養が可能である場合（注7）、などの事案で離婚が認められました。

2　民法770条1項4号にあたらない精神病、精神病以外の難病、重度の身体障害の場合

(1) 「婚姻を継続し難い重大な事由」に基づく離婚請求

　民法770条1項4号の「強度の精神病」にあたらない程度の精神病や「回復の見込みがない」とはいえない場合であっても、「婚姻を継続し難い重大な事由」（同条1項5号）に該当する可能性があります。

　また、精神病以外の難病や重度の身体的障害の場合にも、夫婦の協力義務を果たすことができない点では、精神病と共通の事情がありますので、同5号に該当する可能性があります。特に、認知機能の低下を伴う認知症や知的障害を伴う難病・重度の身体的障害の場合には、病状によっては、夫婦の協力義務を

果たすことができないだけでなく、精神的交流までもが阻害される点でも精神病の場合と共通します。一方で、知的障害を伴わない難病や重度の身体的障害の場合は、日常生活において夫婦の協力義務を果たすことができないとしても、精神的交流までが阻害されるわけではないので、たとえ回復の見込みがなくとも、同5号に該当するか否かの判断はより慎重に行われる傾向にあります。

(2) **判例の基本的姿勢**

　最高裁は、妻の精神病が強度だが回復の見込みがないと断定することはできない事案において、「妻の入院を要すべき見込期間、夫の財産状態及び家庭環境を改善する方策の有無など諸般の事情につき更に一層詳細な審理を遂げ」るよう判示し、民法770条1項5号に基づく離婚を認めた控訴審判決を破棄し、差し戻しました（注8）。同5号には、同条2項の適用がありませんので、判例は、同5号への該当性の判断にあたり、療養監護の具体的方途等、諸般の事情を併せ考慮したうえで、離婚を正当化する事情があるかどうかを総合的に判断すべきことを求めたものと考えられます。

(3) **裁判例の検討**

　① **認知症**

　妻が認知症（アルツハイマー症）とパーキンソン病にかかり、寝たきりの状態で、精神障害の程度も重度で回復の見込みがなく（通常の会話もできず、夫もわからない状態）、特別養護老人ホームに入所している事案で、夫からの離婚請求を民法770条1項5号に基づいて認めました（注9）。この裁判例では、夫が42歳で再婚を考えていること、妻は離婚後も全額公費負担で介護を受けられること、病状が極めて重く、その性質・程度は同4号の強度の精神病にも比肩し得るものであったこと、夫がこれまで可能な限りの療養・看護を尽くし、夫としての誠意を十分に尽くしてきたことなどの事情が考慮されました。高齢化社会を迎えて認知症が増加しており、同種の離婚問題も増えることが予想されますが、夫婦の一方が認知症にかかったからといって、直ちに離婚が認められるわけではないことに注意する必要があります。

　② **中程度の統合失調症**

　夫が中程度の統合失調症で回復の見込みがない事案で、別居期間が6年以上に及ぶこと、夫婦がそれぞれ経済的に独立していること、妻は婚姻継続の意思を全く有していないことなどの事情が考慮され、民法770条1項5号に基づく妻からの離婚請求を認めました（注10）。

一方で、妻の統合失調症が中程度まで回復し、家族等の庇護の下において通院治療を受けながら単身生活を送っている事案において、今後妻の面倒をみることは耐え難いほどの経済的負担を夫に強いるものではないとして同5号に基づく離婚請求が棄却された事案もあります（注12）。

③　脳腫瘍による植物状態

　妻が脳腫瘍のため植物状態にあり、回復の見込みがない事案について、民法770条1項4号の趣旨を斟酌したうえで、植物状態になって約4年が経過し婚姻関係の実体を取り戻す見込みがないこと、妻が離婚後苛酷な状態に置かれないよう配慮されていること、夫が長年妻の治療・見舞いに誠意を尽くしてきたことなどの事情が考慮され、同5号に基づく離婚請求を認めました（注11）。

④　難病（脊髄小脳変性症）

　結婚後15年して妻が難病（脊髄小脳変性症）と診断され、平衡感覚の失調、言語障害等の症状を呈し、日常生活さえ支障をきたす状態にあるが、知能障害は認められない事案で、夫からの離婚請求が棄却されました。夫婦・親子間における精神的交流は可能であり、妻が子どもとの同居・婚姻継続を希望していること、夫が看病も入院生活の援助もせずに放置し、誠意ある支援態勢を示さないという事情が考慮され、婚姻破綻を否定したものです（注13）。

(4)　判断基準

　以上からすると、民法770条1項5号の「婚姻を継続し難い重大な事由」に該当するか否かの判断にあたっては、病気の程度と将来の見通しに加えて、離婚請求者が相手方に対しとってきた態度、その窮状（看病疲れ等）、経済的負担、婚姻の客観的破綻を示す事情、離婚後の病者の療養看護についてできる限りの具体的方途を講じたか否か、婚姻継続に対する病者の意思など諸般の事情を併せ考慮したうえで、離婚を正当化する事情があるかどうかが判断されることになります。

3　離婚の手続

(1)　意思能力がある場合

　精神病や認知症に罹患した配偶者と離婚するには、当該配偶者に離婚するについての意思能力（離婚の意味と効果が理解できること）が必要です。精神病や認知症に罹患していても、意思能力がある限り、協議離婚あるいは調停離婚によって離婚することが可能です（家事法252条1項5号、人訴13条1項）。

裁判離婚に際しても、成年後見人等の同意を得る必要はなく、単独で訴訟を追行することができます（人訴13条1項）。もっとも、調停裁判所又は受訴裁判所の裁判長が申立て又は職権で弁護士を手続代理人又は訴訟代理人に選任することがあります（家事法23条、人訴13条2・3項）。

(2) 意思能力がない場合

通常は、回復の見込みのない強度の精神病にかかっているような場合には離婚についての意思能力がない場合が多いと思われます。この場合は、離婚を求める配偶者は、精神病にかかっている他方配偶者について、家庭裁判所に後見開始の申立てをして、後見開始の審判を受けます（民法7条、家事法117条1項、別表1の1の項）。後見開始の審判を受けた場合は、家庭裁判所で選任された成年後見人（人訴14条1項、民法843条）又は成年後見監督人（離婚を請求する配偶者が成年後見人の場合。人訴14条1項但書・2項、民法851条4項）を被告として、家庭裁判所に離婚の訴えを提起することとなります（注3の判例に同旨）。

（注）1　最判昭45.11.24判時616号67頁
　　　2　東京高判昭47.1.28判タ276号318頁
　　　3　最判昭33.7.25判時156号8頁
　　　4　大阪地判昭33.12.18下民9巻12号2505頁
　　　5　横浜地判昭38.4.12判時341号36頁
　　　6　札幌地判昭44.7.14判時578号74頁
　　　7　東京高判昭58.1.18判タ497号170頁
　　　8　最判昭36.4.25民集15巻4号891頁
　　　9　長野地判平2.9.17判時1366号111頁
　　　10　名古屋高金沢支判昭52.1.26判タ354号278頁
　　　11　横浜地横須賀支判平5.12.21判時1501号129頁
　　　12　東京地判昭59.2.24判時1135号61頁
　　　13　名古屋高判平3.5.30判時1398号75頁

Q13 暴力・虐待行為

夫は、私が夫に対して自分の考えを述べたり、言い返したりすると、すぐに「なにぃー？」と声を荒げ、拳を振り上げて私に殴りかからんばかりにしますので、私は、いつ夫に殴られるかとビクビクして、夫に言いたいことも言えません。私は、夫から実際に殴られたのは1回ですが、このような場合でも離婚は認められるのでしょうか。

暴力や虐待行為は、たとえ夫婦間においても、絶対に許されるものではありません。夫の妻に対する同居に耐え難い暴行・虐待が原因で夫婦関係が破綻に至れば、「婚姻を継続し難い重大な事由」（民法770条1項5号）に該当し、離婚することができます。暴力には、身体的暴力だけでなく、精神的な暴力も含まれます。したがって、ご質問のような場合にも、離婚が認められる可能性があります。

1 配偶者間暴力の実態と暴力を理由とする離婚件数

内閣府「男女間における暴力に関する調査」（平成26年）のアンケート結果（注1）によれば、配偶者（事実婚や別居中の夫婦、元配偶者も含む）からの暴力について、「何度もあった」という人は女性9.7％、男性3.5％、1、2度あったという人は女性14.0％、男性13.1％であり、合計すると1度でも受けたことがある人は女性23.7％、男性16.6％となります。このうち、女性の調査結果では、配偶者からの暴力の被害経験は、身体的暴行15.4％、心理的攻撃11.9％、経済的圧迫7.4％、性的強要7.1％であり、身体的暴行に限られていないことがわかります。

また、平成26年度司法統計年報によれば、家庭裁判所の婚姻関係（離婚を含む）事件における妻からの申立て理由のうち、「暴力を振るう」は23.2％（第4位）、「精神的に虐待する」は24.3％（第3位）、「生活費を渡さない」は28.5％（第2位）で、それぞれ申立理由の約4分の1を占めています。3個までの複数回答ですので、単純に合計するわけにはいきませんが、夫からの身体的暴力及び精神的虐待が離婚の大きな原因の一つとなっていることがわかります。

2 暴力の定義

　配偶者からの暴力には、身体的暴力のほか、精神（心理）的、性的、経済的暴力が含まれます。配偶者からの暴力は、被害者の尊厳を害し、犯罪となる行為をも含む重大な人権侵害であって、絶対に許されるものではありません。DV防止法でも配偶者からの「暴力」の定義には、身体に対する暴力だけでなく、これに準ずる「心身に有害な影響を及ぼす言動」を含むことが規定され（同法1条）、言葉による暴力などの精神的暴力も同法による保護の対象となることが明確にされています（DV防止法に基づく各種の被害者保護の制度については第13章を参照してください。）。

　国連が国際的な人権基準として公表した、「女性に対する暴力に関する立法ハンドブック」（国連ハンドブック）の中でも、保護の対象となる暴力は、物理的、心理的、経済的、性的暴力を広く含むべきものとされています。

3 身体的暴力・精神的虐待行為と離婚原因

(1) 「婚姻を継続し難い重大な事由」への該当性

　夫婦間における暴力・虐待行為は、「婚姻を継続し難い重大な事由」（民法770条1項5号）として離婚原因となります。ただし、具体的な暴力・虐待行為が「婚姻を継続し難い重大な事由」に該当するか否かは、様々な事情を考慮して判断されます。DV防止法施行以前も、離婚訴訟において、配偶者の暴力・虐待が「婚姻を継続し難い重大な事由」に該当するとされる事例はありましたが、配偶者による暴力が精神的暴力も含め、許されないものであることが法律で明確にされたことにより、配偶者の暴力・虐待が違法な行為であるとの認識が、裁判官、調停委員、弁護士を含む関係当事者にも深まりました。

　また、身体的暴力のみならず配偶者からの精神的暴力が強い精神的ストレスとなって、被害者の精神に回復困難な障害を与え、うつ病やPTSD（心的外傷後ストレス障害）を引き起こすことも広く一般に知られるようになりました。

　以下、事例を紹介しますが、公刊物に搭載されているのはDV防止法施行以前のものが多く、同法施行後は、これらの事案より緩やかな基準で離婚が認められるものと思われます。

(2) 「婚姻を継続し難い重大な事由」にあたるとされた裁判例

① 身体的暴力によるもの

(a) 夫の暴行から端を発し、妻が缶コーヒーで夫の額部を殴打したのに対し、

夫が妻の顔面を手拳で殴打し、妻の歯２本が折れたなど、夫が妻に対して、相当の程度・回数の暴行・虐待に及んだ事例（注2）

(b) 婚姻関係の破綻の原因は、夫が身体障害という自らの苦しみを妻に対する暴力や妻の目の前での物に対する破壊等でしか解消する道を見い出すことができず、その行為の妻に与える影響等に対する推察ができなかったことにあるとされた事例（注3）

(c) 夫が妻に対して、髪をつかんで振り回す、電話器を投げつける等の暴力を振るい、また包丁を持ち出し「殺してやる」などと脅かした事例（注4）

② 精神的暴力等が含まれるもの

(a) 夫は、気に入らないことがあると感情を爆発させ、暴言を繰り返して執拗に妻を責め続け、激昂すると妻の頭や顔を殴ったり蹴ったりし、異常な行動により妻に対し眠らせない生活を強いるなど、身体的精神的虐待をした事例（注5）

(b) 夫が妻の両親などに対して不信感を抱いたことが遠因となり、ついには、夫が妻の不適切な言辞をなじって生活費を渡さなくなった（注6）、婚姻費用を負担せず、パチンコに興じる生活を続け、暴言を吐き、暴力を加えた（注7）などの経済的虐待の事例

(c) 夫が妻に対して、「○○弁は汚いので標準語で話せ」「食事は俺が帰るまで待ってろ」などと命令し、「前の女には殴ったり蹴ったりしたけど、お前には手を出さないでおこうと思う」などと言って、妻を強制的支配下においていた脅し・威嚇の事例（注8）

③ 性的暴力

(a) 性交に際し、妻が夫から必ず靴を履くことを強要され、また過度にわたる性交渉を求められた事例（注9）

(b) 夫が妻に過度の性交渉を要求し、これに応じないと夫は怒って、その都度妻に暴力を加えた事例（注10）（この事例については、結局双方が身勝手な態度・行動に終始して衝突を繰り返し、相互に相手方に対する愛情や信頼を失っていったとされています。）

(3) 「婚姻を継続し難い重大な事由」にはあたらないとされた裁判例

(a) 長年会社人間的な生活をしてきた夫に対し、妻が精神的な暴力を受けたとして求めた離婚請求が、夫が妻の立場を思いやるという心遣いに欠ける面があったことは否定できないものの、完全に破綻しているとまで認める

のは相当でないとした事例（注11）
(b) 女性問題や暴行等夫に問題がなかったとはいえないが、別居は性格や価値観の相違が大きな要因とみるべきで、婚姻関係が深刻に破綻し、回復の見込みがないとまで認めるのは困難とした事例（注12）

4 設問の場合

　ご質問のような場合、夫が、実際にあなたを殴ったのは1回だとしても、身体的暴力は回数が少ないから許されるというわけではないうえ、そのほかにも、夫はあなたに対し、実際に殴られるのではないかという恐怖を与え、自由な発言を許さない態度を示しています。このような夫の言動が、あなたの心身に有害な影響を与えていることは明らかであって、夫の言動は精神的暴力といえます。したがって、あなたがこのような夫の身体的精神的暴力によって夫との同居を耐え難いと感じているのであれば、婚姻を継続し難い重大な事由に該当するとして、離婚が認められる可能性があります。

（注）1　内閣府男女共同参画局平成27年3月「男女間における暴力に関する調査報告書〈概要版〉」（全国20歳以上の男女5000人を対象に行った無作為抽出アンケート）（回答総数3544人、うち女性1811人、男性1733人）
　　　2　名古屋地判平11.11.24判時1728号58頁
　　　3　東京高判平8.7.30判時1577号92頁
　　　4　東京地判平2.11.28判時1384号71頁
　　　5　東京地判平17.3.15LLI／DB【L06031058】
　　　6　東京地判昭59.12.26判タ554号229頁
　　　7　東京地判平16.10.28LLI／DB【L05934318】
　　　8　神戸地判平13.11.5裁判所ウェブサイト
　　　9　大阪地判平35.6.23判時237号27頁
　　　10　東京高判昭58.1.27判時1069号79頁
　　　11　東京高判平13.1.18判タ1060号240頁
　　　12　東京高判平25.4.25LLI／DB【L06820331】

14 性格不一致・愛情喪失と熟年離婚

結婚して30年になり、子どもも独立しています。夫の退職を機に、神経質でわがままな夫と離婚したいと思います。離婚は認められるでしょうか。

　性格の不一致や愛情の喪失が原因で夫婦関係が修復不可能なまでに破綻していれば、「婚姻を継続し難い重大な事由」に該当するとして、離婚が認められる場合があります。

ただし、特に熟年乃至高齢離婚の場合は、婚姻破綻あるいは婚姻継続の相当性についてより慎重な判断がされると思われますので、留意してください。

1　性格不一致等と離婚原因

質問の場合においては、いわゆる性格の不一致や愛情の喪失が問題になっているようです。このような性格不一致や愛情喪失も離婚原因になるとする見解もあるものの、そもそも、性格の不一致というのは多かれ少なかれすべての夫婦についていえるという見方もあり、また、離婚訴訟を提起するに至った段階では、離婚を請求している配偶者は他方配偶者に対する愛情を喪失しているのが通常です。したがって、性格不一致や愛情喪失が主張されている場合には、そのことのみで離婚が認められるわけではなく、性格不一致の程度や愛情喪失の原因等を見極め、夫婦関係が修復不可能なまでに破綻しているかどうかについて、慎重に検討する必要があります。

裁判例も、性格不一致や愛情喪失が直ちに離婚原因になるとは考えていません。夫婦間の性格不一致や愛情喪失が原因となって、どんなに努力しても夫婦関係が修復不可能なほどにまで破綻してはじめて、「婚姻を継続し難い重大な事由」に該当するとして離婚を認めた裁判例が、注1乃至3であり、否定例として注4があります。以下、具体的事実関係の要旨を掲げます。

注1は、夫婦は結婚して1子をもうけたものの、高い水準の知的生活を希望する夫に対し妻は平凡、平和な家庭生活に満足するというように、2人の生活観、人生観上の隔絶（いわゆる性格の不一致）から長期間別居している事案において、夫からの離婚請求につき、この隔絶の存在は夫婦のいずれをも非難す

ることはできないから、夫が有責配偶者であるとの主張は失当であり、離婚請求は理由があるとしました。

注2は、性格の不一致・愛情の喪失から夫の同居希望にもかかわらず長期間の別居をしてきた妻からの離婚請求につき、婚姻破綻の原因は、夫婦乃至結婚生活に対する双方の考え方の懸隔（性格の不適合）ともいうべきものであるとして、有責配偶者からの離婚請求ではないとして認容した事例です。

注3は、夫からの離婚請求につき、夫婦双方の妥協し難い性格から生ずる婚姻生活の継続的不和による破綻は、婚姻を継続し難い重大な事由に該当し、双方の責任を比較して婚姻破綻の責任が主として夫にあるものとは認められないとして離婚を認容しました。

注4は、開業医で4子ある夫から7年余別居中の妻に対する離婚請求について、双方が今日の事態に至ったのは、双方ともに相手を理解し合い、長短合わせて受容し合う気持を欠いていたことに大きな原因があったということができ、将来互いに努力し合うことによりこれを克服することができると考えられるので、婚姻を継続し難い重大な事由があるとはいえないとして棄却した事例です。

2　離婚請求の許否と離婚原因についての有責・無責の関係

上記裁判例では、婚姻の破綻について双方の有責性の有無とその程度が判断されており、性格の不一致、愛情の喪失はそれ自体当然には当事者の責任を問えないものと捉えられています。このことは離婚請求の許否において、離婚原因についての有責・無責が重要な要素となることを示しています。すなわち、およそ婚姻関係の破綻を招くについて、専ら又は主として責任のある当事者はこれをもって婚姻を継続し難い重大な事由として離婚を請求することを許されないとするのが判例です（最判昭27.2.19民集6巻2号110頁）。

その後の裁判例は以下のとおりです。婚姻の破綻を理由に離婚を請求する際、①婚姻破綻の原因が配偶者の一方のみの非行によって惹起されたものである場合には、その配偶者からの離婚請求は認められません（注5）。また、夫婦双方に責任がある場合には、②婚姻破綻について主として責任のある配偶者からの離婚請求は認められません（注6）が、③夫婦の一方にもいくらかの落度はあったが、相手方により多くの落度がある場合には離婚請求が認められており（注7）、④破綻の原因が双方のいずれに存するかということもにわかに断定できず、

双方にあるとみるのが相当である場合にも離婚請求が認められています(注8)。
さらに、⑤夫婦双方が無責の場合でも、夫婦関係が修復不可能に至っていれば夫婦関係は破綻しているとして離婚が認められています(注1)。

結局、婚姻関係が破綻している場合で離婚請求が棄却されるのは、原則として、有責配偶者、すなわち離婚請求者が婚姻破綻について専ら又は主として責任を負う場合に限られると思われます。

なお、有責配偶者の離婚請求の詳細については、Q9のとおりです。

3　熟年夫婦の離婚

厚生労働省平成26年人口動態調査（上巻離婚第10.5表）によりますと、平成26年の離婚件数は22万2107組で、同居期間が判明している20万6960組のうち、期間20年未満が17万189組（約82.2％）、20年以上が3万6771組（約17.8％）です。また前年比ですと、離婚総数では約4％の減少であり、同居期間が判明しているもののうち期間20年未満が0.2％減少し、期間20年以上がその分増加しています。

熟年夫婦の離婚の場合、一般的にはその婚姻中に築かれた夫婦の共有財産が若いときよりも多額に上ると思われること、また、退職金や年金など熟年夫婦に特有の財産があり得ること、他方、離婚後の再就職は若いときと比べて困難になりますので、夫婦双方の生活が経済的に保証されるように適切な解決を図る必要性があり、離婚に際して財産分与、年金分割が占める重要性はより大きくなると思われます（財産分与については第3章、年金分割については第10章参照）。

裁判所も、熟年夫婦の離婚については、上記のような諸事情等を慎重に判断していると思われます。

例えば、長年会社人間的な生活をしてきた夫の定年後に妻が求めた離婚請求が棄却された裁判例もあります。一審は離婚を認めましたが、控訴審は、夫には妻の立場を思いやるという心遣いに欠ける面はあったけれども、格別に婚姻関係を破綻させるような行動があったわけではないこと、夫婦の年齢や妻が病弱であるなどから夫が婚姻関係の継続を強く望んでいることなどの事情から、現段階で婚姻関係が完全に破綻しているとまで認めるのは相当でないとしたものです（注9）。

他方、80歳に達した夫が病気がちになり、生活力を失って生活費を減じた

頃に、妻が夫を軽んじる行為が始まり、先妻の位牌を無断で親戚に送りつけ、夫の思い出の品々を勝手に焼却処分するなどの行為が夫の心情を深く傷つけるものであったが、妻はその精神的打撃を理解する姿勢に欠けているとして、別居期間が1年余りの夫婦について婚姻を継続し難い重大な事由があるとしました（注10）。

　このように、熟年離婚の結論は裁判官個人の婚姻観や価値観によるところも大きいといえましょう。当事者側としては、離婚原因・婚姻継続の相当性の有無について一層きめ細かな主張・立証の方法を磨くことが求められます。

（注）　1　東京高判昭54.6.21判時937号39頁
　　　　2　横浜地判昭59.7.30判時1141号114頁
　　　　3　東京地判昭59.10.17判時1154号107頁
　　　　4　札幌地判昭50.3.27判時798号77頁
　　　　5　最判昭29.11.5判タ45号29頁
　　　　6　最判昭38.10.15判タ164号196頁
　　　　7　最判昭30.11.24民集9巻12号1837頁
　　　　8　名古屋地判昭38.2.7判時335号41頁
　　　　9　東京高判平13.1.18判タ1060号240頁
　　　　10　大阪高判平21.5.26家月62巻4号85頁

15 不貞・暴力（精神的暴力を含む）の立証

夫が浮気しているため、離婚をしたいと思っています。また、私は、夫から身体的・精神的暴力も受けてきました。どのような証拠を準備すればよいでしょうか。

 相手方配偶者が不貞や暴力の事実を認めず、裁判になったときに備え、メールや写真、録音、診断書など、客観的な証拠をなるべく多く準備することが重要です。

1 不貞の立証

調停が不成立となり、裁判で争う場合には、離婚を請求する側において、離婚原因の存在を主張、立証する必要があります。相手方配偶者の不貞を理由として離婚を請求する場合には、相手方の不貞の事実（性交渉の事実）を立証しなければなりません。

相手方配偶者が不貞の事実を認めている場合は問題がありませんし、性交渉の場面を撮影した写真やビデオが存在する場合、相手方配偶者が不貞相手の出産した子どもを認知した場合、相手方配偶者が不貞相手と同棲している場合などであれば、不貞の事実の立証は容易です。しかし、通常はそのような直接的証拠まではなく、不貞行為の存在を推認させる事実を立証して裁判官の心証を形成することになります。

一つの方法としては、相手方配偶者を尾行し、相手方配偶者が不貞相手と連れ立ってホテルへ入り数時間後に出てきたという一連の場面を写真撮影するなどして証拠化することが考えられます。しかし、ホテルへは入ったけれど性交渉はしていないなどの反論をされる場合もあります（特にいわゆるラブホテルではなくシティホテルを利用した場合）ので、それだけでは必ずしも十分ではない場合があります。そのような反論をしにくくするためには、相手方配偶者と不貞相手がホテルへ入っている事実を一度だけではなく何度も証拠化したり、相手方配偶者と不貞相手とのメールによって2人が男女として交際している事実を裏付けたりすることが考えられます。

なお、このような尾行等を調査会社（いわゆる探偵）に依頼することも考えられますが、高額の費用を請求されたり、調査内容に満足できなかったりしてトラブルになるケースもありますので、注意が必要です。調査会社に依頼する場合は、社歴や評判等から信頼のおける会社を選ぶようにすること、また、依頼する前に業務内容や費用の見積もり等について十分に説明を受けることが重要です。

　不貞行為そのものを立証できない場合でも、相手方配偶者の不誠実な行動や、それにより夫婦関係が悪くなり別居に至った事情、別居期間などが考慮され、「婚姻を継続し難い重大な事由」があるとして離婚が認められることもあります。よって、そのような観点からも、不貞行為の直接的な証拠にはならなくても、異性との親密な内容のメールのやりとりを証拠として収集しておく価値があります。SNS（Facebook、Twitter、mixiなどのソーシャル・ネットワーキング・サービス）によって、相手方配偶者と異性との親密な写真ややりとりが明らかになる場合もあります。

2　暴力の立証

　相手方配偶者の暴力を理由として離婚を請求する場合も、離婚訴訟で争う場合には、離婚を請求する側において、相手方の暴力の事実を立証しなければなりません。相手方配偶者が暴力の事実自体は認めていても、暴力の回数や程度等についてお互いの主張に食い違いがある場合は、それらの点についてもできる限り立証する必要があります。

　あなたの記憶をまとめた文書（裁判では、「陳述書」というタイトルで提出されることが多いです。）も証拠の一つにはなりますが、やはり、客観的な証拠、そして、暴力がされた当時の証拠をなるべく多く集めることが重要です。

(1)　身体的暴力

　暴力を受けた箇所の写真や、医師の診断書が重要となります。ただし、医師の診断書は、治療が必要な期間などについては記載されていますが、怪我の状況（程度、部位、大きさなど）については写真の方がわかりやすいので、医師の診断書を得た場合であっても、日付入りの写真も併せて残しておく方がよいです。

　また、写真では、結果として残った怪我の状況についてはわかりますが、具体的な暴力の態様（殴られたのか、蹴られたのか、髪を引っ張られたのか等）

や回数等についてはわかりません。暴力の現場を撮影するのは一般的には困難ですので、暴力の状況についてはその都度日記などに残しておくと有用です。

　離婚請求に先立ってDV防止法による保護命令申立てを行っていたような場合で、裁判所による審尋の際には相手方配偶者が暴力を認めていたようなケースでは、審尋期日の調書も重要な証拠となり得ます。

　暴力について警察へ通報・相談していた場合は、相談等の記録（管理票）、勤務日誌・当直日誌、110番受理指令処理用紙や犯罪事件受理簿なども証拠となり得ます（都道府県警察本部長へ個人情報保護法に基づく開示請求をして入手します。）。さらに、暴行罪や傷害罪で起訴（略式起訴を含む）されている場合は、その刑事記録（供述調書等）は極めて重要な証拠です（検察庁へ閲覧・謄写申請をして入手します。）。

(2)　精神的暴力

　暴言などの精神的暴力は、身体的暴力の場合と異なり、第三者の目に見える結果が残りにくいので、毎日の記録の積み重ねが重要になります。暴言の録音は、直接的で極めて有効な証拠ですが、1回の暴言が直ちに精神的暴力にあたるというわけではありませんので、なるべく多く録音を残しておく必要があります。また、そのような暴言に至った事情（どのようなことで相手方配偶者が怒りだしたのか、単なる夫婦喧嘩と言われるような状況ではないか等）もわかるように、前後の会話も含めなるべく多く録音等を残すようにするとともに、その都度、日記などを残しておくと有用です。お互いが交わしたメールなども、内容によっては暴言の証拠となりますので、消去せずに残しておきましょう。

(3)　PTSD等の心身の疾患

　暴力は、身体的暴力のみならず精神的暴力も、強い精神的ストレスとなって被害者の精神に回復困難な障害を与え、うつ病やPTSD（心的外傷後ストレス障害）などを引き起こします。そのほかにも、長期にわたって暴力を受けることによって、パニック障害などの不安障害や頭痛や背部痛などの身体化障害など様々な心身の不調を引き起こすこともあります。したがって、身体的暴力や精神的暴力によって、うつ病やPTSDをはじめとする心身の疾患を発症した場合、心療内科や精神科で適切な診断を受け、医師の診断書を暴力の証拠として提出することになります。ただし、医師の診断書は、直接的には、あくまでうつ病等の結果を証明するものであって、それだけで直ちに、身体的暴力や精神的暴力があった事実やうつ病の原因が暴力である事実などまで認められるわけ

ではありません。よって、やはり、上記のような録音や日記などの証拠は重要です。

　なお、医師の診断書やカルテの記載に、受診の原因に関する申告内容の記載がされていることもあり、このような場合は証拠として使用することも考えられます。

3　設問の場合

　離婚訴訟では、不貞や暴力の有無や程度について裁判所が判断することとなりますが、その場合、どちらの主張する事実関係（ストーリー）がより真実らしいかが問題となります。あなたの主張する不貞や暴力を直接的に裏付ける客観的証拠がなくても、あなたの主張する一連の事実関係の要所要所で、あなたの主張と符合する客観的な証拠があれば、あなたの主張の信用性が全体として高まります。

　最終的には訴訟を担当する弁護士が証拠の取捨選択をしますので、あなたとしては、関係しそうな証拠はできるだけ多く集めておくことを心がけるとよいと思います。

　また、特にメールや録音については、前後の文脈や会話の流れなどを踏まえてその発言の趣旨が判断されるため、あなたが問題だと思ったメールや発言の前後も含め、なるべく多く残しておくことをお勧めします。

第3章 財産分与・慰謝料

16 財産分与・慰謝料

離婚に伴う財産分与や慰謝料とは、それぞれどういうものですか。財産分与とは別個に慰謝料を請求することもできますか。また、内縁の相手から関係を一方的に解消された場合にも、離婚の場合と同じように財産分与や慰謝料を請求することはできますか。

1 財産分与、慰謝料とは

離婚に伴う財産分与とは、夫婦が婚姻期間中に協力して形成した財産を離婚に際して分与することをいいます（民法768条、771条）。

離婚に伴う財産分与は、このような夫婦財産の清算としての性格（清算的財産分与）のほかに、離婚後の扶養としての性格（扶養的財産分与）、精神的苦痛に対する慰謝料としての性格（慰謝料的財産分与）も持っています。

離婚に伴う慰謝料とは、離婚によって精神的苦痛を被った者に対してなす金銭的賠償のことをいいます（民法710条）。

財産分与及び慰謝料は、養育費とともに、離婚時における財産的取り決めの最重要課題となります。

2 財産分与と慰謝料の相互関係

財産分与には慰謝料的性格もありますが、これは、財産分与に慰謝料が必ず含まれる、あるいは含めなければならないことを意味するのではありません。財産分与と慰謝料を別々に取り決めたり、別々に請求することもできます。一旦財産分与を受けた後でも、分与の額、方法が請求者の精神的苦痛を慰謝するに足りない場合は、別途に慰謝料を請求することができるとした判例があります（最判昭46.7.23判時640号3頁、最判昭58.12.19判時1102号44頁）。

3 内縁関係の解消と財産分与、慰謝料

内縁関係とは、婚姻の意思をもって夫婦共同生活を営み、社会的にも夫婦として認められているにもかかわらず、婚姻の届出をしていないため、法律上の

夫婦として認められない関係のことをいいます。内縁として法的に婚姻に準ずる扱いを受けるためには、社会的にも事実上婚姻としての実質を備えた男女関係でなくてはなりません。内縁の成立には、当該男女間に①婚姻意思があること、②これに基づいた共同生活があることが必要です。婚姻意思の存在については、結婚の儀式の有無や親族・知人ら周囲の関係者の認識、共同生活の内容、継続状態など一定の客観的事情をもって判断されることとなります。

　内縁関係にある者は、婚姻関係に準じた法的保護を受けることができます。したがって、内縁の相手方が関係を一方的に解消した場合は、離婚の場合と同様、財産分与や慰謝料を請求することができます。裁判では、内縁解消の場合にも、一方的解消・合意による解消にかかわらず、民法768条の類推適用による財産分与の請求を認めています（名古屋家審平10.6.26判タ1009号241頁、大阪高決平23.11.15家月65巻4号40頁ほか）。そのため、同条2項の類推適用により、財産分与は、内縁解消から2年の除斥期間にかかります。

　なお、相手方が死亡したため内縁関係が終了し相続が問題になった事案において、判例（最決平12.3.10判時1716号60頁）は、「法律上の夫婦の離婚に伴う財産分与に関する民法768条の規定を類推適用することはできない」としています。この場合、生存配偶者の保護の法律構成としては、相続財産を死亡内縁配偶者と生存内縁配偶者との共有であるとみて、生存内縁配偶者の持分を定め、これを相続財産から控除して他の配偶者に取得させるべきという見解（共有説）もあります（大阪高判昭57.11.30判タ489号65頁、名古屋高判昭58.6.15判タ508号112頁）。この見解によれば、かかる生存内縁配偶者は他の相続人に対し共有物分割請求をしていくことになるでしょう。

　内縁の一方当事者が他の異性と男女関係をもった場合、その配偶者は他の配偶者に対する関係では内縁夫婦間の貞操義務に違反する不法行為を行ったことになり、それにより内縁が解消した場合は、内縁の不当破棄により一方の内縁配偶者に生じた損害を賠償する責任があります。内縁関係にあることを知りながら、その内縁の配偶者の一方と肉体関係に至るなど、内縁配偶者の不貞行為に加担して内縁を不当に侵害した第三者の行為は、内縁侵害の不法行為となり、一方の配偶者はその第三者に対して、その不法行為により生じた損害を請求できます（東京地判平23.1.25（判例集未登載））。

　なお、不貞相手に対する慰謝料請求については、Q21を参照してください。

17 財産分与の対象

離婚にあたって夫に財産分与を求めたいのですが、どのような財産が分与の対象となるのでしょうか。私は夫の経営する会社を長期間無給で手伝ってきたのですが、それでも、会社名義の財産は、分与額を算定する際に一切考慮してもらえないのでしょうか。その会社の従業員と呼べるような人間は、夫以外には私しかいません。

将来の退職金について財産分与を求めることの可否、住宅ローンが残っている不動産について財産分与を求める方法についても教えてください。

1 財産分与の性格との関係

離婚に伴う財産分与の対象になるのは、「婚姻期間中にその協力によって得た財産」です（民法768条3項）。財産分与に、清算的財産分与だけでなく、扶養的財産分与や慰謝料的財産分与という性格があることは前問で述べたとおりですが、扶養的財産分与と慰謝料的財産分与は、ともかく相手に経済的満足を与えれば扶養や慰謝料支払いの目的を達するわけですから、どのような財産が分与の対象となるのかを検討する必要性は乏しいといえます。

したがって、以下、清算的財産分与の場合を前提に、どのような財産が分与の対象になるのかを検討していきます。

2 財産の名義と分与の可否

民法762条1項は、夫婦の一方が婚姻中自己の名で得た財産は、その特有財産であると規定し、いわゆる夫婦別産制をとっています（なお、夫婦のいずれに属するか明らかでない財産は、同条2項により、その共有に属するものと推定されます。）。

その一方で、同法768条3項は、離婚に伴う財産分与にあたって、家庭裁判所は、当事者双方がその協力によって得た財産の額その他一切の事情を考慮して、分与をさせるべきかどうか並びに分与の額及び方法を定めると規定しています。

すなわち、婚姻中に夫の給料が振り込まれた夫名義の預貯金口座や、夫の単独名義で購入した不動産といった、同法762条1項にいう「夫婦の一方が婚姻中自己の名で得た財産」であっても、同法768条3項の「当事者双方がその協力によって得た財産」、例えば、妻が家事労働に従事し夫の日常生活・社会生活を支えたなど、夫婦が協力して形成した財産と認められる事情があれば、清算的財産分与の対象となります。

これに対し、夫婦の一方が婚姻前から所有する財産（同法762条1項）や、婚姻期間中であっても相続などにより取得した財産は、夫婦が協力して形成したという実質がないので、原則として、清算的財産分与の対象とはなりません。

また、清算的財産分与の対象となるのは、積極財産、つまりプラスの財産ばかりとは限らず、消極財産、つまり借入金などマイナスの財産も、夫婦共同生活の中で生じたものである以上、清算的財産分与の対象となります（東京地判平11.9.3判時1700号79頁）。

以上を前提として、設問を検討します。財産分与が夫婦財産の清算としてなされる以上、夫婦以外の第三者の名義となっている財産は、原則的に財産分与の対象とはなりません。ただ、これも実質的判断として、第三者名義であっても、夫婦が婚姻期間中に協力して形成した財産と認められる場合は、分与額の算定基礎として考慮することが可能です。

設問の場合、夫の経営する会社が個人事業としての実体を有していると思われますので、たとえ会社名義の財産であっても、実質的には夫婦が協力して形成した財産として、分与額の算定基礎として考慮することが可能です（大阪地判昭48.1.30判時722号84頁）。

3　分与の対象となる財産の種類

現金・預貯金・不動産・車両・有価証券などは当然財産分与の対象となります。離婚するまで支払われるべきであった過去の生活費（婚姻費用）も、清算的財産分与の額に含まれることもあります（最判昭53.11.14民集32巻8号1529頁）。

退職金も、すでに支給されている場合には財産分与の対象となると解されており、これを認めた裁判例もあります（東京高判昭58.9.8判時1095号106頁、広島家審昭63.10.4家月41巻1号145頁ほか）。

問題は、離婚時にはまだ退職金が支給されていない場合ですが、退職金は在

職中の労働の対価であるという性格に鑑み、将来支払われるべきであろう退職金についても、勤務期間に占める婚姻期間の比率を乗じた額を財産分与として認めるべきという考え方が有力です。

退職金と財産分与に関する裁判例は以下のとおりです。

① 将来、退職金が支払われることを条件として分与を命じたもの（東京高判平10.3.18判時1690号66頁、原審は横浜地判平9.1.22判時1618号109頁）

② 判決言い渡しから6年後に支払われるべき退職金のうち婚姻期間に対応する分を算出し、これに請求者の寄与率を掛け合わせた金額につき分与を命じたもの（東京地判平11.9.3判時1700号79頁）

③ 夫が現在自己都合により退職した場合に国家公務員法に基づいて受給できる退職手当額のうち、別居までの婚姻期間に対応する15年分の金額が財産分与算定の基礎財産となるとしたもの（名古屋高判平12.12.20判タ1095号233頁）

④ 地方公務員は民間企業とは異なり倒産等により退職金が受給できない可能性は皆無といってよいとして、将来の定年退職時（約13年後）に受給し得る退職手当のうち、退職時までの勤務期間総数のうち実質的婚姻期間に対応する額を算出し、ライプニッツ方式で中間利息を控除した額の5割を基準とし、これに諸般の事情を加味して財産分与額を算定したもの（東京地判平13.4.10判例集未登載）

これらの裁判例に示されているように、公務員は民間企業のように倒産等によって退職金が受給できなくなる可能性が低い（皆無と言い切ることには疑問を感じますが）ので、退職までの期間が比較的長期であっても、退職金に対する財産分与が認められる傾向にあるようです。そうだとすると、官公庁にも比肩するほどの安定企業に勤務する場合は、やはり退職までの期間が長期であっても財産分与が認められることになりますが、この点については裁判例の集積が待たれるところです。

なお、財産分与と年金分割については、Q75以下を参照してください。

4　住宅ローンが残っている不動産と財産分与

土地・建物・マンションなどの不動産に住宅ローンが残っている場合、それだけで、当該不動産が財産分与の対象にならないというわけではありません。

不動産の時価がローン残高を上回る場合は、当該不動産を売却して得た代金からローンを完済した残額を分け合う、当該不動産の査定価額からローン残高を控除した金額をもとに分与額を算定し、現金にて精算するなどの方法がとられます。

　一方、不動産の時価がローン残高を下回る場合でも、当事者間の協議により、清算的財産分与として様々な方法がとられます。

　例えば、住宅の所有名義人でありローン名義人でもある一方当事者が住宅ローンを支払い続け、他方当事者乃至その子が賃料等の負担なく当該不動産に居住し続ける、あるいは一定の期限を設けて居住する、という方法があります。この場合の他方当事者は、不動産の所有権という形では財産分与を受けることはできませんが、当該不動産に無償で居住する利益を獲得できることになります。ただし、一方当事者がローンの支払いを滞らせ、不動産が競売にかけられて居住できなくなるというリスクがあるので、万一そうなった場合は居住の利益相当額を現金で支払うことを文書であらかじめ合意しておくことも、検討の余地があります。

　また、一方当事者が住宅ローンを支払いつつ、他方当事者が当該不動産に居住し、かつ当該不動産の所有権の移転を受けるという方法があります。この場合、他方当事者は、ローンが完済された場合に「抵当権の負担のない不動産」を獲得できることになります。ただし、住宅ローン契約によっては、抵当権付の不動産を譲渡するときはあらかじめ金融機関の承諾を得るものとする条項を付していることもあります。この場合は、不動産の名義が変わってもローン返済に影響がないことを金融機関に理解し承諾してもらう必要があるので、事前によく検討しておくべきでしょう。

　このほかにも、一方当事者が不動産の所有権を取得する代わりに、免責的債務引受けにより新たに住宅ローンの名義人となり、その後の支払い義務を負担するという方法が考えられます。ローンの残りがあとわずかであるような場合は、この方法によって相当の財産分与を得ることが期待できますが、金融機関がローン名義人の変更を認めるかは、やはりケースバイケースであり、認める条件として、新たに保証人を立てることを要求されることもあります。

Q18 財産分与の基準

財産分与の額や割合はどのように決められるのですか。財産分与が過大であるとして、取り消されることはあるのですか。

A　1　一般的な流れ

財産分与の額及び方法は、当事者双方がその協力によって得た財産の額その他一切の事情を考慮して定められます（民法768条3項）。

一般的な流れとしては、分与の判断の基準時を決め、分与の対象となる財産を特定し、金銭以外の財産については価額の評価をなしたうえで、分与の具体的割合、及び分与の方法を決めることになります。

2　分与対象財産確定の基準時

清算的財産分与の時的基準時については、夫婦が婚姻生活中に形成した財産が対象となるので、原則として、経済的共同関係が消滅した時点とするのが現在の実務の趨勢です。つまり、別居が先行していれば、別居時に存在した財産、別居していないのであれば、離婚時に存在した財産がそれぞれ対象になります。

東京家庭裁判所のホームページ（http://www.courts.go.jp/tokyo-f/saiban/tetuzuki/zinzi_soshou/）の書式等の「婚姻関係財産一覧表の作成に当たっての注意事項」では、分与対象財産確定の基準時は、一般的には別居時であるとされています。

ただ、例外的に、別居後も夫婦間にその協力関係が認められ分与対象財産が増減した場合、財産分与において、その別居後の事情が考慮されることがあります。例えば、別居後の婚姻費用の分担の調整、子の学費の負担による分与対象財産の減少、同居中に取得したアパート収入による分与対象財産の増加などが考えられます。

なお、時的基準時を裁判時（口頭弁論終結時）とした判例（最判昭34.2.19民集13巻2号174頁）がありますが、現在の実務の趨勢は以上のとおりです。

また、扶養的要素及び離婚慰謝料的要素に基づく財産分与の時的基準時につ

いては、その判断内容として、判断時現在における当事者双方の資力や今後の生活能力等が考慮されるので離婚判決時あるいは財産分与審判時を基準とせざるを得ません。

3　分与対象財産の評価

　確定された分与対象財産の評価については、裁判時（口頭弁論終結時又は審判時）を基準とすべきであると解されます。評価の方法については特に定めがなく、客観的かつ合理的と認められる方法によれば足ります。

　例えば、不動産の場合、原則として、別居時に存在する夫婦の不動産を裁判時（口頭弁論終結時又は審判時）の時価によって評価します。不動産の時価については、実務上は、不動産業者の査定書が使われることが多いようです。時価に争いがあって当事者双方から異なる額の査定書が提出される場合には、各査定書の額の中間の額で妥協することがあります。そのような合意ができなければ、費用と時間をかけて鑑定を行う事例もありますが、事例としては少ないようです。なお、場合によっては、土地については路線価、建物については固定資産評価証明書が参考に使われることもあります。

　また、株式の場合、原則として、別居時に夫婦が保有していた株式を裁判時（口頭弁論終結時又は審判時）の時価によって評価します。株式の時価については、上場会社の株式は、取引が頻繁に行われていますので、財産価値の把握が容易です。しかし、非上場会社の株式の場合は、財産価値があるか否か、また、仮に財産価値があるとしても、その評価をどのように評価すべきかという問題があります。このような非上場株式会社の株式について、評価額に争いがある場合には、費用を支払って公認会計士等の資格を有する専門家に会計帳簿等を調査して評価してもらうことになります。

4　分与の割合（2分の1ルールの原則と例外）

　清算的財産分与は、対象財産が夫婦の実質的共有であることを前提としています。そして、共有財産の清算ということになれば、その共有財産を形成し、維持管理することに、どちらがどの程度寄与・貢献したかによってその持分が決まります。実務においては、特段の事情がない限り、夫婦が2分の1の持分を有するとされます。この原則は、共稼ぎ夫婦の場合だけでなく、いわゆる専業主婦のように家事労働に従事してきた場合にも妥当します。そのうえで、こ

れとは異なる特段の事情があると主張する者は、それを裏付ける具体的な財産の形成又は維持についての当事者の貢献度を示す資料等を提出することが求められます。

かかる2分の1ルールは、平成8年2月26日に法制審議会総会で決定された民法改正案要綱において、「当事者双方がその協力により財産を取得し、又は維持するについての各当事者の寄与の程度は、その異なることが明らかでないときは、相等しいものとする。」とされたことの影響も受けています。

5 財産分与が取り消される場合

離婚に伴う財産分与であれば、いくらでも分与をしてよいというわけではありません。分与する側が借金などをしている場合に、離婚に伴い全財産を分与して一文なしになってしまえば、お金を貸した側すなわち債権者は全く回収できなくなってしまい、著しく不公平です。

このように、財産分与の額が不相当と認められるほど過大な場合は、債権者から財産分与のうち不相当に過大と認められる部分の財産分与の取消を求められる可能性があります（債権者取消権、民法424条）。

なお、債権者取消権の対象となるのは、財産分与のうち不相当に過大と認められる部分とした判例（最判昭58.12.19判時1102号44頁、最判平12.3.9判時1708号101頁）があります。すなわち、財産分与のうち相当と認められる部分については、債権者取消権の対象とならないと考えられています。

清算的財産分与については、分与の対象となる財産の分与時の時価の2分の1を超える部分は不相当に過大と認められる部分と評価した判例があります（大阪高判平16.10.15判時1886号52頁）。

扶養的財産分与については、扶養的財産分与のうち不相当に過大な額及び慰謝料として負担すべき額を超える額を算出したうえで、その限度で合意を取り消した判例があります（最判平12.3.9判時1708号101頁）。

なお、財産分与と税金の関係については、Q64以下を参照してください。

19 慰謝料の基準

離婚する際には必ず慰謝料が請求できるのですか。また、慰謝料の額はどのように決められるのですか。

1 離婚に伴う慰謝料の請求が認められる場合と認められない場合

　裁判離婚の実務においては、不貞行為、暴力行為などの離婚原因が存在する場合に、それによる精神的苦痛とともに、離婚に至ったことよる精神的苦痛を包括して慰謝するものとして、慰謝料が認められます。

　慰謝料請求の発生根拠となる離婚原因は、前述した不貞行為、暴力行為あるいは虐待行為といった典型的な行為に限定されるものではありません。夫婦の一方が性交渉を拒否し、あるいは性交渉に全く無関心であった場合に、他方からの離婚及び慰謝料請求が認められることもあります。

　その一方で、当事者間に明確な離婚原因がない場合、例えば、性格の不一致が高じて婚姻生活が破綻に至った場合には、慰謝料請求が認められない傾向にあります。当事者双方に同程度の離婚原因がある場合も同様です。

　また、例えば夫婦関係がすでに破綻してしまった後で相手方が異性と関係を持ったとしても、離婚との因果関係がないので、そのような関係を持ったことに対する慰謝料請求は原則として認められません。

　裁判離婚の実務としては上記のとおりですが、協議離婚や和解離婚の実務においては、明確な離婚原因がない場合でも、例えば一方当事者がどうしても慰謝料を払えといって譲らず、他方当事者がこれに応じない限り離婚したくてもできないような場合に、離婚を応諾させる条件として、慰謝料若しくは解決金の名目で財産的給付を約束する例が多く見受けられます。

2 慰謝料額の基準

　慰謝料とは、いうまでもなく精神的苦痛に対する金銭的賠償という性格を持つのですが、個々人によって受ける精神的苦痛の程度も異なり、また離婚に至

る経過や離婚原因も事案ごとに異なるので、慰謝料額について客観的・画一的な基準を定めることは困難です。

ちなみに、学説は、慰謝料を算定する際に考慮すべき事項として、①離婚の有責性の程度、②背信性（信義誠実性）の程度、③精神的苦痛の程度、④婚姻期間、⑤当事者の社会的地位、⑥支払能力、⑦未成熟子の存在、⑧離婚後の要扶養などを挙げています。

3 裁判例

以下、離婚慰謝料に関して参考となる裁判例をいくつか掲記しますが、前述したように、離婚は事案ごとに経緯・背景事情や原因が異なるので、絶対的な基準としてではなく、あくまでも目安としてご参照ください。

① 離婚慰謝料が認められた例

(a) 岡山地津山支判平3.3.29判時1410号100頁

婚姻期間9か月、妻が結婚初夜から夫との性交拒否、性交を求めた夫に対して攻撃的な言動という事案につき、慰謝料として150万円を認容。

(b) 神戸地判平6.2.22判タ851号282頁

婚姻期間7年、夫から妻に対する暴力（鼻骨骨折等で入院・手術）、夫は600万円を上回る年収があるという事案につき、慰謝料として200万円を認容。

(c) 仙台高秋田支判平8.1.29家月48巻5号66頁

婚姻期間1年10か月（同居期間8か月）、夫から妻に対する暴行2回、夫は窃盗により有罪判決を受ける、妻は中国に帰国したという事案につき、日本の物価水準に基づき慰謝料として100万円を認容。

(d) 大阪高判平12.3.8判時1744号91頁

婚姻期間24年余、夫から妻に対する暴力（椎間板ヘルニア発症、後遺障害あり）、夫は約7600万円の資産があるという事案につき、慰謝料として350万円を認容。

(e) 大阪地判平13.7.5法学教室252号175頁

妻が年間に数えるほどしか掃除をせず、火災が怖いという理由でストーブをつけず、年収600万～700万円ほどなのに子の習い事に年400万円を費消したという事案につき、妻が夫に支払うべき慰謝料として200万円を認容。

(f) 広島高岡山支判平16.6.18判時1902号61頁
　　婚姻期間30年7か月（同居期間24年）、夫から妻に対する婚姻当初からの暴力、夫による不貞（露呈後も公然と継続）、夫は自動車修理業を営んでいるという事案につき、慰謝料として500万円。
② **離婚慰謝料が認められなかった例**
(a) 東京地判昭63.10.12　鈴木眞次『離婚給付の決定基準』（弘文堂）60頁
　　婚姻は夫の不貞行為より前にすでに破綻していたとして、妻の夫に対する慰謝料請求を認めなかった。
(b) 東京地判平12.9.26判タ1053号215頁
　　夫の不貞は認められないが、妻の借財・浪費も妻のみを非難することはできないとして、双方からの慰謝料請求を認めなかった。

20 財産分与・慰謝料の請求手続

　現在離婚を考えているのですが、離婚に伴う財産分与や慰謝料の具体的な請求手続について教えてください。約束どおりに支払ってくれない場合に、強制執行の申立てができるようにするには、どうしたらよいのですか。
　また、すでに離婚してしまった後でも、改めて財産分与や慰謝料を請求することはできるのですか。

1　財産分与、慰謝料の請求と離婚成立の前後

　離婚に伴う財産分与や慰謝料は、離婚と同時に請求するのが一般的ですが、離婚が成立した後で請求することも、除斥期間などの時間的制約にかからない限りは可能です。
　以下、離婚と同時に請求する場合と、離婚が成立した後で請求する場合に分けて説明します。

2　離婚と同時に財産分与、慰謝料を請求する場合

　まず、離婚それ自体に関する相手方との話し合いと併せて、財産分与の対象・分与の割合・分与の方法や、慰謝料の金額・支払方法などについて話し合いを試みるのが一般的です。
　話し合いがまとまった場合は、支払義務の不履行があった場合に強制執行することを見越して、支払いについて取り決めた内容を公正証書にしておくという方法があります。
　相手方との話し合いがまとまらなくても、いきなり訴訟を提起するのではなく、まず家庭裁判所に対して離婚、財産分与及び慰謝料の支払いを求める調停を申し立てる必要があります（調停前置主義、家事法257条1項）。
　調停で話し合いがまとまり、調停調書が作成されれば、確定した判決又は確定した審判と同一の効力が付与され（同法268条1項）、支払義務の不履行があった場合に強制執行を申し立てることができます。
　なお、調停において、相手方が離婚には応じるものの、財産分与や慰謝料の

支払いには応じない場合に、離婚だけ早期に成立させたいときは、離婚についてのみ調停を成立させ、財産分与及び慰謝料については、改めて家庭裁判所に調停を申し立てるという方法が考えられます。

調停で話し合いがまとまらない場合に、家庭裁判所は、職権で、離婚とともに財産分与や慰謝料の支払いを命ずる審判をすることもできます（同法284条、Q4参照）。

この審判に対して2週間以内に当事者から異議が申し立てられることなく確定した場合は、確定判決と同一の効力を付与され、これに基づく強制執行を申し立てることが可能となりますが、適法に異議が申し立てられた場合、その審判は効力を失うことになります（同法279条、286条5項）。

調停で話し合いがまとまらず、調停不成立となれば、家庭裁判所に対して、離婚と併せて財産分与及び慰謝料の支払いを求める訴訟を提起することになります（人訴17条）。

この訴訟において、財産分与あるいは慰謝料の支払いを命ずる判決が確定した場合は、これに基づく強制執行を申し立てることができます。

3　離婚が成立した後に財産分与、慰謝料を請求する場合

離婚が成立した後でも、財産分与及び慰謝料の支払いを求めて、家庭裁判所に対して調停を申し立てることができます。ただし、以下に述べるような時間的制約があります。

まず、財産分与について、離婚のときから2年を経過した場合は、財産分与自体を求めることができません（民法768条2項）。この2年は除斥期間と考えられており、時効とは異なり中断という概念がありません。

また、慰謝料について、通常、離婚のときから3年を経過した場合は、離婚に伴う慰謝料請求権は時効により消滅します（同法724条）。ただし、時効である以上、その進行が中断するということもあります。

前述した時間的制約にかからないことを前提に、以下、場合分けして説明します。

(1)　**財産分与のみを求める場合**

家庭裁判所に審判を申し立てることもできますが、まずは調停を申し立て、話し合いによる解決を図る例が多いようです。

調停で話し合いがまとまらなければ、審判に移行します（家事法272条4項）。

財産分与を命じる審判が確定した場合は、これに基づき強制執行を申し立てることができます。

(2) **慰謝料のみを求める場合**

家庭裁判所に調停を申し立てることもできますが、話し合いによる解決の見込みがない場合などは、地方裁判所に訴訟を提起することもできます。慰謝料については、いきなり訴訟を提起する例も多く見受けられます。

なお、調停での話し合いがまとまらない場合、審判への移行を求めることはできないので、調停を取り下げ、あるいは調停不成立としたうえで、地方裁判所に訴訟を提起することになります。

(3) **財産分与と慰謝料を併せて求める場合**

同一手続において財産分与と慰謝料を併せて求めるのであれば、家庭裁判所に対し、調停を申し立てることになります。

財産分与について相手方が応じない場合は審判に移行することになりますが、慰謝料について相手方が応じない場合は調停を取り下げ、あるいは調停不成立としたうえで、地方裁判所に訴訟を提起することになります。

Q21 不貞相手に対する慰謝料請求

夫の不倫により夫婦関係が破綻したため、離婚しようと考えていますが、夫とともに、あるいは夫とは別個に、不倫の相手に対して慰謝料を請求することはできますか。その場合の具体的な手続についても教えてください。

1 不倫の相手に対する慰謝料請求

夫が不倫したことによって離婚を余儀なくされたのですから、あなたは、夫と不倫の相手の2人によって精神的に傷付けられたことになります。

この場合、夫と不倫の相手には共同不法行為が成立し、2人は、あなたに対し連帯して損害を賠償する義務を負います（民法719条）。したがって、あなたは、夫のみならず不倫の相手に対しても慰謝料を請求することができます。

ただし、例えば、夫が相手の女性に対して関係をしつこく迫った等の特別な事情がある場合、相手の女性に対する慰謝料請求は認められず、あるいは認められたとしても非常に低い金額になることがあり、注意を要します。

2 夫とともに不倫の相手に対して慰謝料を請求する場合の手続

夫とともに不倫の相手に対しても慰謝料を請求する場合は、夫に対する離婚及び慰謝料を請求する調停と併せて、不倫の相手に対して慰謝料を請求する調停を家庭裁判所に申し立てることができます。

この調停が不成立となった場合には、以下のとおりの手続が考えられます。すなわち、夫に対して離婚及び慰謝料を請求する訴訟は人事訴訟であって、不倫の相手に対して慰謝料を請求する訴訟は、通常の民事訴訟です。そのため、本来、両者は異種の手続であり、民訴136条を満たさないので、後者は地方裁判所に提起するのが原則です。しかし、両者は審理判断において主張・立証上密接な関連があるため、民訴136条の例外として、両者をまとめて併合して訴える限りにおいて、後者も家庭裁判所にも提起することができます（人訴17条1項）。

また、夫に対して離婚及び慰謝料を請求する訴訟を家庭裁判所に提起した後

でも、不倫相手に対して慰謝料を請求する訴訟を同じ家庭裁判所に提起し、離婚訴訟と併合させることができます（同法17条2項）。

なお、すでに離婚が成立した後でも、消滅時効が成立していない限り（Q20参照）、夫と不倫の相手の双方に対する慰謝料請求の訴訟を提起することができますが、離婚が成立している以上、家庭裁判所ではなく地方裁判所に提起することになります。

3　夫とは別個に不倫の相手に対して慰謝料を請求する場合の手続

夫に対する離婚及び慰謝料の請求とは別個に、不倫の相手に対して慰謝料を請求する場合にも、まず調停の申立てをすることができます。この場合、簡易裁判所のほか家庭裁判所も、不倫の相手のみに対する調停の申立てを受理する取り扱いとなっているようです。

なお、不倫の相手に対する慰謝料請求には調停前置主義の適用がないので、調停が成立する見込みがほとんどない場合には、不倫の相手のみに対する慰謝料請求訴訟を地方裁判所に提起することも可能です。

4　不倫の相手が負う慰謝料額の基準

Q19で紹介されている裁判例をみると、婚姻関係が破綻した場合、有責配偶者が負う慰謝料額の相場は100万円から500万円のようです。この場合、その有責配偶者と不真正連帯債務を負う不倫の相手もその有責配偶者と連帯して慰謝料額を負担することになります。その結果、有責配偶者と不倫の相手のどちらがその慰謝料を支払ってもよいですが、両者の支払った合計額がその不真正連帯債務の額に達すれば、同債務は弁済されたことになり、後は、有責配偶者と不倫の相手との内部でどちらがどれだけ負担するかという問題が残るだけになります。

他方、当該不貞行為によって婚姻関係が破綻しなかった場合乃至有責配偶者への慰謝料請求権を放棄した場合、婚姻関係が破綻した場合に比べ、不倫の相手が負う慰謝料額は減額される傾向があります。

第4章

親権・面会交流・子の引渡し

Q 22 親権とは何か

夫と協議離婚をすることになりました。私たちには6歳の子どもが1人います。離婚届の用紙には、夫婦のどちらかを子どもの「親権者」として記載するようになっています。親権とはどのような権利なのですか。

A

1 親権とは

民法819条1項は、「父母が協議上の離婚をするときは、その協議で、その一方を親権者と定めなければならない。」と規定しており、離婚に際しては親権者が定められていなければ離婚届は受理されません（なお、協議離婚以外の場合の親権の定め方についてはQ23を参照）。

親権の内容としては、未成年者に独立の社会人としての社会性を身につけさせるために、身体的に監督・保護し、また精神的発達をはかるために配慮すること（身上監護権及び同義務）と、未成年者の財産を管理し、その財産上の法律行為につき子を代理したり同意を与えたりする権利（財産管理権）があります（親権と監護権の分離の問題についてはQ26を参照）。

なお「親権」という言葉から、親権は親の権利乃至権限を規定したものであると理解されがちですが、最近では親の権利というよりも、親の義務であるという捉え方がされており、親権と称するよりも親義務と表現すべきであるともいわれています。そして、法律上も親権の行使は「子の利益のため」に行うべきものであることが明記されました（民法820条、平成23年改正）。

また、「親権」という言葉があるために、いわゆる「躾と称する子どもへの虐待行為」を見逃してしまう傾向にあることが指摘され、この点からも民法上の「親権」という言い方を変更すべきであるという意見も近時提唱されています。

2 親権の内容

(1) 身上監護

民法が定める身上監護の具体的内容は、次の三つです。

① 居所の指定（民法821条）

同条は、「子は、親権を行う者が指定した場所に、その居所を定めなければならない。」と規定しています。

② 懲戒（民法822条）

同条は、「親権を行う者は、第820条の規定による監護及び教育に必要な範囲内でその子を懲戒することができる。」と規定しています。もっとも、懲戒は子の利益のため、ひいては教育の目的を達成するためのものですから、その目的のために必要な範囲内でのみ認められるのであって、この範囲を逸脱した過度の懲戒は、児童虐待（児童虐待防止法2条）となり、傷害罪、暴行罪、逮捕監禁罪などの犯罪を構成することもあり得ます。

③ 職業の許可（民法823条1項）

未成年者が職業に就くかどうかは、当人の身上にも財産上にも影響が大きいことから親権者の許可を要するとされました。許可の方式については特に規定はなく明示黙示を問いません。未成年者が親権者（未成年後見人）の許可を得れば、適法にその職業を営むことができ、その営業行為については行為能力を有するものとされます（民法6条1項）。

(2) 財産管理

子の財産管理権及び義務については、民法824条本文が「親権を行う者は、子の財産を管理」するものと定めており、親権者が子の財産を包括的に掌握して管理するものとしています。

ただし、未成年者と親権者がともに相続人となる遺産分割事件など、親権者と未成年者との利害が相反するときはこの限りではありません（Q25参照）。

(3) その他の身分上の行為

親権者は、一定の場合には子どもの身分上の行為の代理権を行使します。例えば、認知の訴え、15歳未満の子の氏の変更、その養子縁組又は離縁の代諾・離縁の訴え・相続の承認・放棄などを子に代わって担当します。

3 親権の喪失・停止

親権は子の保護のために親に与えられた権限ですから、その目的に合致しない形での親権の行使があった場合や、親権者として子の監護をするにふさわしくない事情がある場合には、子の保護のためにその者から親権者としての地位を奪うことも必要になります。

平成23年（平成24年4月1日施行）に民法の親権の喪失と管理権喪失の審判に関する規定（同法834条、835条）が改正され、親権停止の制度が新たに設けられました（同法834条の2）。また、請求権者の範囲が拡大され、これに関連する児童福祉法の改正も行われました。

(1) 親権喪失

父又は母による虐待又は悪意の遺棄があるときその他父又は母による親権の行使が著しく困難又は不適当であることにより子の利益を著しく害するときは、家庭裁判所は、2年以内にその原因が消滅する見込みがある場合を除き、その父又は母について親権喪失の審判をすることができます（民法834条）。

(2) 親権停止

子の利益への危険が一時的なものであると思われるときは、家庭裁判所は、2年を超えない範囲内で、親権停止の審判をすることができます（民法834条の2）。この一時停止の間に児童相談所等による親権停止者の指導等を通じて、親子再統合の可能性を探ることが意図されているのです。

(3) 管理権喪失

財産管理権の行使が困難又は不適当であることにより子の利益を害するときは、管理権喪失の審判をすることができます（民法835条）。

(4) 請求権者

親権喪失等の請求権者は、子、その親族、未成年後見人、未成年後見監督人又は検察官、児童相談所長（児童福祉法33条の7）です。

4 児童虐待防止法

親権者など子どもの監護に責任を負う者による子どもへの虐待が社会的・法的問題となり、平成12年5月に児童虐待防止法が制定されました。

その後、平成16年に同法の虐待の定義が見直され、①同居人による児童に対する身体的虐待、性的虐待及び心理的虐待を保護者が放置することも、保護者としての監護を著しく怠る行為（いわゆるネグレクト）として児童虐待に含まれること、②直接児童に対して向けられた行為ではなくても、児童の目前で配偶者に対する暴力が行われることが児童に著しい心理的外傷を与えるものとして児童虐待に含まれることが明示されました。また、平成19年の同法の改正では、児童の安全確認のための出頭要求や立入調査等の行政の権限が強化され、これに伴って平成20年に児童福祉法の改正も行われました。

Q 23 親権者の指定

このたび夫と離婚することになりました。2人の間には13歳（長男）と5歳（長女）の子どもがいますが、私と夫は双方とも2人の子の親権者となることを希望しています。離婚する場合、親権者はどのような方法で、また、どのような基準で決めることとなるのでしょうか。

1 親権者の定め方

父母が協議上の離婚をするときは、その協議で、その一方を親権者と定めなければなりません（民法819条1項）。

なお、平成24年4月から、協議離婚の届出用紙に養育費及び面会交流の取り決めの有無の回答欄が設けられましたが、合意は離婚の要件ではなく、またこの記載がなくとも離婚の届出は受理される扱いです。

当事者間の話し合いで親権者が決められない場合には、当事者の一方から、家庭裁判所に離婚調停を申し立て、その協議の中で子の親権者を定めることができます。

調停が不成立に終わった場合は、家庭裁判所に離婚訴訟を提起し、裁判で子の親権者を定めることになります。なお、調停で離婚については合意ができているものの、親権者について合意ができていない場合は、裁判所が職権で調停に代わる審判を行い、どちらが親権者とすべきか決めることもできます（家事法284条）。詳しくはQ1を参照してください。

2 親権者決定の判断基準

裁判例をみると、父母のいずれが親権者として適格性を有するか判断する場合、父母の側の事情として、監護に対する意欲と能力、健康状態、経済的・精神的家庭環境、居住・教育環境、従前の監護状況、子に対する愛情の程度、親族等監護補助者による援助の有無等が、また子の側の事情として、年齢・性別、兄弟姉妹の関係、心身の発育状況、従来の環境への適応状況、環境の変化への適応性、子の希望、などの要因を総合的に検討して判断しています。

現実の親子の状況はまちまちであり、断定的なことはいえないのですが、裁判例に現れた具体的な判断基準を検討してみます。

(1) **監護の実績・継続性の基準**

心理的な結びつきを重視し、子を現に養育している者を変更することは、子の心理的な不安をもたらす危険性があることから、子に対する虐待・遺棄放置など子の福祉上問題となるような特別の事情のない限り、現実に子を養育監護している者を優先させるべきであるとされています（最判平24.6.28判時2206号19頁、東京家審平22.5.25家月62巻12号87頁ほか）。

(2) **母親優先の基準**

子の幼児期における生育には母親の愛情が不可欠であるとの考え方から、乳幼児については、特別な事情のない限り、母親の監護を優先させるべきであるとするものです（東京高決平10.9.16家月51巻3号165頁、東京高決平15.7.15判タ1131号228頁ほか）。この基準に対しては、母親が幼い子の養育に適しているとも一概にいえるものではなく、家庭における父母の役割が変化しつつある現在においては、硬直化した見解であって、むしろ子が誰との間に心理的絆を有しているのか、父親・母親のいずれに親権者としての適格性があるのかを事案ごとに具体的に判断すべきであるとの指摘がなされています。

(3) **子の意思の尊重**

15歳以上の未成年の子について、親権者の指定、子の監護に関する処分についての裁判をする場合には、その未成年の子の陳述を聴かなければならないと規定しています（人訴32条4項、審判については家事法169条2項）。

実務上は、10歳前後以上であれば、子どもの気持ちを傷つけないやり方で、その意思を確認しているようです。未成年者の自己決定権は可能な限り尊重すべきであり、15歳にこだわることなく、後述の家庭裁判所調査官等の専門家の調査により子どもの意思の聴取を実施すべきと考えます。

なお、その結果については親子関係を悪化させないように配慮すべきことは言うまでもありません。しかし、未成年の子は、近親者や身近にいる者の影響を受けやすく、また現に監護している者の意向を忖度する場合もありますから、発言だけでなく、態度や行動などを総合的に観察し、子の発展段階に応じた適切な評価が必要となりましょう。

(4) **きょうだいの不分離**

きょうだいを分離して養育することは一般的には好ましくないとされていま

す。そして、このような観点から不分離をうたう判例も多く出されています（仙台家審昭45.12.25家月23巻8号45頁ほか）。しかし、子の年齢、それまでの監護状況（例えば一緒に育っていた場合と、別々に育っていた場合では異なる）、子どもたちの意思等を総合的に斟酌して判断すべきものと考えられます。

⑸　離婚に際しての有責性

　離婚に際して、有責である配偶者は親権者としても不適当であるとする見解があります（横浜地川崎支判昭46.6.7判時678号77頁）。これは、父母いずれも親権者としての適性について甲乙つけ難い場合に、有責の大小によって決めるのが公平であるとするものです。

　しかし、家族を遺棄したとか、異性と同棲しているなどの事情は、親権者の適格性を判断する一つの要因として判断されるべきであり、夫婦間の問題における有責性を子どもの親権者を決定する際の基準として考えるべきではないでしょう。同様な観点から、別居後男性と交際をしている妻を子の親権者と指定した判例があります（東京高判昭54.3.27判タ384号155頁）。

⑹　奪取の違法性

　一方の監護中に無断で子を連れ去ったり、面会交流のために引渡しを受けた後に子を返さない、同居親に対して暴力をふるって実力で子を奪うなど、子を違法に奪取する場合があります。このような違法な奪取は、特にそれをしなければ子の福祉が害されることが明らかといえる特段の状況がある場合に限って追認されることがありますが、一般には親権者としての適格性判断における重要な事情とされると思われます（東京高決平17.6.28家月58巻4号105頁）。

⑺　面会交流の許容性

　子の成長過程において、別居親の存在を知り、別居親とも良好な関係を維持することは、子の福祉の観点から非常に重要です。そのため、相手方との面会交流を認めることができるか、子に相手方の存在を肯定的に伝えることができるかという点も、親権者としての適格性の一つの判断材料になっています。

3　調査方法

　離婚調停において親権者に争いがある場合、裁判所は、心理学、教育学といった行動科学等の専門的な知識を有する家庭裁判所調査官に事実の調査をさせることができます（家事法258条、58条）。裁判所から調査命令が発令されると、家庭裁判所調査官は、父母や子ども、監護補助者等と面接し、家庭訪問を行っ

たり、子どもの通園先等の関係機関を訪問するなどして、子の監護・養育状況、親権者の適格性、子どもの意向等を調査し、その結果を書面で裁判所に報告します。その際、調査官は意見を付することができます（同法258条、58条3・4項）。当事者は、調査報告書の結果を踏まえて、どちらが親権者となるべきか話し合います。調査官は、調停に立ち会い、意見を述べることもあります（同法59条1・2項）。

調停が不成立となって裁判となった場合も、裁判所は、家庭裁判所調査官に子の監護状況などについて事実の調査をさせることができます（人訴34条）。調査官の調査は、離婚調停の場合と同様の方法で行われます。裁判所は、今まで提出された証拠と家庭裁判所調査官が提出した調査報告書をもとにどちらを親権者とすべきか判断します。

なお、東京家庭裁判所では、離婚訴訟で調査官の調査が行われる場合、事前に父母側の生活状況（生活歴、就業の状況、経済状況、健康状態等）及び子どもの状況（生活歴、これまでの監護状況、心身の発育状況、健康状態等）、監護補助者、監護計画等についてまとめた子の監護に関する陳述書を提出する運用となっています。陳述書の記載事項については、東京家庭裁判所のホームページを参照してください（http://www.courts.go.jp/tokyo-f/saiban/tetuzuki/zinzi_soshou/）。

4 親権者指定において考慮すべきこと

いずれにしても、子に関する判断は、財産的な問題とは異なり、子どもの将来を見据えたものであることが肝要です。前述の基準のうち、いずれかを最優先としてしまうのではなく、個々の事案の事情に即して、子の福祉の観点から総合的に判断されるべきでしょう。

子をめぐる問題は今後増加することが予想されます。また、子どもにとって親権者として指定されない親との関係も継続し、父母からの適切な影響のもとに育っていくことが望ましいと解されます。そこで、親権者の指定の調査が十分になされ、可能な限り当事者が納得できるものであるとともに、それにとどまらず、調査の過程において、親権者と指定される者に対し、相手方とともに子を中心とした生育環境を考えるという気持ちを育むようなカウンセリング的な手法をとることが求められると考えます。

Q 24 親権の変更

この度、私は夫と離婚することになりました。離婚に際し、5歳の息子の親権者を私とし、夫は息子の養育費として毎月5万円を支払うこと、夫と息子は毎月1回、面会交流を行うことを取り決めました。もし、息子が成人する前に私が死んでしまった場合、息子の親権者はどうなるのでしょうか。元夫が親権者になるのでしょうか。

A 子どもの両親の婚姻中は、両親が子どもの共同親権者となっていますが、両親が離婚する場合はいずれか一方を親権者と定めることになり、その一方の親が単独親権者となります。もし単独親権者と定められた親が後に死亡してしまった場合には、他の一方の親が自動的に親権者となることはありません。離婚後に単独親権者が死亡した場合に生存親が子どもの親権者となろうとする場合は、家庭裁判所に親権者変更の審判を申し立て、親権者変更の審判が確定した後に、当該審判の確定証明書を添付して親権者変更届を提出する必要があります。また、単独親権者（管理権を有しない場合を除く）は、遺言で未成年後見人を指定しておくこともできます。

1 離婚後の親権者の変更

両親の婚姻中は両親が子どもの共同親権者となっていますが、離婚する場合は両親のいずれか一方が親権者と定められ（民法819条1・2項）、以後、親権者と定められた親が単独親権者となります。その後に親権者を変更するには、家庭裁判所に親権者変更の審判を申し立てる必要があります（同条6項、家事法39条、別表2の8の項）。

単独親権者死亡後の親権の取り扱いについて、かつては、民法838条1号の「未成年者に対して親権を行うものがないとき」にあたり未成年後見が開始するため、もはや親権者の指定の余地はなく、未成年後見人が未成年者の監護、教育、財産管理にあたるとする考え方がとられていました（昭24.3.14民事甲3499号民事局長回答など）。また、後見開始後でも後見人選任前であれば生存親を親権者に指定し得るとする説もありました。しかし、現在では、後見人の

選任の前後を問わず、生存親が子どもの監護養育の適任者であれば親権者に指定できるとする説が多数説となっており、裁判例においても、生存親への親権者変更の審判をすることができるとするものが多数を占めています（佐賀家唐津支審平22.7.16家月63巻6号103頁、山形家審昭63.10.14判時1298号123頁、名古屋高金沢支決昭52.3.23家月29巻8号33頁）。

親権者の変更の審判においては、家庭裁判所は当事者の陳述を聴く必要があり（家事法68条）、これに加えて、子が15歳以上の場合は、子の陳述も聴かなければならないものとされています（同法169条2項）。

なお、親権者を変更するには、まず、家庭裁判所に親権者変更の審判の申立てをし、親権者変更の審判が確定した後10日以内に、当該審判の確定証明書を添付して親権者変更届を提出することになります。

2 親権者変更等の基準

親権者変更の基準について、法律上は「子の利益のため必要があると認めるとき」とされているのみで具体的な定めはなく（民法819条6項）、裁判所の裁量に委ねられていますが、親権者を変更することが子の福祉にかなうものである必要があるため、変更を希望する事情や現在の親権者の意向、今までの養育状況、経済力や家庭環境のほか、子の福祉の観点から、子の年齢、性別、性格、就学の有無、生活環境などが考慮されるものとされています。

単独親権者である母の死亡後に、長い間子どもと同居し、父として扶養してきた申立人（認知したのは母の死亡後）が親権者指定を申し立てた審判例（東京家審昭44.5.9家月22巻2号62頁）では、民法が未成年者の監護について親権を後見に優先させ、後見を親権の補充的な制度として定めている趣旨から、「潜在的に親権者となる資格のあるものが存在するときにおいても、親権を後見に優先させて然るべきものと解せられる」と判示し、未成年者の監護養育について「申立人が事実上の父として事実上の責任を果たしている」ことを重視し、申立人を親権者に指定しています。

3 設問の場合

設問の事例において、単独親権者とされた母が死亡した後に、元夫が息子の親権者となろうとする場合は、元夫が親権者変更の審判を申し立てることになりますが、その審判においては、元夫と息子の関係が良好であるか、面会交流

が定期的に実施されてきたか、養育費が約束どおり支払われてきたかどうか、元夫の経済力や、再婚等の家庭環境、息子の年齢、性格、就学状況等の事情が考慮されると考えられます。これらの事情について肯定的である場合は、元夫が親権者と指定される方向に働く要素となります。他方、養育費の支払いがなされておらず面会交流も実施されていなかったなど、元夫と息子との関係が良好でない場合には、これらの事情は元夫が親権者に指定されない方向に働く要素となります。

また、離婚に際し単独親権者とされた親（管理権を有しない場合を除く）は、未成年者に対して最後に親権を行う者として、遺言で、未成年後見人を指定することができるとされていますので（民法839条1項）、自分の死亡後に子どもの未成年後見人として適切と考える者がいるのであれば、遺言で未成年後見人を指定しておくこともできます。

なお、元夫が親権者に指定されず、上記の未成年後見人を指定する遺言もない場合には、未成年被後見人又はその親族、その他の利害関係人の請求によって家庭裁判所が未成年後見人を選任することになります（同法840条1項）。

25 親権者と未成年子の利益相反行為及び特別代理人の選任

　夫との離婚に際し、私が息子2人（ともに未成年子）の親権者となりましたが、元夫が再婚後に不慮の事故で亡くなったため、息子2人と元夫の後妻との間で遺産分割調停をしなければならなくなりました。私は、息子2人の親権者として遺産分割調停における代理人となれるでしょうか。また、なれないのであれば、必要な手続を教えてください。

　あなたが2人の息子さんの両方について親権者として代理人になることは、利益相反行為として許されません。どちらかの息子さんについて、特別代理人の選任を家庭裁判所に申し立てることが必要です。

1　親権者と未成年子の利益相反

　未成年子と親権者の利害関係が対立する行為については、親権者は自ら未成年子の代理人となることはできず、特別代理人の選任を家庭裁判所に請求しなければなりません（民法826条1項）。これは、未成年子の犠牲のうえで親権者が利益を得ることを防止することによって子どもの利益を保護するためで、例えば、未成年子から親権者に対する贈与は、同条に定める利益相反行為の典型になります。

　同一親権に服する1人の子と他の子との間で利益が相反するときにも、一般的に親権者に公正な親権の行使を期待することができないとして、法は、親権者が一方の子のために特別代理人の選任を家庭裁判所に請求することを求めています（同条2項）。なお、利益相反にあたるか否かは、行為の外形から形式的に判断され、たとえ実質的には親として両方の子どもにとって平等に行動できるとしても、形式的に対立する関係にある以上は、利益相反にあたるものと判断されます。

2　設問の場合

　設問の事例においては、2人の息子さんがそれぞれ遺産分割調停の当事者と

なり、1人の取り分が増えればもう1人の取り分が減るという関係にありますので、まさしく民法826条2項の規定する利益が相反する場面といえます。したがって、いずれかの息子さんについて特別代理人の選任を家庭裁判所に請求しなければなりません。

3　特別代理人の選任手続

特別代理人の選任の手続は、特別代理人選任申立書という書類に、利益相反行為の内容等を記載したうえで、家庭裁判所に提出することになります。請求権者について、民法826条は親権者のみを請求権者として挙げていますが、家事法では、家庭裁判所は、家事事件の手続が遅滞することにより損害が生ずるおそれがあるときは、利害関係人の申立てにより又は職権で特別代理人を選任することができるとされています（家事法19条1項）。また、特別代理人選任の審判の管轄は子の住所地の家庭裁判所となるのが原則ですが（同法167条）、関連事件が子の住所地以外の家庭裁判所に係属している（例えば、当該未成年子を相続人とする遺産分割調停がすでに子の住所地以外の家庭裁判所に係属している場合）等の理由があるときは、関連事件が係属している裁判所に上申書を提出して、その家庭裁判所に申立てをすることもできます（同法9条1項但書）。

4　特別代理人の資格・権限等

特別代理人に選任される者の資格については特に欠格事由等はありませんが、特別代理人としての職務を適切に行えることが必要であり、未成年者との関係や、利害関係の有無などを考慮して適格性が判断されます。実務上は、申立人（親権者ら）の推薦する者の中から裁判所が選任しています。なお、特別代理人と未成年子の間に前述の利益相反関係がある場合には、その権限を行使することができません（最判昭57.11.18判タ486号74頁）。

特別代理人は特定の事項について親権者の補充として一時的に子の代理を務める者であり、その特定の事項の終了により特別代理人の任務は終了します。また、子が成年に達したり結婚したりして親権者の親権が消滅することによっても、特別代理人の資格は消滅します。

26 親権と監護権の分属

現在、離婚を考えていますが、夫は、3歳の長男を私が育てることは認めるが、親権は渡さないといっています。私が監護して、親権は夫が持つということはできるのでしょうか。

 親権と監護権を別々の親に分属させることは可能ですが、子の福祉の観点から分属させるのが相当でない場合もありますので、分属させることに何らかの積極的な必要性がある場合に限定すべきです。

1 親権と監護権の分属は可能か

未成年子を有する父母が離婚する場合、父母の一方を子の親権者として定める必要があります（民法819条）。そして、親権者は、親権に基づき未成年の子を現実に監護養育します（Q22参照）。しかし、例外的に、例えば父親を親権者としつつ母親が監護者となるといった解決方法がとられることがあります。

このように親権と監護権を分属させることについては、父母間の紛争調整のための妥協的解決にすぎず、親権者が親権の本質である子の監護養育を行わないのは適当でないとして、親権と監護権の分属は、父母以外の第三者を監護者とする場合（施設入所等）に限るとする意見もあります。

しかし、親権者のほかに監護者の規定として民法766条が定められた趣旨や、子の福祉の見地から、父母が離婚した後も、財産管理権を持つ親と監護権を持つ親が協力し合う形が望ましいこともあり得ることから、一般的には分属させることは可能と考えられています。

2 分属の必要がある場合

民法は、子の福祉のために親権と監護権の分属が必要な場合が生じることも予定したものと考えられますが、あくまで例外的な措置と考えられています。

監護者の権限の範囲は、身上監護する権利、教育権、居所指定権、職業許可権、懲戒権を含むとされています。他方、監護権なき親権は、財産を管理し、その財産に関する法律行為について子を代表する権利や、15歳未満の子の養

子縁組や氏の変更などの身分行為についての代理権、監護者に対する助言、指導、子への面会、経済的援助などが考えられます。

これらの分属が考えられるのは、①父母の一方が身上監護する者としては適当であるが、身上監護以外については適任者でない場合、②父母双方が親権者となることに固執している場合で、この解決が子の精神的安定に効果があると解される場合、③父母のいずれが親権者になっても子の福祉にかなう場合に、できるだけ共同親権の状態に近づけるという積極的意義を認める場合などがあります（大阪高決昭36.7.14家月13巻11号92頁、福島家白河支審昭42.6.29家月20巻1号95頁）。

3　親権と監護権の分属の手続

離婚の際に未成年者の子の親権者と監護者を分けることは、父母間の協議で定めることができます（民法766条1項）。父母間で協議が調わない場合には、家庭裁判所が定めることになります（同条2項、家事法39条、別表2の3の項）。

4　親権と監護権の分属の問題点

親権と監護権を分属させる必要がある場合で、父母間の葛藤が大きい場合は、子に心理的な悪影響を与えることが考えられます。

例えば、離婚後、子を監護している母親が、子の氏を母親と同じ氏にしたいと考えても、親権者でない母には法定代理権がないため、親権者である父親の協力が得られない限り子の氏の変更はできません。母や子がそれを不満に思うような場合には相互の不信感が増すこともあり、問題を深刻化させることにもなります。また、各種の手当の受給について、親権者と監護者が異なることが現実的な不都合をもたらすことも指摘されています。

したがって、親権と監護権の分属は、これらの問題を踏まえても、なお分属が適当であると積極的な必要性が認められる事案に限定されるべきものと考えられます。

なお、親権と監護権を分属した場合、15歳未満の子の養子縁組に関する法定代理人の承諾に関しては、監護者の同意を要するものとされています（民法797条2項）。

Q 27 子の奪取

私は夫のDVを原因として離婚したいと思っています。子どもを連れて別居し、1年ほど平和に暮らしていましたが、夫が突然、学校帰りの子ども（8歳）を待ち伏せして連れて行ってしまいました。子どもを取り戻す方法を教えてください。

　子の引渡しを求める方法としては、家事法による子の監護に関する処分としての子の引渡しを請求する方法（民法766条2項、771条、家事法別表2の3の項、154条3項）、人身保護法による方法（人身保護法2条）、人事訴訟法による離婚訴訟等の附帯請求（子の監護に関する処分）による方法（人訴32条1・2項）が考えられます。

1 家事法による子の引渡し請求

(1) 子の引渡しを求める家事審判、家事調停

　民法では、父母が離婚する場合において、子の監護について必要な事項について、当事者間に協議が調わないとき、又は協議をすることができないときは、家庭裁判所が定めるものとされています（民法766条2項、771条）。

　子の引渡し請求は、家事法別表2の3の項の子の監護に関する処分として、家庭裁判所に対して家事審判の申立てをすることができます。この場合の管轄は、子の住所地を管轄する家庭裁判所とされています（家事法150条4号）。また、家事調停の申立てをすることもでき（同法244条）、この場合の管轄は、相手方の住所地を管轄する家庭裁判所とされています（同法245条）。

　設問の事例のように夫のDVがある場合には一般的に調停での円満な話し合いは難しいと思われ、また、そうでない事案においても、調停の場合には解決までに時間を要すると考えられることなどから、審判の申立てがなされることが多いようです。

　なお、家事調停の申立てがなされた場合において、調停が成立しなかった場合には、家事調停の申立ての時に家事審判の申立てがあったものとみなされて審判手続に移行し（同法272条1・4項）、審判手続においては、裁判所が一切

の事情を考慮して審判をすることになります。また、子の引渡し請求については、同法244条の規定により調停を行うことができる事件ですので、家事審判事件が係属している場合には、家庭裁判所は、当事者の意見を聴いて、いつでも職権で事件を家事調停に付することができます（同法274条1項）。

なお、家庭裁判所は、子の引渡しに関する審判をする場合には、当事者の陳述を聴く（同法68条）ことに加え、子が15歳以上の場合は、子の陳述も聴かなければならないとされています（同法152条2項）。また、子が15歳以上でない場合でも、子の陳述の聴取、調査官による調査その他の適切な方法により、子の意思を把握するように努め、子の年齢及び発達の程度に応じて、その意思を考慮しなければならないとされています（同法65条）。

子は父母の婚姻中はその共同親権に服することになっていますが、父母が別居して共同監護ができない状態になり、かつ監護について父母間で意見が一致しない場合における解決方法については特段の規定がありません。このため、別居中の父母の一方が他方に対して子の引渡しを求めることの可否が問題となりますが、実務上は、子の監護に関する処分（民法766条1項）であると解されており、離婚前であっても、父母が別居中で子の引渡しについて話し合いがまとまらない場合や話し合いができない場合には、子の引渡しを求める家事審判や家事調停の手続を利用することができるものとされています。ただし、この場合は、原則として、子の監護者の指定の申立ても併せて行う必要があります。

子の引渡しの審判及びその申立てを却下する審判に対しては、即時抗告をすることができます（家事法156条4号、86条1項）。

(2) 保全処分

子に差し迫った危険があるなど、現状を放置していたのでは調停や審判による解決を図ることが困難になるというような事情がある場合には、併せて、仮に子の引渡しを命ずる審判前の保全処分の申立てをすることもできます（家事法157条1項3号）。

従前、家事審判法においては、審判前の保全処分を求める前提として家事審判の申立てが必要とされていましたが、調停での解決を求める場合でも審判前の保全処分を求める場合には家事審判の申立てをせざるを得ず不合理であることから、家事法においては、家事審判の申立てがなされていなくても、家事調停の申立てがなされていれば保全処分を求めることができるように改められました。

⑶ **強制執行**

　家庭裁判所による審判や保全処分が出ても、相手方がその決定に従わない場合には、民事執行法による強制執行ができます。この点、もっとも直截な執行方法である直接強制による執行（執行官と一緒に相手方の所へ行って強制的に子どもの引渡しを受ける）は、子どもに与える影響等の問題があるとして、直接強制は認められないという見解もあります。しかし、子の引渡しの実効性を確保するために、一定の要件のもとで直接強制が可能であると解して執行実務の運用がなされています。どのような場合に要件が備わっていると考えられるかについては、子どもの年齢が重視されており、意思能力が備わる前の小学校低学年程度の年齢であれば直接強制も可能と解して直接強制による執行が行われている事例が複数あるようです。この点、5歳と2歳の子の引渡しに関して、直接強制の方法によるべきである旨の付言をした審判（東京家審平8.3.28家月49巻7号80頁）や、7歳9か月の子どもについて直接強制を行った事案について、一般的には意思能力を有していたものと解することはできず、その他意思能力を有していたと認め得る特段の事情もうかがわれないとして、強制執行が違法又は不当なものとはいえないと判断した事案（東京地立川支決平21.4.28家月61巻11号80頁）等があり、参考となります。

　なお、子が自由意思に基づいて執行に反対した場合や、親が子を抱きかかえて離さない場合などには強制執行は執行不能として処理されることになります。

　直接強制により子の引渡しを実現できない場合は、間接強制の方法（金銭を支払わせるという心理的圧迫を加えて履行させる方法）によることになりますが、この方法は、金銭の支払いを厭わない人や、逆に資力の乏しい人には効果がないという難点があります。

2　人身保護請求手続による方法

⑴ **人身保護請求手続の利用**

　人身保護法による人身保護請求は、本来、公権力の不当な行使による拘束から被拘束者を救済するための手続ですが、共同親権者間の子の引渡しをめぐる事件であっても、現在の監護者による子の拘束に顕著な違法性がある場合には（人身保護規則4条）、人身保護請求手続を利用する余地があるとされています。

　この手続を利用するためには、地方裁判所又は高等裁判所に人身保護請求の裁判を提起することになりますが、その特徴としては、手続が極めて迅速であ

ること、相手方の出頭を確保するための身柄の拘束などの手段が用意されていること、被拘束者である子どもの引渡しは裁判所によりなされることが挙げられます。殊に子どもの引渡しについては、人身保護法及び同規則には認容判決（判決主文は相手方に引渡しを命ずるものではなく、「被拘束者を直ちに釈放する」として、裁判所が釈放し請求者に引き渡す状態を形成する判決となります。）の内容を実現するための規定がないのですが、実務では判決前に裁判所が拘束者から被拘束者（子ども）を預かり、判決言い渡し後、その判決に従い請求者に引き渡す、という方法をとることが多いのです（拘束者が人身保護認容の判決に従わないときは、2年以下の懲役又は5万円以下の罰金に処せられるという規定もあります。）。したがって、人身保護による手続には「執行」という概念はない（執行力がない）といわれていますが、実際には判決内容の実現性は高いといえます。

(2) 人身保護請求手続の利用の限界

しかし、最高裁判所は、平成5年に、「夫婦の一方が他方に対し、人身保護法に基づき、共同親権に服する幼児の引渡しを請求する場合において、幼児に対する他方の配偶者の監護につき拘束の違法性が顕著であるというためには、右監護が、一方の配偶者の監護に比べて、子の幸福に反することが明白であることを要する」と判示し（最判平5.10.19民集47巻8号5099頁）、この類型の事件における人身保護手続を利用することの限界を指摘しました。

次いで、平成6年には、前記判例の基準を満たす場合として、「拘束者に対し、家事審判規則52条の2又は53条に基づく幼児引渡しを命ずる仮処分又は審判が出され、その親権行使が実質上制限されているのに拘束者が右仮処分等に従わない場合」や、「幼児にとって、請求者の監護の下では安定した生活を送ることができるのに、拘束者の監護の下においては著しくその健康が損なわれたり、満足な義務教育を受けることができないなど、拘束者の幼児に対する処遇が親権行使という観点からみてもこれを認容することができないような例外的な場合」を挙げています（最判平6.4.26民集48巻3号835頁）。

その後、最高裁が拘束者の拘束に顕著な違法性があると認めた事案として、別居中の夫婦が離婚調停の期日における合意に基づき子らを期間を限って夫に預けたところ、夫方が合意に反して期間後も子らを拘束した上、妻に無断で子らの住民票を移してしまったという事案があります（最判平6.7.8家月47巻5号43頁）。また、離婚等の調停期日における合意に基づき共同親権に服する幼

児との面会が実現した機会に夫が子を連れ去って拘束した事案において、原審が夫による監護養育状況は良好で子の幸福に反することが明白とはいえないとして妻による人身保護請求を棄却したのに対し、最高裁は、「調停手続の進行過程で当事者の協議により形成された合意を実力をもって一方的に破棄するものであって、調停手続を無視し、これに対する上告人の信頼を踏みにじったものであるといわざると得ない。」と判示し顕著な違法性があると認めています（最判平11.4.26判タ1004号107頁）。

最高裁が顕著な違法性があると認めた事案は、いずれも調停期日において成立した合意に反して実力で子を拘束したという事案であり、このような傾向から、共同親権者間の子の引渡しをめぐる事件で人身保護請求手続による救済が可能なのは、調停や当事者間の合意等により監護者が定められたにもかかわらず、その調停や合意等に反して、子を連れ去ったり、子を引き渡さないというような極めて限られた事案のみということになると考えられます。

3 人事訴訟法による離婚訴訟等の附帯請求による方法

上記の手続のほか、人事訴訟法により、離婚訴訟等の附帯請求（子の監護に関する処分）として、自らを親権者として指定することを求めるとともに、子を監護していない親が子を監護している親に対して子の引渡しを求めることもできます（人訴32条1・2項）。なお、この場合も、子が15歳以上の場合は、その子の陳述を聴かなければならないものとされています（同条4項）。

4 設問の場合

設問の場合においては、家事法の手続による場合は、家庭裁判所に対し監護者の指定と子の引渡しを求める審判又は調停を求めることとなります。また、子に差し迫った危険がある場合には、同時に審判前の保全処分の申立てを行い、仮の引渡しを求める必要があります。

これらの手続により申立てが認められたにもかかわらず、子の引渡しが行われない場合（強制執行をしても実効性がなかった場合）には、人身保護請求の申立てを行うことで対応することになるでしょう。そして、このような場合には前述の最高裁判例（最判平6.4.26民集48巻3号835頁）に照らしても人身保護請求が認められる可能性が高いと思われます。

28 子どもとの面会交流（特に別居中の場合）

　妻と別居し離婚係争中です。現在、10歳の息子は、妻と一緒に暮らしており、息子の親権者を妻とすることについては合意ができていますが、離婚給付をめぐって紛争が長引きそうです。私は、離婚が成立するまでの間も、息子と定期的に面会したいと希望していますが、妻は、離婚が成立するまでは息子を私に会わせたくないと言っています。私は、離婚が成立するまでの間も息子との面会を認めてもらうことはできるでしょうか。
　また、もし息子に会わせてもらえないなら、妻に生活費を支払う気にもなれないのですが、そのような考え方は認められるでしょうか。

　あなたと息子さんが面会することによって息子さんの福祉や利益を害することがない限り、家事調停乃至家事審判によって、離婚係争中も息子さんとの定期的な面会が認められます。また、面会交流が実現されないからといって、婚姻費用の支払いを拒むことはできません。

1　面会交流とは

　面会交流とは、離婚後又は別居中に、子どもを養育監護していない方の親が子どもと面会等を行うことをいいます。両親の離婚後や別居中であっても、子どもにとっては親であることには変わりはなく、未成年子との面会交流を認めることが未成年子の人格形成、精神的発達に有益又は必要と考えられることから、面会交流が認められているのです。
　ただし、面会交流がかえって未成年子の福祉、利益を害するような場合には、面会交流は制限されます。
　この点について、民法は、「父母が協議上の離婚をするときは、……父又は母と子との面会及びその他の交流……について必要な事項は、その協議で定める。この場合においては、子の利益を最も優先して考慮しなければならない。」と定めています（民法766条1項）。

2 面会交流実現のための手続

　面会交流を含む子の監護に関する処分は、家事法別表2に掲げる事項についての事件（同法別表2の3の項）ですので、未成年子に対する面会交流が自主的に実現しない場合には、家庭裁判所に面会交流に関する家事調停又は家事審判を申し立てることができます。離婚調停においては、離婚後の面会交流について定めることができますが、面会交流について定めることなく離婚が成立した場合や、離婚に至る前の面会交流を実現させるには、離婚調停とは別に面会交流に関する家事調停又は家事審判を申し立てる必要があります。なお、調停等で離婚が成立せず裁判になった場合には、離婚請求の附帯処分として面会交流の申立てをすることもできます（人訴32条）。

　もっとも、親族間の問題ですので、できるだけ話し合いで解決できることが望ましいと考えられることから、家庭裁判所は、審判が係属している場合でも、いつでも職権で家事調停に付することができるとされています（家事法274条1項）。実際にも、面会交流を円滑に実現するには、当事者双方が納得して条件を定める等することが望ましく、実務では、いきなり審判を申し立てるのではなく、面会交流を求める家事調停を申し立てることが一般的と言えます。また、離婚訴訟の附帯請求として申し立てられた場合でも、面会交流の具体的な方法等について慎重な配慮を要する事案については、調停に付されたうえで面会交流の調査等が行われることもあります。

　なお、面会交流を求める家事調停の管轄は、相手方の住所地を管轄する家庭裁判所又は当事者が合意で定める家庭裁判所（同法245条1項）、審判の管轄は、子の住所地を管轄する家庭裁判所（同法150条1項4号）とされています。

3 面会交流の可否の判断要素

　上述のとおり、面会交流については、子の利益を最も優先して考慮しなければなりませんが、面会交流の可否の判断においては、子どもの事情、監護親、非監護親の事情、子と親との関係等様々な要素が考慮されることになります。

　子どもに関する要素としては、子どもの意思、年齢、性別、性格、就学の有無、生活のリズム、生活環境、非監護親との関係性等が考えられますが、子どもの身体や精神に負担をかけたり悪影響を及ぼしたりすることのないように十分に配慮する必要があります。また、親に関する要素としては、子どもや監護

親に対して暴力を振るったり、過去に暴力を振るっていたために面会交流を実施することで子どもや監護親の精神的負担となるような場合や、子どもを奪い去ってしまう危険があるような場合には、面会交流の実施が認められない方向に働く要素となると考えられます。

4　調査の方法

　調停では、家庭裁判所調査官による調査（調査官調査）や、試行的面会を行う場合があります（家事法258条、58条）。調査官調査では、子どもが面会交流についてどのように考えているか、面会交流をした場合の子どもへの影響等を調査します。試行的面会は、家庭裁判所内の、壁の一部がマジックミラーになっていたり、モニターがついているなどして、部屋の中からは外は見えないけれども外からは中の様子がわかる状態になっている部屋で、面会交流を希望する一方当事者と子どもが試験的に面会交流を行い、その様子を他方当事者及び家庭裁判所調査官が観察することをいいます。調査官は、それらの調査結果を書面で裁判所に報告します。その際、調査官は意見を付することができます（同法258条、58条3・4項）。当事者は、調査報告書の結果を踏まえて、面会交流を認めるかどうかや面会交流の方法について話し合います。調査官が調停に立ち会い、意見を述べることもあります（同法258条、59条1・2項）。試験的面会の結果、特に面会することに問題がなければ、面会交流を実施する方向で話し合いが進むことが期待できます。

　また、面会交流のための支援を行っている団体もありますので（Q30参照）、面会交流がスムーズに行われるためにこのような団体を利用することを前提として、話し合いをすることも考えられます。

　また、調停でも話がまとまらない場合には審判に移行し、裁判官に面会交流を認めるかどうか、認めるとして内容をどうするかを判断してもらうこととなります。調査官が審判に立ち会い、意見を述べることもあります（同法258条、59条1・2項）。この判断は、上記の調査官調査や試行的面会の結果をも考慮してなされることとなりますので、これらの結果、面会交流をすることに問題がなければ審判において面会交流が認められる可能性は高いものと考えられます。

5　面会交流と生活費の支払い

　生活費（婚姻費用）と面会交流の可否とは、法的には、直接関係はなく、生活費の支払いについては、「子どもとの面会ができないなら、生活費を支払わなくてもよい」ということにはなりません。離婚が成立するまでは、別居中であっても配偶者及び子どもに対する扶養義務があり（民法752条）、また、「夫婦は、その資産、収入その他一切の事情を考慮して、婚姻から生ずる費用を分担する。」と規定されており（同法760条）、いわゆる婚姻費用の支払義務があります。そして、婚姻費用を適切に分担する義務は、子どもとの面会が実現されているか否かにかかわらず発生しています。

6　離婚前の面会交流の合意と離婚後の面会交流

　なお、離婚前に別居していた際に面会交流について何らかの定めがなされていたとしても、これは父母の共同親権を前提としてなされたもので、離婚が成立すると父母のいずれかが子の親権者と定められ前提が異なることとなるため、離婚前になされた面会交流に関する定めは、離婚後は効力を持たないものと解されます。

　このため、離婚に際しては、改めて離婚後の面会交流に関する合意をしたり、裁判となった場合には上記2で述べた附帯処分として面会交流の申立てをしたりすることが必要となります。

29 相手方が面会交流を拒否した場合

　私は現在別居中の妻との間で離婚調停中です。5歳になる1人娘は、妻が引き取って育てており、娘の親権者を妻にすることに異存はないのですが、離婚後は、どうしても娘と定期的に面会交流をしたいと考えています。しかし妻は、娘と私の面会交流を認めることはできないと言い張っています。妻に面会交流を認めさせるためにはどうしたらよいでしょうか。
　また、調停で面会交流についての取り決めが成立したにもかかわらず、妻がこの取り決めに応じず、娘と会わせてもらえない場合はどのようにしたらよいでしょうか。

　離婚調停の成立後、別途、家庭裁判所に調停（子の監護に関する処分（面会交流）調停事件）の申立てをすることが考えられます。
　また、調停で面会交流についての取り決めが成立したにもかかわらず、これが履行されない場合には、裁判所から履行勧告をしてもらう、間接強制の申立てをする等の方法があります。

1　離婚後の面会交流調停の申立て

　離婚後の面会交流については、離婚調停の中で話し合いを行って、面会交流の方法を取り決めることができ、その場合には取り決めた内容が離婚調書に記載されます。別居中（離婚成立前）に調停や審判で面会交流に関する定めがなされている場合、離婚後も事実上その取り決めに従って面会交流が行われることも多いとは思われますが、法的にはこれらの取り決めは、離婚後は効力を持たないものと解されますので、あらためて離婚調書に離婚後の面会交流についての定めを記載しておいた方が無難です。
　しかし、離婚調停でどうしても話し合いがまとまらない場合には、離婚調停の成立後、別途、家庭裁判所に調停（子の監護に関する処分（面会交流）調停事件）（家事法別表2の3の項）の申立てをして、面会交流に関する取り決めを求めることになります。
　面会交流の可否の判断要素や調査官調査を含む調停及び審判の手続について

は、別居中、離婚後を問わず、ほぼ同様ですので、前問を参照してください。

2 取り決めが守られない場合

(1) 履行勧告

　調停や審判で面会交流の取り決めがされたにも関わらず、他方当事者がこれを守らず、面会交流ができない場合、まずは裁判所から履行勧告をしてもらうことが考えられます。履行勧告は、調停や審判で決まった義務を守らない人に対し、それを守らせるために裁判所から働きかける制度です。具体的には、あなたから家庭裁判所に対して履行勧告の申出をし、家庭裁判所から相手方に対し調停や審判の取り決めを守るように書面等で通知します。ただし、この制度には強制力や罰則等はないため、相手方が応じない可能性もあります。

(2) 間接強制

　相手方が履行勧告に応じない場合、裁判所に対し間接強制の申立てをすることが考えられます。間接強制とは、債務を履行しない債務者に対し、一定の期間内に履行しなければその債務とは別に間接強制金を課すことを裁判所が警告（決定）することで義務者に心理的圧迫を加え、自発的な履行を促すものです。つまり、本件においては、調停や審判で決められた面会交流の履行を拒む相手方に対し、違反1回に対して制裁金を支払えと裁判所から命じてもらうことでプレッシャーを与え、間接的に面会交流の履行を実現させようとするものです。

　ただし、間接強制が認められるためには債務者が履行すべき内容が十分に特定されている必要があり、調停や審判での面会交流に関する取り決めがかなり具体的でないと裁判所で認めてもらえません。最高裁は面会交流に関し間接強制を認める基準について、「面会交流を命ずる審判において、面会交流の日時又は頻度、各回の面会交流時間の長さ、子の引渡しの方法等が具体的に定められているなど監護親がすべき給付の特定に欠けるところがないといえる場合は、上記審判に基づき監護親に対し間接強制決定をすることができると解するのが相当である。」と判示しました。

　そのうえで最高裁が間接強制決定を認めた事案では、前夫と子との面会交流を認めた審判の内容として、①面会交流の日程等は月1回、毎月第2土曜日の午前10時から午後4時までとし、場所は子の福祉を考慮して前夫の自宅以外の前夫が定めた場所とすること、②面会交流の方法として、子の受渡場所は親権者である前妻の自宅以外の場所とし、当事者間で協議して定めるが、

協議不調の際は所定の駅の改札口付近とすること、前妻は面会交流開始時に受渡場所において子を前夫に引き渡し、前夫は面会交流終了時に受渡場所において子を前妻に引き渡すこと、前妻は子を引き渡す場面のほかは前夫と長女の面会交流には立ち会わないこと、などが定められていました（注1）。

　一方で、最高裁が間接強制決定を認めなかった事案では、審判の内容として、前夫と長男及び次男が1か月に2回、土曜日又は日曜日に、1回につき6時間面会交流をすることが定められていましたが、子らの引渡しの方法については何ら定められておらず、この点で、債務者である前妻が履行すべき給付が十分に特定されているとはいえないと最高裁は判断しました（注2）。また、同様に間接強制決定を認めなかった事案では、調停調書の内容として、前妻は、前夫と子が2か月に1回程度、原則として第3土曜日の翌日に、半日程度（原則として午前11時から午後5時まで）面会交流をすることを認めるとの定めがありましたが、時間については、「ただし、最初は1時間程度から始めることとし、子の様子を見ながら徐々に時間を延ばすこととする」との定めがあり、最高裁はこの点から当該調停調書では面会交流の頻度や長さを必ずしも特定していないと判示しました。さらに、当該調停調書では子の引渡し方法につき、「前妻は、面会交流の開始時に特定の喫茶店の前で子を前夫に会わせ、前夫は終了時間に同場所において子を前妻に引き渡すことを当面の原則とする」とするものの、「ただし、面会交流の具体的な日時・場所・方法等は子の福祉に慎重に配慮して、前夫と前妻との間で協議して定める」としており、このことに照らすと、本件調停調書は前夫と子との面会交流の大枠を定め、その具体的な内容は、前夫と前妻との協議で定めることと予定しているものといえ、前妻がすべき給付が十分に特定されているとはいえないと判断しました（注3）。

(3) 損害賠償請求

　また、間接強制による以外に、面会交流を命じた審判等がなされたにもかかわらずこれに従わない場合には、審判等の条項の不履行が不法行為を構成するとして、他方当事者に対する損害賠償が認められる可能性もあります。

(注)　1　最決平25.3.28判タ1391号122頁
　　　2　最決平25.3.28判タ1391号126頁（平24（許）第41号）
　　　3　最決平25.3.28判タ1391号126頁（平24（許）第47号）

30 DVがあった場合の面会交流

　私は、前夫のドメスティック・バイオレンスが原因で前夫と離婚し、4歳になる娘の親権者となって引き取りました。離婚の際、娘と前夫との面会交流については特段決めてはいなかったのですが、前夫が娘との面会交流を求めて、私と娘の住まいに押しかけてきます。結婚中、前夫は娘に対しては暴力を振るったことはありませんでしたが、私は、前夫が娘に会いに来ることや、娘を前夫に会わせに連れて行くことを考えただけで、従前前夫から受けた暴力の数々を思い出して足がすくんでしまいます。
　どのように対応したらよいでしょうか。

　面会交流についてきちんと取り決めるために、あなたが申立人となって、家庭裁判所に面会交流についての調停を申し立てることが考えられます。

1　過去の審判例と現在の傾向

　同居中に前夫から前妻に対するDVがあった場合、子らは、直接DVを受けていなくても、暴力を目撃することにより、心身に多大な影響を受け、離婚（別居）後も精神的に不安定な状態に陥っている例が多く見られます。児童虐待防止法によれば、「児童が同居する家庭における配偶者に対する暴力（配偶者の身体に対する不法な攻撃であって生命又は身体に危害を及ぼすもの及びこれに準ずる心身に有害な影響を及ぼす言動をいう。）」を「児童に著しい心理的外傷を与える言動」として児童虐待にあたるとしています（児童虐待防止法2条4号）。したがって、前夫からの、子との面会交流を求める申立てについては、被害者の保護と子の福祉の観点の双方から慎重に判断すべきです。
　面会交流を却下した審判例（東京家審平14.5.21家月54巻11号76頁）では、離婚の原因が前夫の暴力にあり、前妻が離婚後PTSD（心的外傷後ストレス障害）と診断され心理的にも手当てが必要な状況にあり、母子の生活を立て直すために努力していることなどから、裁判所は、現時点で面会交流を実現させることは前妻に大きな心理的負担を与え、その結果、母子3人の生活の安定を害

し、子の福祉を著しく害するおそれが大きいとして、前夫からの面会交流の申立てを却下しました。

しかし、面会交流については、従前は法律に特段の定めはありませんでしたが、近年、子の利益の観点から面会交流の必要性が認識されるようになり、平成23年の民法改正により、面会交流についても協議離婚の際に決めるべき事項の一つとして明記されました（民法766条1項、Q28参照）。そのため近年は、婚姻中に前夫から前妻に対するDVがあった場合でも、子への直接の暴力がない限り、非監護親との面会交流を行うことが子の利益に適うものとされる傾向にあり、母親と短時間でも離れることが困難な乳児でない限り、これを禁ずる審判を得るのは、以前より難しくなってきているように思われます。

2　面会交流の支援

離婚に際し、子どもと非監護親との面会交流を行うことについては合意ができても、第三者の協力を得ない限り、実施すること自体が不可能であったり、円滑に実施することが難しいケースも多く見られます。特に同居中にDVがあったケースでは、被害者の安全のためにも前妻が前夫に会うことは避けなければなりません。面会交流に協力してもらえる第三者が周囲に見つかる場合は非常に限られていますので、面会交流の支援を行う第三者機関の存在が面会交流の実施に重要な役割を果たしています。

面会交流の支援を行っている団体としては、公益社団法人家庭問題情報センター（FPIC、エフピック）が最も規模が大きく扱っている件数も多いと思われます。また、東京には、資力のない家庭を対象とした、一般財団法人東京都ひとり親家庭福祉協議会による「東京都ひとり親家庭支援センターはあと」等もあります。そのほかにもNPO法人や民間の団体がありますが、いずれも規模が小さく、取扱件数も限られているようです。

FPICは元家庭裁判所調査官を中心とした団体で、「夫婦は別れても、親子は親子」とのスローガンを掲げ、離婚によって子どもと別れて暮らす親が子どもと会いたいときに、面会交流を円滑に実現するため、子どもの両親である元夫婦が協力できるように、有料で、カウンセリング、面会交流ルールの相互確認、面会交流の日時・場所の連絡調整、面会交流の場所の提供と子の受渡し、面会交流の際の付添いなどの援助サービスを提供しています。FPICでは、現在、東京、大阪、名古屋、福岡、千葉、宇都宮、広島、松江、横浜、新潟で援助事

業を行っているようです。

　また、「東京都ひとり親家庭支援センターはあと」は、子と同居している親が東京都内に住所を有しており、父母双方の年収が児童扶養手当受給相当であり、面会交流を実施するという合意がなされている場合に利用することができます。面会交流の支援を受ける費用は無料とされています。しかし、父母双方の年収が考慮されますので、父親に資力があるにもかかわらず、FPICの費用を負担しようとしない場合などには使えず、対象となる件数は限られています。

3　設問の場合

　離婚前に、前夫からあなたに対するDVがあったとしても、子に対する直接のDVはなかったようですので、最近の裁判所の傾向を考えると、前夫と子との面会交流を禁じる審判を得るのは難しいかもしれません。ただし、前夫が突然家に押しかけてきたりすることのないよう面会交流についてきちんとした取り決めをし、その範囲内で面会交流を実現することは可能だと思われます。

　あなたと前夫との2人で話し合いをすることが困難な場合、あなたから家庭裁判所に対し調停（子の監護に関する処分（面会交流）調停事件）（家事法別表2の3の項）の申立てをして、面会交流に関する取り決めを求めることができます。その際、FPICなどの面会交流を支援する団体を利用すれば、直接前夫と会うことなく、面会交流を実施するよう取り決めることも可能です。調停ではあなたがかつて前夫からDVを受けていたことを主張し、そのような団体を利用することを条件として面会交流を実施する方向での協議をしてみてはいかがでしょうか。

4　接近禁止命令の申立て

　なお、もし、前夫があなたに再び暴力を振るうおそれがあったり、子を連れ去る危険性があるような状況であれば、接近禁止命令（DV防止法10条）を地方裁判所に申し立てることも考えられます（Q95参照）。

第5章

養育費・婚姻費用

Q31 養育費の支払義務

私と夫は、私が8歳の娘の親権者となって離婚することでほぼ合意しています。協議離婚の場合、子どもの養育費の取り決めはどうすればよいでしょうか。また、養育費は、子どもが何歳になるまで支払ってもらえるのでしょうか。

1 養育費の本質

親族間の扶養義務には、生活保持義務（自分の生活と同程度の生活を保持すべき義務）と生活扶助義務（自分の生活を犠牲にしない限度で、被扶養者の最低限の生活扶助を行う義務）があるとされますが、未成熟子に対する養育費の支払義務は、生活保持義務であると考えられています。したがって、養育費は、扶養義務者である親が扶養権利者である子について、自己のそれと同一の生活を保持できるよう定められるべきことになります。

2 養育費の定め方

養育費の額、支払方法は、まず夫婦の話し合いで決めます。お互いの収入や財産、これまで子どもにかけた養育費の実績、これからの見通しなどを考慮して協議決定してください。

養育費についての取り決めは口頭でも有効ですが、取り決めの内容を明確にし、後日の紛争を避けるため、夫婦双方が署名押印した書面を残しておくことをお勧めします。取り決めの時に立ち会った親族、知人などに証人、立会人として書面に署名押印してもらい、支払いが滞った際にそういう人から督促してもらうことも考えられます。

養育費の取り決めについて公証役場で「約束を守らない場合は強制執行をしても構いません。」という文言をつけた公正証書を作成しておけば、支払いが滞った場合に、裁判をしなくても、公正証書を債務名義（強制執行力のある書面）として支払義務者の給料を差し押さえるなどの強制執行が可能となりますので、養育費の支払確保にさらに有効です（Q41参照）。

3　養育費支払い義務の終期

　民法は扶養を受ける子の年齢について規定しておらず、家庭裁判所の実務では個々のケースにおける親の資力や学歴等、家庭環境を考慮して、「成年に達する月まで」とか、「大学を卒業する年の3月まで」などと決めているのが実情です。

　一般に、養育費の対象となる子は「未成熟子」すなわち「身体的、精神的、経済的に成熟化の過程にあるため就労が期待できず、第三者による扶養を受ける必要がある子」とされており、行為能力の有無を基準とする「未成年者」という概念とは異なります。

　養育費の支払いについての取り決めは、子が成年に達する月までとするのが最近の主流ですが、最近は高校を卒業後、四年制大学や短大、専門学校に進学を希望する子の割合が高くなっており、これらの子の扶養請求に対して親は扶養義務を負担するのかが問題になります。

　親の扶養を受けることのできる子を未成年に限定することなく、未成熟子という概念で捉えると、子どもが成年に達していても大学在学中である場合や子どもが大学進学を強く希望している場合であって、親の資力、学歴、社会的地位等から通常大学卒業以上の高等教育を受ける家庭環境であると判断される場合には、親に具体的な扶養義務（教育費等の負担）を負担させることができると考えられます。

　裁判例も義務者が医師である場合（大阪高決平2.8.7家月43巻1号119頁、福岡高決昭47.2.10判時660号60頁）、子が大学を卒業することを強く望んでいる場合（東京地判平17.4.15）等で、大学卒業時までの扶養料乃至満22歳に達する月までの養育費の支払義務を認めています。

　これらの裁判例は、未成熟子の扶養の本質をいわゆる「生活保持義務」であるとする考えに基づくものといえます。

　もっとも、離婚訴訟の実務において、判決で養育費の支払いを命じる場合には、「子が成年に達する月まで」とされるのが通常です。

4　協議が調わない場合

　夫婦間で協議が調わない時は、家庭裁判所に夫婦関係調整（離婚）調停を申し立てることになります。離婚の合意はできていて、養育費についてだけ折り合いがつかない場合でも家庭裁判所に離婚調停の申立をすることは可能です。調停での養育費の算定方法については、**Q33**を参照してください。

Q 32 離婚後の養育費の請求

　私は養育費の取り決めをしないまま2人の子の親権者となって離婚しました。離婚後に私は病気がちとなり、パートの収入も減少し、生活が苦しくなりましたので元の夫に養育費を請求したいと思いますが、できるでしょうか。
　また、その場合、過去の養育費も遡って請求できるでしょうか。

A　1　離婚後の養育費の請求方法

　　　　養育費の支払義務は親権の有無や子との同居の有無に関わりなく、子の母であり父であるという身分関係そのものに基づいて発生する義務であると解されていますので、離婚後においても子の父である元の夫に対して養育費の分担を請求することはできます。
　あなたの場合、元の夫と協議が可能な場合はまず協議して養育費の分担額や支払時期、支払方法等を取り決めてください。その場合の取り決めの方法は、前問（Q31）を参照してください。
　次に養育費の分担について元の夫と協議ができないとき、又は協議が調わないときは、元の夫の住所地を管轄する家庭裁判所に養育費支払いの調停を申立てることができます。また、調停で解決できない場合は、さらに審判に移行することになります。調停・審判での養育費の算定方法については、Q33を参照してください。
　家庭裁判所に対する養育費（扶養料）支払いの調停申立てについては、法律的には以下の二つの方法があります。
①　子ども自身の扶養請求権（民法877条乃至880条、家事法別表2の10の項）を親権者で子どもを養育している親が子の法定代理人として行使する方法
②　子どもを養育している親が、子の監護に関する処分として民法766条、家事法別表2の3の項によって監護費用を請求する方法
　いずれの場合も内容としては同じですが、①は未成熟子を権利主体として捉え養育費（扶養料）を子ども自身の生活費と考えるものであり、②は親が子育

ての必要費用の分担を別居している親に請求するという形になります。

　設問の場合、あなたは親権者ですから①又は②いずれの方法によっても請求することができますが、監護権のみで親権を持たない親は①の方法によることはできず、②の方法により請求することになります。また、②は子の監護に関する処分なので、通常は子が成年に達するまでに限定されます（大阪高決昭57.5.14家月35巻10号62頁）。したがって、子どもが学生であるけれども成人に達している場合などは、子ども自身が①の扶養請求権を主張することになります。

2　過去の養育費

　養育費は過去の分も含めて請求できますが、いつの時点からの養育費を請求できるのか（始期）、また、過去の養育費の全額について分担を請求できるのかについては問題があります。

　まず請求の始期については、審判例が分かれています。

　①は扶養（養育費）を請求した時点からとするものです。これは扶養権利者が扶養を請求したり、扶養を受ける意思を表明した時点で相手方の扶養義務が具体化するという考えに基づくものです（東京家審昭54.11.8家月32巻6号60頁、秋田家審昭48.10.22家月26巻7号32頁ほか）。

　②は扶養権利者の要扶養状態、扶養義務者の扶養可能状態（経済的余力）という事実があれば、具体的な扶養義務、扶養請求権が発生するとしたうえで、過去に遡って多額の負担を命じるのが公平に反する場合には、相当の範囲に限定するというものです（宮崎家審平4.9.1家月45巻8号53頁、神戸家審平元.11.14家月42巻3号94頁）。②の立場は、親であれば未成熟子が要扶養状態にあるのはわかるのだから、あえて請求時以降に分担の始期を限定する必要はないという考え方に基づくものです。②の立場に立ち、事案によって、別居時、離婚時、送金をしなくなった時などその始期は異なりますが、いずれも扶養権利者が要扶養状態にあり扶養義務者が扶養可能状態にあった時点から過去の扶養料（養育費）の分担を命ずる審判例も多く出ています（大阪家審昭49.8.17家月27巻6号58頁、福岡高決昭47.2.10家月25巻2号79頁、仙台高決昭56.8.24家月35巻2号145頁、札幌家審昭48.3.24家月26巻1号59頁、大阪家審平元.9.21家月42巻2号181頁など）。

　設問のように、離婚に際して養育費について取り決めず、請求もしていなかっ

た場合には、①の立場では、元の夫に対して養育費の支払いを求める意思を表明した時からということになり、②の立場では子どもが要扶養状態にあり、夫が扶養可能状態にあったという事実が生じたときということになります。

これに対して、離婚成立前の婚姻費用は、調停又は審判の申立時が支払いの始期とされるのが通常です。

3 過去の養育費の算定方法

家庭裁判所の調停・審判では、今後の養育費の額とともに、夫に求償できる過去の養育費の額について決めることになります。その際、監護親が過去において負担してきた養育費や養育費捻出のためにした借金等についても、申立後の調停や審判の時点で、いわゆる一切の諸事情として考慮したうえ、夫に求償できる金額を決めてもらえます。

33 養育費の算出方法

養育費を裁判所で決める場合、父母双方の収入、資産、生活状況、子どもの数や年齢等諸般の事情を考慮して決めてくれるとのことですが、養育費の具体的な金額を算出するにあたっての算定基準があれば教えてください。

 民法には養育費算定の具体的な方法、基準について規定はありませんが、家庭裁判所の手続の中で広く使われている養育費の簡易算定方式及び表があります。

1 養育費算出の基本と算定基準

養育費の額は、父母双方の収入、資産、生活状況、子どもの数や年齢等諸般の事情を考慮して父母の協議によって決めるのが原則です。しかし、双方の主張に隔たりがあり、合意が難しい場合、客観的で合理的な算定基準が求められます。

家庭裁判所の調停・審判では、平成15年4月に東京と大阪の裁判官らで構成する「東京・大阪養育費等研究会」が提案した、簡易迅速な養育費の算定が可能な算定方式（以下、「簡易算定方式」といいます。）及び簡易算定方式に基づく算定表（以下、「簡易算定表」といいます。）が広く使われています。簡易算定表は、子どもが3人までの場合について、子どもの数、年齢構成ごとにまとめられた表を選択して、養育費を支払う義務のある親（義務者）と支払いを受ける権利のある親（権利者）の年収を当てはめることにより、相当な養育費の額が一目でわかるようになっています。

簡易算定方式及び表は、判例タイムズ1111号（2003年4月1日発行）の巻末綴じ込み小冊子に掲載されています。また、簡易算定表とその使い方だけであれば、東京・大阪の家庭裁判所のホームページの手続案内（http://www.courts.go.jp/tokyo-f/saiban/tetuzuki/youikuhi_santei_hyou/index.html、http://www.courts.go.jp/osaka/saiban/index.html）等にも掲載されています。

2 簡易算定方式に基づく具体的な計算方法

　養育費を算定する場合には、まず、裁判所が申立人と相手方の総収入を把握する必要がありますので、給与生活者ならば給与の明細書、源泉徴収票、自営業者ならば確定申告書の写しや家計簿、領収書等を提出する必要があります。

　簡易算定方式では、次のような三段階の計算式を用いて義務者の養育費分担額を算出します。

(1) 義務者と権利者の基礎収入の算出

　総収入から公租公課、職業費及び特別経費を控除して「基礎収入」すなわち「養育費を捻出する基礎となる収入」を算出します。この算定方式では、基礎収入の認定を簡略化するため、公租公課、職業費（被服、履き物、交通、通信、書籍、他の印刷物、諸雑費、小遣い、交際費）、特別経費（住居、土地家屋に関する借金返済、保健医療、保険掛け金）の支出を、税法等の理論値や統計資料等に基づいて推計される標準的な割合で控除し、控除後の割合を総収入に掛けて基礎収入を算出します。この割合は、高額所得者ほど小さくなります。なお、総収入は、給与所得者の場合は源泉徴収票の「支払金額」（いわゆる税込収入）、自営業者の場合は確定申告書の「課税される所得金額」がこれに当たります。

　　（給与所得者の場合）　基礎収入＝総収入 × 0.34～0.42
　　（自営業者の場合）　　基礎収入＝総収入 × 0.47～0.52

(2) 子の生活費の算出

$$子の生活費 = 義務者の基礎収入 \times \frac{子の指数}{義務者の指数 + 子の指数}$$

　親の生活費の指数を100として、子の生活費の指数は、子どもの年齢が0～14歳未満の場合は55、15～19歳の場合は90とします。

　具体的には次のとおりとなります。

　（0～14歳の子が1人と15～19歳の子が1人の場合）

$$子の生活費 = 義務者の基礎収入 \times \frac{90 + 55}{100 + 90 + 55}$$

(3) 義務者が負担すべき養育費の算定

$$義務者の養育費分担額 = 子の生活費 \times \frac{義務者の基礎収入}{義務者の基礎収入 + 権利者の基礎収入}$$

3　簡易算定表の使い方

　簡易算定表では、例えば、お子さんたちの年齢が16歳と13歳、夫の年収（給与）が600万円（税込み）、あなたの年収（給与）が300万円（税込み）だと仮定すると、表4に義務者の年収600万円、権利者の年収300万円を当てはめることにより、夫があなたに支払う婚姻費用は月額6万円〜8万円となります。

4　簡易算定表と個別的事情

　簡易算定表により、以前に比べて養育費が迅速に決められるようになるとともに、義務者に対し、養育費支払義務があることを自覚させることに一定の効果があったのは事実です。しかし、その一方で、簡易算定表の硬直的な運用によって、養育費が低額に抑えられているという批判も根強くありました。

　簡易算定表は、あくまで標準的な養育費を簡易迅速に算定することを目的としたものであり、最終的な金額については、様々な事情（個別的事情）を考慮して当事者の合意で自由に定めることができるものとされています。しかし、家庭裁判所の調停や審判では、通常の範囲内の個別的事情は簡易算定表として標準化する段階ですでに考慮がなされているとして、よほど特別な事情がない限り、簡易算定表の幅の中での決定を迫られることが多いのも事実です。

　しかし、調停や審判で個別的事情を積極的に主張、立証することは、もちろん可能です。例えば、義務者が住宅ローンの負担のない自己所有の自宅（又は実家、社宅等）で暮らしている場合など、簡易算定表によると、義務者は余裕のある生活ができるにもかかわらず、子どもは苦しい生活を余儀なくされるというような事情がある場合は、統計資料ではなく、実額での計算を求めることも大切です。また、父母双方の資産も養育費算定の際に考慮すべきものとされてきましたが、簡易算定方式・表では全く考慮されません。したがって、義務者が収入は少ないものの多額の相続財産を所有しているような場合には、相応の上乗せを請求することが可能だと思われます。

　実際にも、簡易算定表では、公立中学校又は公立高等学校における学校教育費を基準に子の生活費を指数化していますので、子が私立学校に通っていて、それが義務者の意向にも適っていると認められるケースでは、学費のうち公立学校の教育費を上回る部分を父母の収入に応じて按分し、義務者の負担分を簡易算定表の額に加算するいわゆる私学加算という運用もなされています。

また、そもそも簡易算定表が想定していない事案、例えば、複数の子を父母が別々に引き取る場合、義務者や権利者が再婚して扶養家族が増えた場合、子が月のうち相当な日数を義務者の下で監護されている場合、義務者に給与収入のほかに事業（不動産）収入もある場合などについては、算定方式の考え方を基本にしつつ、三段階の計算方式を適宜修正して適用することにより合理的な養育費を算定するという扱いがなされています。

5　簡易算定表の問題点と見直しの機運

　養育費の算定基準として実務に定着している簡易算定表ですが、発表から12年が経過して、様々な問題点が指摘され、見直しの気運が高まっています。

　未成熟子の扶養の本質をいわゆる生活保持義務としながら、実際に簡易算定表に基づいて算出される額が低額で、ひとり親家庭の貧困を固定化するなどの重大な社会問題を引き起こす一因ともなっています。これは、そもそも基礎収入や生活費指数の算出方法そのものに問題点があることが一因と考えられます。また、公租公課、職業費、特別経費の統計資料が古くなっており、最新の家計調査結果（総務省統計局）によって見直すと、いずれもその割合は簡易算定表が作られた当時より減少しているとの指摘もあります。

　そこで、現在、日弁連を中心に生活保持義務の理念をより徹底し、子どもの利益を最優先したきめ細やかな算出過程を取り入れた新たな算定方式や算定表の研究が行われています。

養育費の簡易算定表4　子2人表（第1子15～19歳、第2子0～14歳）

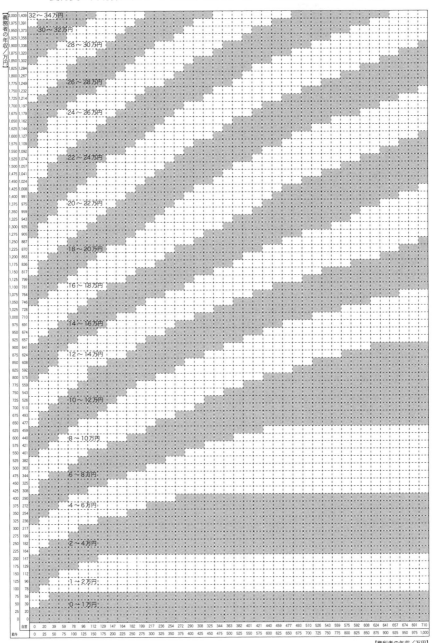

参照：http://www.courts.go.jp/tokyo-f/vcms_lf/santeihyo.pdf

33　養育費の算出方法

34 養育費の増減請求

　私は、5年前、子ども2人の親権者となって離婚し、養育費については それぞれの子が18歳になるまで月々各5万円との取り決めをしました。 上の子は私立大学への進学を希望していますが、今の私の収入では卒業ま での学費を支払うことはできません。元の夫に養育費の支払延長と増額を 請求することはできるでしょうか。また、反対に、リストラ等で元の夫の 収入が減った場合、養育費の減額を求められることがあるのでしょうか。

　離婚の際に養育費を取り決めた場合でも、離婚当時に予測し得な かった個人的、社会的事情の変更が生じたと認められる場合には、 相手方に対し、養育費の増額乃至減額、支払期間の延長等を請求す ることができます。

1　養育費の増減額が認められる場合

　離婚当時に予測し得なかった個人的・社会的事情に変更があった場合には、 養育費の増額乃至減額が認められる可能性がありますが、個人的事情の変更と は、父母の勤務する会社の倒産による失業、親や子の病気、怪我による長期入 院等です。また、社会的事情の変更とは物価の急激な上昇による養育費の増大 等、物価変動や貨幣価値の変動があった場合をいいます。

　さらに、養育費の増額請求が認められるためには、上記の個人的あるいは社 会的事情に変更のあったことを前提に、請求の相手方において増額に応じられ るだけの経済的余力（給与の増額や相続による資産の増大等）のあることが必 要です。

2　子どもの教育費の増大と増額請求

　子どもの教育費は養育費の主要な部分です。しかし、私立学校等に入学する 際の入学一時金や4年制の大学、短大、専門学校等のいわゆる高等教育につい ての教育費を養育費に含めるかについては、親の社会的地位、学歴、経済的余 力、子の学習意欲、家庭環境等、諸般の事情を考慮して個々的に決められてい

るのが現状です。

　また、民法には、扶養（養育）の終期についての直接的な規定はなく、一般的には子が成年に達するまでとされていますが、親の子に対する扶養義務を大学卒業時まで認めた審判例もあります（Q31参照）。

　あなたの場合も、まず元の夫にお子さんの進学希望を伝え、養育費の増額について協議されることです。あなたと元夫の間ではうまく協議ができそうもない場合は、お子さんご自身から父親に進学費用の負担を頼んでみるのも一つの方法でしょう。

　当事者間で協議が調わない場合は、家庭裁判所に調停を申し立てることができます。調停の場で改めて協議をしても元の夫が養育費の増額に応じない場合は、さらに審判に移行します。審判において、両親の社会的地位、学歴、経済的余力等を考慮して、元の夫がお子さんの教育資金について相応の負担をすべきであると判断されれば、養育費の増額や支払期間の延長が認められる可能性があります。

3　減額請求が認められる場合

　養育費の減額請求についても、請求が認められるためには個人的、社会的な事情の変更が必要なことは増額請求の場合と同様です。リストラなどによって義務者の収入が大きく減少した場合や義務者が再婚し扶養家族が増えた場合、権利者の収入が大きく増加した場合などには、養育費の減額が認められる可能性が高いと考えられます。審判でも、離婚調停時よりも父の収入が著しく減少したばかりでなく、再婚後の家庭の生活費を確保せねばならないなど、生活状況が大きく変化したことが明らかであるとして、そのような事情変更を考慮し、調停で定められた父の養育費を減額変更した事例（山口家審平4.12.16家月46巻4号60頁）があります。

35 養育費の請求権の放棄

私は離婚に際し、養育費を請求しないことを条件に私が子どもの親権者となることに同意してもらいました。しかし、現在、私は生活が苦しいので夫にも養育費を負担してほしいと考えています。改めて、元の夫に養育費を請求することができるでしょうか。

請求できます。養育費は子どものための生活費であり、親は子どもが精神的、経済的に自立して社会人として生活できるように扶養する義務があります。

1 養育費を請求しないという約束の法的意味

本問の場合、養育費を請求しないという元の夫に対するあなたの約束は、法律的には二つの側面を持ちます。

一つは、この約束を、親権に服する子の法定代理人としてあなたが子の父に対する扶養請求権を放棄したものと捉える場合です。子どもは扶養権利者として、親に扶養を請求する権利があり、この子どもの扶養請求権を扶養義務者である親が勝手に放棄することは許されません（民法881条）。したがって、子の法定代理人として子の父に対する扶養請求権を放棄する約束は無効と解することができます。

二つ目は、この約束を父母間の養育費の分担について、父の負担をゼロとすることを合意したものと捉える場合です。このように解すれば、その限りにおいてこの合意は有効なものとみることができます。しかし、その場合でもその効力はあなたと夫との間の相対的（債権的）効力であり、扶養権利者である子が扶養必要状態にある場合、子ども自身が父に扶養料を請求するのを妨げるものではないとされてきました（東京家審昭33.5.23家月10巻7号61頁、札幌高決昭43.12.19家月21巻4号139頁）。

その後、養育費の分担について父母間に合意がある場合でも、合意の妥当性について検討し、①その内容が著しく子に不利益で子の福祉を害する結果に至るときは、子の扶養請求権はその合意に拘束されることなく行使でき、また、

②合意後、事情の変更があり合意内容を維持することが実情に沿わず、公平に反するに至ったときは、扶養料の請求や増額の請求ができるとの審判例が出されました（宇都宮家審昭50.8.29家月28巻9号58頁）。

この審判の後は、①子の福祉を害する特段の事情があるかどうか、②合意後の事情の変更があるかどうかという見地から合意の効力を検討する判例が増えています（札幌高決昭51.5.31判タ336号191頁、大阪家審平元.9.21家月42巻2号188頁）。

2　設問の場合

あなたが夫に対して養育費を請求しないという約束は、仮に養育費の分担についての合意と解しても、合意自体が真意に基づく有効なものといえるかどうか問題であり、かつ有効としても、その内容は子の福祉を害するもの、つまり、子にとって甚だしく不利益なものと言わざるを得ません。あなた一人では子どもの養育が不可能な経済状態にあるのでしたら、その子は正に要扶養状態にあるのですから、早速に家庭裁判所に養育費請求の調停を申し立てることをお勧めします。

36 養育費の一括払い

　私たち夫婦は現在離婚について協議しています。夫は私が子どもの親権者となり、子どもを引き取って育てることに同意し、養育費も毎月支払うと言っています。しかし、私は夫がこの先長期にわたり子どもの養育費を払い続けてくれるとは信じられません。何とか一括で支払ってもらいたいと思うのですが、そのような方法は認められるのでしょうか。

　養育費の支払いは月払いが原則であって、当然には一括払いを請求することはできませんが、お互いが合意すれば可能となる場合もあります。

1　月払いの原則と一括払いのメリット

　養育費の支払いは毎月払いが原則です。養育費は、子どものための生活費であって、必要な都度発生するものですが、合意や審判で養育費を決める場合には、月払いとするのがほとんどです。

　しかし、せっかく合意や審判で養育費が決まっても、途中から支払わなくなるケースも多く、また、非監護親の生活状態、経済状態の変化によってその履行が困難になることもあります。そこで、養育費の一括払いを受けることができれば、子どもを引き取って育てていく親の立場としては、将来にわたって養育費の支払いが履行されるかどうかを心配する必要がなくなり、大変心強く有り難いことです。そのため、家庭裁判所の離婚調停においても、親権者となる親（監護親）から養育費の一括払いの要求が出されることがままあります。しかし、実際に一括払いで解決するケースはごく稀です。

2　一括払いの障害と解決方法

　養育費の一括払いを実現するためには、まず、支払義務者（非監護親）に財政的基盤があることが必要です。支払義務者がもともと十分な預貯金を持っていない場合でも、離婚に際し、自宅を売却するような場合には、一括払いの可能性が出てきます。

また、養育費の一括払いは、支払義務者が応じることが前提となります。支払義務者が一括払いを拒否する理由としては、監護親に対する不信感から、支払った金銭を子どものためではなく、監護親自らが費消するのではないかという疑念を持つ場合や、一括払いにより子どもとの縁が切れてしまうような結果になることに対する心理的拒否反応などがあるようです。

　したがって、まず監護親としては、一括払いされる養育費を子どものために使うことについての非監護親の信頼を得るよう努めることが必要です。また、養育費さえもらえればそれでよいという態度ではなく、非監護親と子どもの面会交流に協力するなど、離婚後も非監護親が子どもと関わっていく環境を整えるための冷静な対応を心がけることが求められます。

3　その他の問題点

　家庭裁判所の調停では、父母双方が養育費の一括払いに合意した場合でも、裁判官は一括払いとした場合の法律的な問題点を改めて説明し、合意が揺るぎないことを確認したうえで一括払いを認めています。一括払いの法律上の問題点は、子どもが途中で死亡した場合には、残された養育費は子の相続財産となり、子の相続人が取得することになるという問題、監護親が非監護親の信頼に反し自分自身のために費消してしまい、子どもが再び要扶養状態となった場合の危険、支払われる養育費の額によっては贈与税の支払義務が生ずる可能性があること（Q72参照）などです。

4　信託の利用

　一括で支払われた養育費が子どものために確実に使われることを担保する方法としては、養育信託の活用があります。これは信託銀行等が一括支払いの養育費を預かり、運用しながら子どもには定期的に信託時に決めた金額を支払っていくものです。通常の養育費同様、贈与税が非課税扱いになる場合もあります（Q72参照）。ただし、取扱対象や条件が銀行によって異なることや、信託銀行等に相応の手数料を支払わなければならないことに注意が必要です。

37 協議離婚後の養育費の支払遅滞

私は2年前に、子どもの親権者を私とし、養育費を毎月5万円との取り決めをして協議離婚をしました。元の夫は離婚後1年ほどはきちんと養育費を支払ってくれましたが、その後支払いは滞りがちになり、最近では何度催促してもほとんど支払ってくれません。どうすればよいでしょうか。

 公正証書による取り決め以外は、相手方の養育費支払義務を確定させるため、裁判又は調停を申し立てることが必要となります。

1 公正証書による合意の場合

協議離婚の際に公正証書を作成し、養育費の支払義務についても定めていた場合には、公正証書に基づき強制執行をすることができます（Q41参照）。その際は、支払期限が到来した未払いの養育費と併せて、支払期限の到来していない将来分の養育費についても一括して執行の申立てをすることが可能です。

2 口頭や公正証書以外の書面による合意の場合

離婚について公正証書を作成せず、口頭や公正証書以外の書面で養育費の取り決めをした場合には、①地方裁判所に契約に基づく債務の履行請求として訴えを提起する方法、若しくは、②家庭裁判所に改めて養育費支払いの調停申立てをする方法により、まず、養育費の支払義務を確定する必要があります。

(1) 地方裁判所への訴え

①の方法は次のように考えるものです。すなわち、離婚に際して夫婦間に養育費について取り決めがなされている場合、それは養育費について合意が成立していると見ることができます。その場合、支払義務者の不払いは契約不履行ということになります。したがって、支払義務者に履行を求めるのは家事事件として調停により解決できる事項ではなく民事訴訟事項であることから、地方裁判所に履行を求めて給付請求の訴えを提起することができることになります。なお、この場合、支払期限の到来していない将来分の養育費については、

原則として給付請求の対象とはなりませんが、将来給付の訴えや確認の訴えが認められた裁判例もあります（東京地判平20.7.30ウエストロー・ジャパン2008WLJPCA07308012、東京地判平26.5.29同2014WLJPCA05298002）。

(2) 家庭裁判所への申立て

②の考え方は離婚に際し夫婦間に養育費について取り決めがあったとしても、その取り決めは合意とはいえない不確定なものであるかも知れず、また、不履行という事実そのものが合意の不確定さを物語っているのだから、当事者間に協議が調わない場合にあたるとして家庭裁判所に申し立てることができると解するものです。この場合は、離婚後の養育費の請求と問題となる点が共通しますので、Q32を参照してください。なお、この場合、過去の養育費についても審判の対象になります。

(3) 手続選択のポイント

支払義務者の生活状況に離婚後特に変化がなく、改めて養育費の額を検討する余地がないような場合には、①の方法によることが考えられます。しかし、子どもの養育費の支払いは通常長期にわたることが多く、しかも確実に支払ってもらわなければ監護親と子どもの生活が守られないという現実があり、支払義務者の方にも離婚後の再婚による扶養家族の増加、転職による収入の減少や増加等、生活環境に変化のある場合も考えられます。したがって新たに協議の場を持てる②の方法による方がよりよい結果を得られることが多いのではないかと考えます。

家庭裁判所の調停であれば、それら双方の事情の変化についても判断し、改めて妥当な養育費の分担額を決めてもらえます。また、家庭裁判所の手続で養育費の支払義務が確定した場合は、支払確保について強制執行のほかに履行勧告、履行命令の手段をとり得ることになります。さらに、家庭裁判所の調停の場合は申立費用が低廉で、代理人弁護士を依頼せず、本人が手続を進めることもできます。

なお、事案に応じて、①と②の双方を選択することも考えられます。

3 養育費の支払いのためのポイント

調停手続においては、できるだけ任意に履行されるよう話し合いを十分にし、お互いが納得する適切な調停条項を作成することが肝要です。

また、養育費の不払いの理由についても十分考えておく必要があります。例

えば、離婚の際の納得度、生活状態の変化、非監護親の子どもとの交流と関係があるように思われます。特に、面会交流と養育費は、理念的にはまったく別のものですが、現実としては、養育費の履行状況と面会交流の関係は、交流している方が養育費の支払履行が高率であるという統計などを踏まえておく必要があると思います。

4　審判前の保全処分

　さらに、養育費の支払いが滞っていることにより、子どもの養育が著しく困難な経済状況に陥っている場合には、最初から子どもの監護費用分担の審判又は扶養の審判の申立てを行い、審判前の保全処分という制度を利用することが考えられます。

　審判前の保全処分とは、家庭裁判所に子どもの監護費用分担の審判、扶養の審判などの申立てをして、まだ本案の審判が確定する前に、扶養料の仮払いの仮処分等を申し立てるもので、裁判所は、強制執行を保全する必要がある場合や子やその他の利害関係人の急迫の危険を防止する必要があるときに、仮差押え、仮処分、その他の必要な保全処分を命じます（家事法157条1項）。この保全処分を利用するためには、申立人が、本案の審判で申立人の請求が認められる蓋然性が高いこと、保全の必要があることを疎明しなければなりません。

　この処分により子どもの授業料分にあたる扶養料の仮払いの仮処分を命じたり、養育費の仮払いの仮処分を命じた審判例があります（大阪家審昭57.10.15、長崎家審昭57.11.4、東京高決昭61.10.31家月39巻5号29頁）。

38 再婚に伴う養育費負担義務

私は子どもの親権者となり離婚しましたが、今、再婚を考えています。私が再婚したら、前夫の養育費支払義務はなくなるのでしょうか。また、もし前夫が別の女性と再婚した場合には、養育費の額は減らされてしまうのでしょうか。

　　再婚しただけでは原則として養育費の減額は認められませんが、子どもが再婚相手と養子縁組をした場合など、減額が認められることもあります。
また、前夫が再婚した場合にも、養育費の減額が認められる可能性があります。

1　子どもと再婚相手が養子縁組をした場合

　子どもを連れて親が再婚しても再婚相手と連れ子との間には当然には親子関係は発生しません。再婚相手と連れ子が養子縁組をして初めて法律上の親子関係が発生します（民法809条）。
　養子縁組は子の福祉のためを基本理念としており、養子縁組により子は養親の子としての身分を取得しますので、養親が未成年の養子に対して扶養義務を負うのは当然ですが、それにより実親の扶養義務が当然になくなるわけではありません。
　ただし、通常再婚により子は養親と共同生活をしながら扶養されることになりますので、子に対する関係では法律上は養親と実親は共に扶養義務者ではあっても、その順位は養親が一次的、実親は二次的な義務者になると解されています。
　父母が離婚し、父母双方が離婚後別の相手と再婚し、子が再婚相手と養子縁組したケースで、実父からの養育費減額請求に対して事情の変更を理由に請求を認めた審判例（東京家審平2.3.6家月42巻9号51頁）、子が母の再婚相手と養子縁組をした後に、前夫に協議離婚の際に定めた養育費の支払いを求めたケースで、前夫は母や養父に劣後する扶養義務を負うにすぎないとして、前夫に対する養育費の請求を却下した審判例（神戸家姫路支審平12.9.4家月53巻

2号151頁）があります。

2　子どもと再婚相手が養子縁組をしない場合

　再婚相手があなたの子どもと養子縁組をしない場合は、前夫が子どもに対して第一次的な扶養義務を負うことに変わりはありません。しかし、その場合でも、前夫の養育費減額請求の調停では、再婚後の家庭の状態、扶養義務者の社会的地位、経済的余力等諸般の事情が考慮されますので、例えば、再婚相手が子どもの養育費を含め、新しい家族の生活費全般を負担する意思も経済力もあるような場合には、養育費を取り決めた離婚時に予測し得なかった個人的事情に変更があるとして前夫の養育費減額請求が認められる可能性があります。

3　非監護者（養育費の支払義務者）の再婚

　前夫が再婚した場合にも、養育費の支払義務が当然なくなるわけではありません。しかしながら、前夫は再婚相手やその間に生まれた子どもに対して扶養義務を負うことになり、経済状況が変化している可能性があります。したがって、養育費を取り決めた時点から事情が変更したとして、前夫が養育費の減額を請求すれば認められる可能性があります。

Q 39 婚姻費用の支払義務

夫は、3か月前、自分の荷物をまとめて家を出て行ってしまいました。別居後、夫は生活費を支払ってくれません。私は契約社員として働いていますが、私の収入だけでは2人の子どもを育てていくことはできませんし、私の方では夫と離婚する気はありません。夫に生活費を支払うよう請求することはできるでしょうか。

夫婦の婚姻期間中は、婚姻家庭がその資産・収入・社会的地位等に応じた通常の社会生活を維持するために必要な費用（これを「婚姻費用」といいます。）を夫婦が互いに分担するものとされています（民法760条）。この婚姻費用の分担義務も、養育費（Q31）と同様、生活保持義務であるとされています。別居していても婚姻関係は継続しているのですから、あなたは夫に婚姻費用の分担を請求することができます。

1 婚姻費用の定め方

婚姻費用の額、支払方法は、まず夫婦の話し合いで決めます。お互いの収入や財産、自分と子どもの生活費や教育費などを考慮して協議決定してください。

婚姻費用の分担について夫と協議ができないとき、又は協議が調わないときは、夫の住所地を管轄する家庭裁判所に婚姻費用分担の調停を申し立てることができます。離婚を望んでいない場合には、円満な夫婦関係の回復を求める夫婦関係調整調停と婚姻費用分担調停を併せて申し立てることもできますし、婚姻費用分担調停だけを単独で申し立てることも可能です。

家庭裁判所の調停においてもそれぞれが負担する婚姻費用の額は双方の合意によって決めるのが原則で、調停で解決ができない場合は、さらに審判に移行することになります。

2 婚姻費用の分担額の算出方法

婚姻費用の分担額について双方の主張に隔たりがあり、合意が難しい場合、客観的で合理的な算定基準が必要となります。

養育費の算出方法（Q33）で紹介した「東京・大阪養育費等研究会」の提案には、婚姻費用についても養育費と同様に簡易迅速な算定が可能になるような算定方式（以下、「婚姻費用の簡易算定方式」といいます。）とやはり養育費と同様、子どもが3人までの場合について、子どもの数、年齢構成ごとにまとめられた簡易算定方式に基づく算定表（以下、「婚姻費用の簡易算定表」といいます。）が盛り込まれており、家庭裁判所の実務で広く使われています。

婚姻費用の簡易算定方式では、次のような4段階の計算式を用いて義務者の婚姻費用分担額を算出します。

(1) **義務者と権利者の基礎収入の算出**

義務者（婚姻費用を支払う義務のある配偶者）と権利者（婚姻費用の支払いを受ける権利のある配偶者）の「基礎収入」の概念は、養育費の場合（Q33）と同一です。

(2) **みなし世帯収入（X）の算出**

義務者と権利者及び子どもが同居しているものと仮定して、夫婦双方の基礎収入の合計額を世帯収入とします。

X＝義務者の基礎収入＋権利者の基礎収入（Y）

(3) **権利者世帯に割り振られる婚姻費用（Z）の算出**

親と子の「生活指数」は、養育費の場合（Q33）と同一です。

$$Z = X \times \frac{権利者の指数 + 子の指数}{義務者の指数 + 権利者の指数 + 子の指数}$$

（15歳未満の子と15歳以上の子が1人ずつの場合）

$$Z = X \times \frac{100 + 55 + 90}{100 + 100 + 55 + 90}$$

(4) **義務者が支払うべき婚姻費用の算出**

婚姻費用＝Z－Y

3　簡易算定表の使い方

簡易算定表では、例えば、お子さんたちの年齢が16歳と13歳、夫の年収（給与）が600万円（税込み）、あなたの年収（給与）が300万円（税込み）だと仮定すると、表14に義務者の年収600万円、権利者の年収300万円を当てはめることにより、夫があなたに支払う婚姻費用は月額10万円〜12万円が相当だということがわかります。

婚姻費用の簡易算定表14　子2人表（第1子15～19歳、第2子0～14歳）

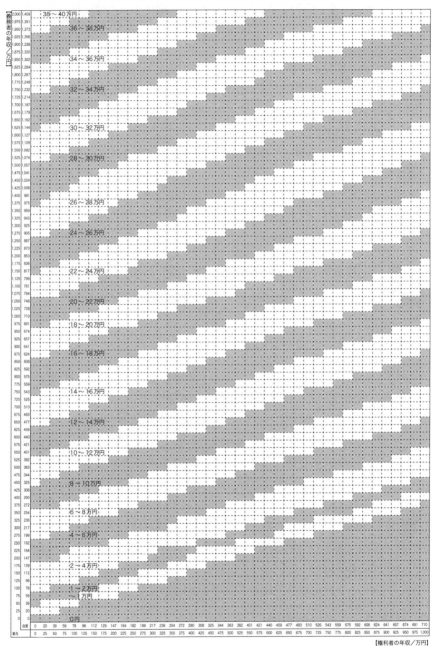

参照：http://www.courts.go.jp/tokyo-f/vcms_lf/santeihyo.pdf

40 婚姻費用の算出方法（住宅ローンがある場合）

　現在、夫と別居しています。私と小学生の子どもが住んでいるマンションは、結婚した後すぐに、夫が住宅ローンを組んで購入した夫名義のものですが、月16万円のマンションのローンだけは今も夫の口座から引き落とされています。夫の年収（給与）は1000万円で私の年収（給与）は300万円です。生活費を一部負担してもらいたいのですが、夫は、婚姻費用の簡易算定表の額よりも住宅ローンの返済額の方が多いから、支払う金額はゼロだと主張しています。私が調停の申立てをしても婚姻費用の支払いは認められないのでしょうか。

　　算定表の金額から減額はされますが、婚姻費用の支払いは認められます。

1　婚姻費用と住宅ローンの支払いの関係

　婚姻費用の支払義務者（以下、「義務者」といいます。）が、婚姻費用の権利者（以下、「権利者」といいます。）の居住する物件の住宅ローンを支払っている場合、義務者による住宅ローンの支払いは自らの資産形成のための債務弁済であり、生活保持義務である婚姻費用の支払いに優先するものではないので、住宅ローンの支払いをしたことをもって、婚姻費用の支払いをしていることにはなりません。住宅ローンの支払いは婚姻費用とは別個の支払いであると考える必要があります。
　ただし、義務者の住宅ローン支払いにより権利者は住居費の負担を免れるという関係になりますし、婚姻費用の簡易算定表のもととなる計算式において住居費はすでに計算の中に包含されていることから、義務者が算定表どおりの婚姻費用を支払うと、義務者の負担が過大になるため、調整が必要となります。

2　住宅ローンの調整方法

　実務では、住宅ローンは全額を控除するのではなく、一部を婚姻費用から控

除して、公平な結果となるよう調整されています。

　具体的には、①住宅ローンの支払額のうち、簡易算定表において特別経費として考慮されている標準的な住居関係費（表参照）を超えた部分を上限とした金額を特別経費に加算する方法、②権利者及び義務者の年収から算定された婚姻費用の金額から、権利者が負担を免れている部分として、権利者の年収に対応した標準的な住居関係費（表参照）を控除する方法などが使われています。

3　設問の場合

(1)　①の方法で調整した場合

　義務者の月収（約83万円）に応じた標準的な住居費は約7万5000円なので、住宅ローン16万円から7万5000円を差し引いた9万5000円を特別経費として計上することが可能です。夫の年収1000万円に応じた基礎収入率は35％ですが、9万5000円は月収に対して11％ですので、基礎収入率は35％－11％＝24％となり、義務者の基礎収入は240万円となります。また、妻の年収300万円に応じた基礎収入率は38％なので、権利者の基礎収入は114万円です。したがって、みなし世帯収入は240万円＋114万円＝354万円となります。

　そして、そのうち、妻と子の世帯に割り振られる婚姻費用は、次の計算式のとおり、215万1765円となります。

$$354万円 \times \frac{100+55（妻子の生活費分）}{100+100+55（家族生活費分）} = 215万1765円$$

　ここから妻の基礎収入114万円を差し引くと、夫から妻に対して支払うべき婚姻費用は年額101万1765円となり、これを12か月で割った8万4314円が今回の婚姻費用の目安（最低限）となります。

(2)　②の方法で調整した場合

　簡易算定表上の婚姻費用額14～16万円から、妻の月収25万円に対応する住居関係費3万2000円を控除した10万8000円～12万8000円が婚姻費用の目安となります。

(3)　以上はあくまでも婚姻費用算出の目安となる考え方であり、ローンは組み方によっても月額が変わってきますし、権利者の生活状況、義務者の生活状況等実情に合わせて柔軟に調整がなされるべきです。

　ただ、少なくとも、義務者が高額の住宅ローンを支払っているからといって、

婚姻費用全額の負担を免れるということはありませんので、あなたが夫に対して調停を申し立てれば、婚姻費用の支払いが認められます。

平成10年～14年特別経費の実収入費の平均値

実収入月額	164,165	244,381	259,459	287,340	317,554	347,009
住居関係費	27,940	32,354	31,665	32,590	37,871	42,652

実収入月額	383,379	415,429	441,376	477,214	511,039	542,449
住居関係費	46,983	45,354	52,517	50,040	53,632	57,640

実収入月額	572,437	630,827	684,620	781,775	931,711	1,148,510
住居関係費	57,732	60,885	64,027	71,948	77,787	98,046

出典：判例タイムズ1111号

基礎収入率

給与所得者の場合	
給与収入（万円）	％
～100	42
～125	41
～150	40
～250	39
～500	38
～700	37
～850	36
～1350	35
～2000	34

事業所得者の場合	
事業収入（万円）	％
～421	52
～526	51
～870	50
～975	49
～1144	48
～1409	47

婚姻費用の簡易算定表11　子1人表（子0〜14歳）

参照：http://www.courts.go.jp/tokyo-f/vcms_lf/santeihyo.pdf

40　婚姻費用の算出方法（住宅ローンがある場合）

41 養育費・婚姻費用の支払確保

　私は、3年前に7歳の娘の親権者を私とし、元の夫が毎月5万円の養育費を支払うという取り決めで調停離婚しました。夫は最近転職して収入が減ったらしく、養育費の支払いが滞っています。夫に養育費を確実に支払ってもらうにはどうすればよいでしょうか。

　養育費の支払確保の手段としては強制執行、履行勧告、履行命令の制度があります。

1　強制執行

　強制執行は、判決や審判書・調停調書など強制執行力のある書面（債務名義）により養育費が定められている場合に、民事執行法上の手続に従い、債務名義に基づいて地方裁判所に強制執行の申立てをし、支払義務者の財産から強制的に支払いを確保する制度です。

　原則として、民事執行の対象になるのはすでに不履行になっている分についてだけであり、将来の分について執行することは認められません。

　しかし、民法上の扶養義務に基づく定期金債権（養育費、婚姻費用など）についてのみ、一部でも不履行があれば、支払期限が到来していない将来部分についても一括して強制執行ができるとする特例が定められています（民執法151条の2第1項）。ただし、この特例に基づき差し押さえることができる財産は、給料のほか、地代・家賃等の賃料債権、商品・役務の継続的供給契約に基づく売掛金などで、養育費等の支払期限後に支払われるものに限られます。

　したがって、離婚した夫が会社員であれば、元夫が1回でも養育費の支払いを怠れば、元妻は、地方裁判所に対し将来にわたる給料債権の差押えを申し立てることができます。申立てが認められると、元妻は、元夫の会社に対して毎月の給料のうち養育費相当分を自分に支払うよう求めることができます。つまり、実質的に給料天引きで養育費を受け取るのと同じ効果が期待できるのです。

　また、給料等に対する差押えは、原則として、給料等の4分の1までしか認

められませんが、養育費などの扶養義務に係る金銭債権に基づく強制執行の場合は、給料等の2分の1まで差押えが認められています（民執法152条3項）。

ただし、設問のように、元夫が転職をした場合には、強制執行は、転職先の会社等から支給される給与を差し押さえる必要がありますので、転職先を把握することが先決となります。

2　履行勧告

履行勧告は、家庭裁判所の調停調書や審判書、判決書に養育費の支払いが記載されている場合、支払義務者が履行しないときは家庭裁判所において履行状況を調査のうえ履行を勧告し、支払いを督促する制度です。申立手数料は不要であり、書面による申立てが望ましいとされていますが、電話での申出にも応じてくれます。調査に際して、家庭裁判所調査官は、支払義務者の事情についてもある程度理解を示しながら、当事者双方に対して必要な助言や調整を行うことで、義務が自発的に履行されるよう促しています。勧告に強制力はありませんが、国の機関による督促であることから、一定の効果があるようです。

家事法では、審判をした家庭裁判所等が、①調査又は勧告を他の家庭裁判所に嘱託できること（同法289条2項）、②家庭裁判所調査官に調査又は勧告をさせることができること（同条3項）、③事件関係人の家庭環境等の調整に必要な場合には、家庭裁判所調査官に社会福祉機関との連絡等の措置をとらせることができること（同条4項）、④調査又は勧告に必要な調査を官庁、公署等に嘱託し、又は、銀行、信託会社、関係人の使用者等に対し関係人の預金、信託財産、収入その他の事項に関して必要な報告を求めることができること（同条5項）等、調査方法に関して従来は解釈上で認められていた方法が明文化され、より充実した制度となっており、今後の運用が期待されます。

3　履行命令

履行命令は、履行勧告によっても支払われない場合に権利者から申立てがあると、家庭裁判所が相当と認める場合に、相当の期限を定めて義務の履行を命令する制度です（家事法290条1項）。この命令に従わない場合は、10万円以下の過料に処せられるという制裁（同条5項）が科せられます。しかし、履行命令によっても支払いの強制力はなく、実益が少ないということで現実にはあまり活用されていません。

第6章

外国人との離婚

42 外国人との離婚手続

私は日本人で、外国人の夫と結婚して日本に住んでいます。夫がひどい暴力をふるうので離婚したいと考えていますが、この場合、日本で離婚の手続をとることができますか。もし夫が本国に帰ってしまったときは、どうすればよいのですか。

 日本での離婚手続はできます。

1 離婚事件の国際裁判管轄

日本の裁判所で離婚の調停や訴訟を行うためには、日本の裁判所に国際裁判管轄が認められる必要があります。

最高裁の判例（注1）は、日本に離婚の国際裁判管轄権が認められるためには被告の住所が日本にあることを原則とするとしています。そのため、設問前段のように、ともに日本に住んでいる日本人と外国人の夫婦の離婚手続については、日本の裁判所が管轄を有することになります。

また、同判例は、被告の住所が日本になくても、原告が遺棄された場合、被告が行方不明である場合その他これに準ずる場合については、原告の住所が日本にあれば、例外的に日本に国際裁判管轄が認められるとしています。この判例のほかにも、被告が日本に住所を有しない場合であっても、条理の見地から日本に国際裁判管轄を肯定すべき場合があるとして、日本の国際裁判管轄を認めた最高裁判例があります（注2）。設問後段の場合、事情次第では、夫が妻を遺棄して帰国したと言える可能性があり、この場合には、夫が帰国し、その住所が日本になくても、妻は日本の裁判所に離婚の調停を申し立てたり訴訟を提起したりすることができます。遺棄したと認められない場合であっても、事情によっては、条理の見地から、日本の裁判所で離婚の調停や訴訟をすることが認められる可能性もあります（注3）。

ところで、平成23年民事訴訟法改正により、国際裁判管轄に関する明文規

定が設けられましたが（民訴第1編第2章第1節）、離婚訴訟には適用されないこととされています（人訴29条1項）。ただし、離婚訴訟を含む人事訴訟の国際裁判管轄についても法制化の動きがありますので、今後の動きに注意が必要です。

2　離婚の準拠法

次に、日本人と外国人の夫婦の離婚については、どの国の法律が適用されるのか、すなわち準拠法を決めなければなりません。この点については、通則法27条本文が準用する同法25条が以下のように定めています。

① 夫婦の本国法が同一であるときはその同一本国法
② 同一本国法がない場合において夫婦の常居所地法が同一であるときはその同一常居所地法
③ 同一本国法も同一常居所地法もないときは夫婦に最も密接な関係がある地の法

ただし、通則法27条但書は、上記①から③にかかわらず、夫婦の一方が日本に常居所を有する日本人であるときは、日本法によると定めています（いわゆる「日本人条項」）。

①の「本国」とは、ある人について、その者が国籍を有する国を意味します（重国籍者や無国籍者の場合などは別途検討が必要となりますが、ここでは割愛します。）。

②の「常居所」とは、人が常時居住する場所で、単なる居所と異なり、相当長期間にわたって居住する場所のことです。これは、居住年数や居住目的、居住状況などを考慮して決定されると言われています。また、「法例の一部を改正する法律の施行に伴う戸籍事務の取扱いについて」と題する民事局長通達（注4）（以下、「基本通達」といいます。）の第8の1においては、日本人の場合は原則として日本に住民票があれば日本に常居所があると認定し、外国人の場合は在留資格に応じた在留期間の経過によって日本に常居所を認める、とされています。これは、あくまでも戸籍実務における「常居所」の認定基準を定めたものではありますが、裁判例も、この基準を参考にしながら、これに拘束されず、個別的、具体的に、②の「常居所」を認定していると言われています（注5）。

設問の場合、妻が日本に住んでいる日本人ということなので、通則法27条但書の、「夫婦の一方が日本に常居所を有する日本人であるとき」に該当する

と考えられます。すなわち、設問の夫婦の離婚に関する準拠法は、前段の場合も後段の場合も、いずれも日本法ということになります。

3　離婚の方法

通則法27条にいう「離婚」には、離婚の許否、離婚の方法、離婚原因、離婚の効力等の問題が含まれると解されています。したがって、設問のように、同法27条によって離婚の準拠法が日本法となる場合には、協議離婚の可否等、離婚の方法についても、日本法が適用されることになります。

日本法が規定する離婚の方法としては、協議離婚（民法763条）、判決離婚（同法770条）のほか、調停離婚（家事法244条）、審判離婚（同法284条）、和解離婚・認諾離婚（人訴37条）があります（それぞれの内容については、Q1参照）。

(1)　協議離婚

あなたの夫が離婚に同意しているときは、協議離婚の手続が一番簡単です。日本法では、協議離婚は、本籍地又は所在地の市区町村長に離婚の届出をすることによって成立するとされていますので（民法764、739条、戸籍法25条）、設問でも、協議離婚をする場合にはその届出をすることになります。戸籍実務上、設問のように日本人配偶者が日本に常居所を有すると認められるときは、協議離婚の届出を受理することができることになっており、また、日本人については、住民票の写しの提出があれば、原則として日本に常居所があると認められることになっていますので（前記「基本通達」第2の1イ(ア)、第8の1(1)）、常居所の認定のために住民票の写しを添付して、必要事項を記載し、署名捺印した協議離婚の届出をすればよいことになります。ただし、協議離婚を認めている国が少ないので、夫の本国で日本の協議離婚の法的効力が認められるかどうかについては別途調査が必要です。

(2)　調停離婚・審判離婚

夫が離婚に同意しないときは、裁判所の手続を申し立てることになりますが、日本法では調停前置主義という制度がとられているので、まず調停の申立てをしなければなりません（家事法257条1項）。もっとも、設問後段のように、相手方が外国に居住していて出頭が望めないような場合には、同条2項但書に該当するとして、調停を経ずに訴訟手続が進められることもあります（Q48の3(2)も参照）。調停は、原則として相手方の住所地の家庭裁判所に申し立て

ます（同法245条1項）。調停が成立すれば調停離婚として離婚が成立します。また、裁判所の判断により審判離婚が認められる場合もあります（同法284条）。夫の本国で調停離婚の法的効力が認められないような場合には、調停が成立する場合でも調停に代わる審判（同条）をしてもらったり、調停条項中に確定判決と同一の効力を有する旨を明記してもらったりすることもあります。

(3) 判決離婚・和解離婚・認諾離婚

調停が成立しないときは、家庭裁判所に離婚訴訟を提起することになります。離婚訴訟で離婚が認められるためには、民法770条1項各号に規定された離婚原因に該当することが必要です。設問の場合、夫の暴力がひどければ、同項5号の「その他婚姻を継続し難い重大な事由があるとき」にあたり、離婚判決を得ることができると思われます。

また、一定の場合には、訴訟上の和解による離婚や、被告が原告の離婚請求を認める請求の認諾による離婚も認められます（人訴37条）。

4 外国への送達

外国に帰国した夫を被告として日本の裁判所に離婚訴訟を提起する場合には、外国において送達を行うことになります。

外国における送達は、日本国内における通常の送達とは異なり、当該外国の管轄官庁又は当該外国に駐在する日本の大使、公使若しくは領事への嘱託が必要となります（民訴108条）。具体的には、外国において訴訟の書類を送達する方法としては、①領事送達、②中央当局送達、③指定当局送達などがあります。国により、どの方法をとることができるか、送達に要する費用や期間などが異なります。実際に提訴した場合には、裁判所に問い合わせて手続を行うことになります。また、送達する書類について、当該外国の言語に翻訳する必要があります（注6）。

上記の外国への送達について、外国に帰国した夫の住所が不明となり、調査しても送達すべき住所が判明しない場合や、外国で戦乱や天災が起こり送達不能が見込まれる場合、外国の管轄官庁に嘱託を発した後6か月を経過しても送達証明書が送付されない場合などには、公示送達の方法をとることになります（同法110条1項1・3・4号）。外国においてすべき送達についての公示送達は、掲示を始めた日から6週間で効力を生じます（同法112条2項）。公示送達の場合は、書類の翻訳は必要ありません。

送達がされた後、口頭弁論期日が開かれ、証拠調べにより離婚原因があると認められた場合には、離婚判決がなされます。

以上、日本における離婚手続に関し、上記3(1)で協議離婚について外国における効力については別途調査が必要である旨を述べましたが、それ以外の調停離婚や判決離婚等の手続の効力についても、必ずしも外国で認められるとは限りません。外国でも日本の離婚の効力が認められるかどうかは、当該外国の専門家に相談して手続を進めるべきですが、場合によっては当該外国で改めて離婚手続をとる必要があることもあり得ます。

5 設問の場合

設問では、離婚請求のみについて国際裁判管轄や準拠法の検討をしましたが、離婚事件の場合、離婚とともに、親権者の指定、養育費の請求、面会交流、慰謝料請求、財産分与請求等の全部又は一部をすることが多くあります。この場合、請求ごとに、国際裁判管轄の有無や準拠法を検討する必要があります。親権者の指定、養育費の請求及び面会交流についてはQ44を、慰謝料及び財産分与の請求についてはQ45を参照してください。

(注) 1 最判昭39.3.25民集18巻3号486頁ほか
2 最判平8.6.24民集50巻7号1451頁。Q47の4も参照してください。なお、この判例と前掲最判昭39.3.25（前注）とが、家事事件の国際裁判管轄に関するリーディングケースと言われています。
3 調停については、実務上、相手方の住所地を問うことなく、相手方が出頭する限り、日本に国際裁判管轄が認められる場合が多いとの指摘もあります（加藤文雄『新版渉外家事事件整理ノート』（新日本法規出版）150頁）。
4 平元.10.2民二第3900通達。解説書として、法務省民事局内法務研究会編『改正法例下における渉外戸籍の理論と実務』（テイハン）、佐藤やよひ・道垣内正人編『渉外戸籍法リステイトメント』（日本加除出版）
5 司法研修所編『渉外家事・人事訴訟事件の審理に関する研究』（法曹会）99頁
6 外国における送達の詳細については、最高裁判所事務総局民事局監修『国際民事事件手続ハンドブック』（法曹会）参照

Q43 離婚後の在留資格（ビザ）

私は日本人の夫と結婚して日本に住んでいる外国人です。夫とは、生活習慣の違いから仲が悪くなり、離婚を求められています。離婚係争中や離婚成立後に、私の配偶者ビザ（在留資格）はどうなるのでしょうか。

A 離婚係争中は、「日本人の配偶者等」の在留資格が取り消されることはありませんが、在留期間が終了する場合には更新が認められない可能性があるものの、あきらめずに交渉していくべきです。離婚成立後は「日本人の配偶者等」の在留資格の更新はできないので、日本に住み続けるためには他の在留資格へ変更しなければなりません。

1　日本人の配偶者の在留資格

日本人と結婚して日本に住んでいる外国人には、入管法2条の2、別表2に定められた「日本人の配偶者等」の在留資格が認められます。同法の別表には各種の在留資格が挙げられていますが、その表は第1と第2に区分されており、第1に記載された在留資格は、一定の活動を行う者に認められ、それぞれ行うことのできる活動に制限があります。一方、第2に記載された在留資格は、一定の地位又は身分を有する者に認められており、地位身分に変動のない限り、活動には何らの制限もありません。

2　離婚係争中（離婚に至っていない場合）の在留資格

(1) 在留資格取消の可能性

以前は、夫婦仲が悪くなって別居中であるとか、離婚調停又は離婚訴訟の係属中であっても、直ちに在留資格が取り消されることはありませんでした。ところが、平成16年に入管法が改正され、配偶者の身分を有する者としての活動を継続して6か月以上行わないで在留している場合には、日本人の配偶者等の在留資格を取り消すことができることになりました（入管法22条の4第1項7号）。取り消される場合としては、婚姻の実態が存在しない場合、すなわち、同居の有無、別居の場合の連絡の有無及びその程度、生活費の分担の有無及び

その状況、別の異性との同居の有無、就労活動の有無、職種等の事情を総合的に考慮して判断されることになります。

ただし、取消については、その活動を行わないで在留していることについて正当な理由がある場合を除くとされており、離婚調停又は離婚訴訟中の場合は正当な理由があるとされています。なお、「日本人の配偶者等」の在留資格の取消をする場合には、在留資格変更許可申請又は永住許可申請の機会を与えるように配慮しなければならないとされています（同法22条の5）。

(2) 在留資格の更新

離婚係争中に在留期間が終了する場合には、「日本人の配偶者等」の在留資格の更新が不許可にされることがあります。現在の入国管理行政実務では、「日本人の配偶者等」の在留資格は法律上有効な婚姻関係があるというだけで認められるものではなく、夫婦の同居・協力という婚姻の実質を伴うものでなければならない、したがって、日本人の配偶者たる身分を有する外国人であっても、婚姻の実質を欠くようになった場合には、当該外国人は「日本人の配偶者等」の在留資格に該当しなくなるとの行政解釈をとっています。

最高裁の判決でも、外国人が別表2所定の「日本人の配偶者等」の在留資格をもって本邦に在留するためには、単にその日本人配偶者との間に法律上有効な婚姻関係にあるだけでは足りず、当該外国人が本邦において行おうとする活動が日本人の配偶者の身分を有する者としての活動に該当することを要するとしています（注1）。

しかし他方、日本人の配偶者の一方的な遺棄や婚姻関係の冷却化によって、同居・協力・扶助等の活動が事実上行われなくなっている場合であっても、いまだその状態が固定化されず、なおその婚姻関係が維持、修復される可能性があるなど、その婚姻関係が実体を失って形骸化しているとまでは認めることができない場合には、当該外国人は、同居・協力・扶助を中核とする婚姻関係に付随する日本人の配偶者としての活動を行う余地があるというものであるとして、別居後1年10か月経過した時点での「日本人の配偶者等」の在留資格の更新申請に対する入管の不許可処分を取り消した下級審判例（注2）や、日本人配偶者から提起された婚姻無効確認請求訴訟について応訴していたことが日本人の配偶者の身分を有するものとしての活動に該当する可能性があるとした最高裁判決（注3）等もあり、実務上も延長が認められているケースが散見されますので、更新が認められなかった場合でも、弁護士に相談するなどして、入管と交渉するべきでしょう（それでも更新が認められなかった場合には、在

留資格の変更を行うことになります。)。

3 離婚が成立した場合

(1) 入管への届出及び在留資格の取消

日本人の配偶者等の在留資格で在留している外国人が、日本人配偶者と離婚した場合には、14日以内に入管に対して届出をしなければならないとされています（入管法19条の16第3号）。

(2) 在留資格の変更

法律上離婚が成立し日本人の配偶者等の在留資格が取り消された場合、又は、取消がされなかったとしても在留期間が終了する場合には、以後は日本人の配偶者という身分関係に基づく在留資格の更新はできませんので、日本に住み続けるためには在留資格の変更が必要です。

変更後の在留資格としては、入管法の別表1に規定する在留資格を取得する要件を満たしていればその在留資格への変更を申請することが考えられます。

また、それまでの日本での在留期間が相当長期の場合には、永住者あるいは「定住者」への変更が認められる可能性もあります。

「定住者」の在留資格は、「法務大臣が特別な理由を考慮し一定の在留期間を指定して居住を認める者」という在留資格です。日本人と離婚した外国人も、日本での在留期間などの生活実績が考慮されて、この在留資格への変更が可能な場合もありますが、在留期間が相当長期にわたり、仕事や生活などの面でも日本との関連性が相当強いことが必要になると思われます。

さらに、元夫との間に未成年・未婚の子がいて、離婚後その子を引き取って育てる場合には、「日本人の実子を扶養する外国人親の取扱いについて」（平8.7.30法務省通達第2565号）により、その親子関係、当該外国人が当該実子の親権者であること、現に当該実子を養育、監護していることが確認できれば、「定住者」（1年）への在留資格の変更が認められます（日本人の実子とは、嫡出、非嫡出を問わず、子の出生時点においてその父又は母が日本国籍を有しているものをいい、実子の日本国籍の有無を問いませんが、非嫡出子の場合は日本人父から認知されていることが必要です。）。

（注）1　最判平14.10.17民集56巻8号1823頁
　　　2　東京地判平9.9.19判時1650号66頁
　　　3　最判平8.7.2裁判集民179巻435頁

44 渉外離婚と子どもの親権・養育費・面会交流

私は日本人で外国人の妻との間に未成年の子どもがいますが、妻とは離婚することになりました。子どもの親権や養育費はどのように決められるのでしょうか。また、私が子どもの親権者になった場合、妻を子どもに会わせる必要があるのでしょうか。私は現在妻とは別居し、他の女性と子どもと同居しており、その女性が子どもの世話をしてくれています。

子どもの親権や面会交流といった親子間の関係については、通則法32条により、子どもが日本国籍を有する場合には日本法に従います。養育費については、扶養準拠法により、子どもが日本に住んでいれば日本法に基づいて養育費の支払義務が発生します。日本の法制度上、非監護親は、原則として子どもと面会交流することが認められています。

1 親　権

日本民法では、父母が離婚する場合、未成年の子どもがいるときは、父母の一方を親権者と定めなければなりません（民法819条1・2項）。しかし、設問のように夫婦の一方が外国人である場合には、離婚の際の子どもの親権の決め方について、どの国の法律が適用されるのかが問題となります。

この離婚の際の未成年の子に対する親権・監護権の帰属・分配の問題は、離婚の効力の問題としての性格と、親子間の関係に関する問題としての性格を併せ持っているため、通則法27条（離婚）によるべきか、同法32条（親子間の法律関係）によるべきか、という考えの対立があり、判例・学説は分かれていますが、最近は32条によるとする下級審判決が多いようです（注1）。

戸籍実務でも、「法例の一部を改正する法律の施行に伴う戸籍事務の取扱いについて」と題する民事局長通達（注2）（以下、「基本通達」といいます。）の第2の1の(2)により、「法例第21条（注：現通則法32条）による」とされました。

通則法32条は、子どもの本国法（国籍を有する国の法律を指します。重国籍の場合については後述します。）が父親又は母親の本国法と同一の場合はその本国法により、それ以外の場合には子どもの常居所地の法律によると規定し

ています。これによると、設問の子どもの親権の決定は以下のようになされると考えられます。
① 子どもが日本国籍である場合
　→日本法による。
② 子どもの国籍が妻の国籍と同一である場合
　→妻（母）の本国法による。
③ 上記①又は②にあたらない場合
　→子どもの常居所地法（日本法）による。

上記の「常居所」という概念については、Q42の2を参照してください。

なお、子どもが重国籍の場合については、通則法38条1項に従って本国法を決定することになりますが、同項但書に、日本国籍を有する場合には日本法が本国法になると定められています。したがって、設問で、子どもが父母の両国籍を有する場合には、日本法が本国法となります。

2　養育費

設問では、両親の一方が外国人であるので、養育費の請求権について、どの国の法律が適用になるかを決めなければなりません。

日本民法では、養育費請求の法律構成としては、①子ども自身の扶養料請求と②子どもを養育している親の監護費用請求との2方法に分けて考えられていますが（Q31以下参照）、国際私法ではそのような分類では論じられておらず、親子間の扶養義務に関する問題として取り扱われています。そして、親族関係から生ずる扶養義務については、扶養準拠法という特別法が制定されており、通則法の適用はありません（通則法43条1項）。

具体的には以下のような基準で準拠法が決定されます。
① 扶養権利者の常居所地法（扶養準拠法2条1項本文、「常居所」地法の意味についてはQ42の2を参照してください。）
② ①の常居所地法では扶養を受けることができないときは、当事者の共通本国法（同法2条1項但書）（注3）
③ ①②によっては扶養を受けることができないときは、日本法（同法2条2項）

以上のような基準から、設問では、扶養を受ける権利を有する子どもの常居所地法が日本法であると考えられ、日本法によれば、未成年の子は親に対して

扶養を請求する権利を有していますから（民法877条1項）、これに従って養育費を請求することができます。

なお、扶養の請求を申し立てることができる者の範囲及びその申立てをすることができる期間並びに扶養義務者の義務の限度についても、同法（設問では日本法）によるとされています（扶養準拠法6条）。

具体的な養育費の金額の決定においては、子どもがどこの国で養育されるかによって、その国の物価水準などにより影響を受けることが多いといえます。

また、扶養義務者が外国へ行ってしまった場合や扶養義務者の財産が外国にある場合には、日本で裁判が行えるのか、日本で出された判決又は審判を当該外国で執行することができるのか、それともその外国で改めて裁判を起こさなければならないのか、といった問題があります。それらについて結論を出すためには、具体的に当該外国の法律制度がどうなっているのかを専門家を通じて調査する必要があります。

3　面会交流

外国人である母親と子どもとの面会交流についても、通則法32条が適用され、親権についてと同様に日本法が適用されます。したがって、離婚後に父親が子どもの親権者になった場合には、母親には原則として子どもとの面会交流が認められます（民法766条1項参照）（具体的な面会交流の内容については、Q28以下を参照してください。）。

設問では、原則として母親と子どもとの面会交流が認められますが、例外的に認められない可能性がある場合として考えられるのは、子どもが父親と同居する女性のもとで監護養育を受けていることから、仮に実の母親が面会交流を行った場合、子どもの心理的な混乱を招くおそれがあると裁判官が考えた場合や、父親が同居女性と再婚し、子どもと再婚相手の女性が養子縁組して円満な親子関係を築いているような場合が考えられます。

4　国際裁判管轄

なお、親権や養育費、面会交流についても、離婚についてQ42の1で言及したのと同様に、裁判所で解決しようとする場合には、国際裁判管轄が問題となります。

親権者の指定については、離婚の附帯請求として申し立てる場合は、離婚の

国際裁判管轄に従う裁判例が一般的であり、離婚とは別に申し立てる場合は、子どもの住所地国に国際裁判管轄を認める裁判例が一般的だと言われています（注4）。養育費については、学説、実務ともに、子どもの住所地国及び相手方の住所地国の両方に国際裁判管轄を認める見解が有力だと言われています（注5）。

　設問の場合、夫婦と子どもがともに日本に住んでいるということですので、日本の裁判所に国際裁判管轄が認められると考えられます。

（注）1　横浜地判平10.5.29判タ1002号249頁、東京地判平2.11.28判時1384号71頁
　　　2　平元.10.2民二第3900通達。解説書として、法務省民事局内法務研究会編『改正法例下における渉外戸籍の理論と実務』（テイハン）、佐藤やよひ・道垣内正人編『渉外戸籍法リステイトメント』（日本加除出版）
　　　3　扶養準拠法2条1項但書にいう「共通本国法」とは、扶養権利者の保護を厚くする趣旨から、両当事者が有する国籍の中に共通するものがあれば、その国の法を指すとされています。通則法27条本文等が、本国法が「同一」か否かを判断する際に、先に当事者の本国法を一つに決定し、その本国法が夫婦や親子間で同一であるかをみるのとは異なっていることに注意が必要です。
　　　4　司法研修所編『渉外家事・人事訴訟事件の審理に関する研究』（法曹会）136頁
　　　5　前掲（前注）144頁

Q45 渉外離婚と慰謝料・財産分与

私たちは日本人と外国人の夫婦で、日本に住んでいますが、離婚することになりました。離婚に伴う慰謝料・財産分与といった問題はどのように決められるのでしょうか。

離婚そのものによる慰謝料及び財産分与については日本法に従って決められます。離婚に至るまでの個々の行為を原因とする慰謝料は、多数説の見解によれば、原則としてその結果が発生した地の法律により決められます。

設問のように日本人と外国人の夫婦の離婚に伴う法律問題を処理する場合、どの国の法律に従って決せられるべきかという準拠法の問題が生じます。

1 慰謝料請求

離婚に伴う慰謝料については、①離婚そのものによる慰謝料と②離婚に至るまでの暴力や不貞行為などの個々の不法行為による慰謝料とがあり、分けて考えられています。

(1) **離婚そのものによる慰謝料**

古くはこの慰謝料の性質は不法行為であるとして不法行為の準拠法である不法行為地法によるべきである（かつての法例11条1項）とする判例もありましたが、現在の通説・判例は、離婚の際における財産的給付の一環をなすものであるから離婚の効力に関する問題として離婚の準拠法の適用を受けるものと解しています（離婚の準拠法については、Q42の2を参照してください。）（注1）。

したがって、設問の場合、夫婦の一方が日本人で日本に住んでいるということですので、通則法27条但書により、日本法が適用されることになると考えられます。

(2) **個々の不法行為による慰謝料**

この場合には、多数説は、離婚の効力の問題ではなく、それ自体として独立の不法行為に関する問題であるとして、不法行為の準拠法（通則法17条）の適用を受けるとしています。したがって、多数説によれば、原則として、個々

の不法行為の結果が発生した地の法律が適用されることになります（同条本文）。もっとも、離婚の準拠法によるとする説も有力であり、また、現実の離婚事案においては、上記①と②の区別は容易ではなく、多くの判例は両者をあまり峻別してこなかったという指摘もあります（注2）。

(3) 慰謝料の金額

外国人との離婚の慰謝料について、日本とその外国人の本国との物価の違いが慰謝料の金額に影響するかどうかが問題となります。この点について、日本人男性と結婚し、日本で生活していたが、離婚時は中国に居住していた中国人女性から、日本人男性に対して離婚慰謝料を請求した事案について、原告が中国で生活していることを考慮して慰謝料を20万円とした第一審判決を変更し、慰謝料が日本における婚姻生活の破綻に基づいて日本において請求されていることを重視して、100万円の慰謝料の支払いを命じた判決があります（注3）。

また、離婚事件ではありませんが、外国人が被害者である交通事故の慰謝料について外国の物価を考慮するかどうかについての判決の考え方も参考になります。

2　財産分与請求

財産分与請求については、離婚の効果としてなされるものであることなどを理由として、通則法27条により離婚の準拠法によるべきであると解されています（注4）。したがって、設問の場合、上記1(1)と同様に、日本法が適用されることになります。

なお、参考までに、離婚の際に財産分与請求を認めない国の法律が準拠法となった場合に、有責配偶者が支払うべきものとされる慰謝料の額が日本の離婚給付の社会通念に照らして著しく低額である場合には公序良俗に反するもので許されないと判示した最高裁の判例があります（注5）。

3　国際裁判管轄

なお、離婚に伴う慰謝料や財産分与についても、離婚についてQ42の1で言及したのと同様に、裁判所で解決しようとする場合には、国際裁判管轄が問題となります。

離婚に伴う慰謝料や財産分与の請求に関する国際裁判管轄は、離婚の効力の問題として、離婚事件の場合と同様と考えられています。附帯請求の場合も、

独立した請求の場合も同様です（注6）。

　設問の場合、夫婦ともに日本に住んでいるということですので、いずれが被告となる場合であっても、日本の裁判所に国際裁判管轄が認められることとなります。もっとも、日本で得られた判決などを外国で執行できるか否かは別途検討が必要となります。特に、財産が外国に存在する場合については、注意が必要です。

（注）1　東京地判平7.12.26判タ922号276頁、横浜地判平3.10.31家月44巻12号105頁

　　　2　櫻田嘉章・道垣内正人編『注釈国際私法 第2巻』（有斐閣）60頁。なお、両者を意識したうえで、後者について不法行為準拠法を適用した裁判例として、神戸地判平6.2.22家月47巻4号60頁があり、いずれも離婚の準拠法によると明示した裁判例として、東京地判昭55.11.21家月34巻2号179頁があります。

　　　3　秋田地大曲支判平5.12.14家月48巻5号69頁（第一審）、仙台高秋田支判平8.1.29家月48巻5号66頁（控訴審）

　　　4　神戸地判平6.2.22家月47巻4号60頁、横浜地判平3.10.31家月44巻12号105頁

　　　5　最判昭59.7.20民集38巻8号1051頁（ただし、事案としては著しく低額ではないと判断しています。）

　　　6　司法研修所編『渉外家事・人事訴訟事件の審理に関する研究』（法曹会）110、112頁

46 渉外離婚と氏

　私は日本人ですが外国人と結婚しています。結婚後は相手の氏になっていたのですが、離婚したら元の氏に戻ることができますか。

　戸籍法所定の方法により、元の氏に戻すことができます。

1　外国人との婚姻と氏

　日本人が外国人との婚姻の届出をした場合、その日本人について新戸籍が編製され（戸籍法16条3項）、その戸籍の身分事項欄に婚姻届出の年月日、外国人配偶者の国籍・氏・名・生年月日が順次記載されるのみです。戸籍は、日本国民についてその身分関係を登録・公証する制度なので、外国人である配偶者は戸籍に直接記載されることはありません。

　また、日本人が外国人と結婚しても、日本人同士の結婚の場合と異なり、民法750条は適用されず、氏は自動的に変更されるということはないというのが実務の取り扱いです。したがって、設問のように日本人が外国人と結婚して相手の外国人の氏になっているという場合には、法律上は以下の二つの方法のいずれかによったものと考えられます。

(1)　**戸籍法107条1項による方法**

　これは日本人の氏を変更するための一般的な手続を定めたもので、変更のためには「やむを得ない事由」があること及び家庭裁判所の許可が必要です。

(2)　**戸籍法107条2項による方法**

　これは簡便な方法で外国人配偶者の氏に変更するもので、日本人配偶者は婚姻成立後6か月以内に、家庭裁判所の許可を得ることなく、その氏の外国人配偶者の氏への変更を届け出ることができます。

2　離婚後の復氏の方法

　婚姻の際、前記1のいずれの方法によって氏を変更したかに応じて、離婚後

の氏を変更するには以下のようになります。

(1) **戸籍法107条1項によった場合**

この場合は、離婚したときにも同項によって氏を変更することができます。すなわち、結婚前の氏への変更について「やむを得ない事由」があること及び家庭裁判所の許可が必要です。

(2) **戸籍法107条2項によった場合**

この場合は、やはり簡便な方法が認められており、同項による氏の変更を行った者は、離婚後3か月以内に限り家庭裁判所の許可を得ることなく届出のみによって元の氏に復することができます（同条3項）。3か月経過後は上記(1)の方法により氏を変更することができます。

47 外国の離婚判決の効力

私は日本人ですが、外国人の夫が自分の母国に帰り、一方的に裁判で私との離婚判決をとって、日本の戸籍窓口にも届け出てしまいました。でも私は、この離婚には不満をもっています。何か法的手続をとることはできないでしょうか。

 日本の裁判所に外国の離婚判決の無効確認の訴えを提起し、そこで離婚の効力を争うことができます。

1 外国の離婚判決の効力

外国裁判所の確定判決が日本国内で効力を有するか否かについては、民訴118条が一般的な要件を定めています。具体的には、①当該外国裁判所に本件離婚についての管轄権が認められること（1号）、②敗訴した被告が公示送達によらないで訴訟の開始に必要な呼出し若しくは命令の送達を受けるか、又は応訴したこと（2号）、③判決の内容及び訴訟手続が日本の公序良俗に反しないこと（3号）、④相互の保証のあること（4号）という要件を挙げています。

外国裁判所の離婚判決の効力についても同条が適用されるというのが通説・判例となっています（ただし、一般民事の判決と異なり、離婚判決の場合には、相互の保証は不要とする見解も有力です。）。

①の管轄権が認められるかどうかは、我が国の原則に照らしてその国に国際的な裁判権があることが認められることを必要としています。日本では、原則として被告の住所地に離婚事件の国際裁判管轄を認めていますので（Q42の1参照）、設問の妻が当該外国に住んだことがなければ、①の要件を満たさない可能性があります。裁判例としては、アメリカ合衆国の裁判所の離婚判決について、同裁判所が離婚について国際裁判管轄権を有せず、民訴118条1号の要件を満たさないことを理由に日本における効力を否定した判決があります（注1）。また、日本在住のオーストラリア人夫が日本在住の日本人妻に対してオーストラリアの裁判所に提起した離婚訴訟についての判決について、同号の要件

を満たさないとした判決があります（注2）。

②の送達は、判決国と日本との間に司法共助に関する条約が締結されている場合にはこれに定める方法を遵守するものでなければならないとされていますので（注3）、このような方法によらない訴状の送達乃至交付がなされても②の要件を満たさないことになります。また、「応訴」については、管轄違いの抗弁を提出した場合も含まれると解されています（注4）。

③については、例えば、有責配偶者であるオーストラリア人夫が離婚を請求し、それを認めたオーストラリア裁判所の判決について、公序に反するとしたものがあります（注5）。

④にいう「相互の保証」があると認められるためには、当該判決を下した外国裁判所の属する国において、日本の裁判所が下した当該判決と同種類の判決が、民訴118条各号の条件と重要な点で異ならない条件のもとに効力を有するものとされていることを必要とする、と解されています（注6）。

2　戸籍への記載

戸籍実務では、外国裁判所の離婚判決に基づく離婚届の受理にあたっては、通則法27条に規定する準拠法上の要件を審査する必要はなく、原則として、判決の謄本、判決確定証明書、日本人の被告が呼出しを受け又は応訴したことを証する書面及びそれらの訳文の添付を求めるものの、離婚届に添付された判決の謄本等によって審査して、当該判決が民訴118条に定める要件を欠いていると明らかに認められる場合を除き、届出を受理して差し支えないとされています（昭51.1.14民二第280通達）。

以上のような実務の取り扱いのために日本で離婚届が受理されてしまった場合には、3で述べるように、日本の裁判所に外国の離婚判決の無効確認の訴えなどを提起して、これにより離婚の効力を争うことになります。

3　外国離婚判決についての無効確認の訴え

本件では、外国裁判所の離婚判決には不満をもっているということですが、離婚自体が納得できない場合、あるいは離婚は認めるが子どもの親権・養育費・財産分与・慰謝料といった条件の決め方が不満という場合もあるでしょう。

どちらにしても、民訴18条によって承認されない外国裁判所の離婚判決であれば、外国裁判所の離婚判決の無効を確認することになります。裁判の形式

としては、外国判決無効確認の訴えがまず考えられますが、夫婦関係存在確認の訴えなど、違う形式での訴え・方法による場合も考えられます（例えば、外国裁判所の離婚判決の無効ではなく、離婚の無効を確認した裁判例があります（注7）。）。そのうえで、離婚自体は望むが条件が不満なら、改めて日本で離婚訴訟を起こすことが考えられます。

4 外国に在住する相手方との訴訟

しかし、相手方である夫が母国に帰ったまま戻らない場合、日本で訴訟手続を進めることができるかが問題となります。離婚判決の無効確認訴訟は、離婚に関する事件の一種として離婚事件と同一の国際裁判管轄の原則が当てはまると考えられます。

前述のように、離婚事件の国際裁判管轄については、原則としては被告の住所地国にあるとしていますが、原告の住所地である日本に国際裁判管轄権を認める例外的な場合として、①原告が遺棄された場合、②被告が行方不明である場合、③その他これに準ずる場合を挙げています（Q42の1参照）。さらに、被告が日本に住所を有しない場合であっても、原告の住所その他の要素から離婚請求と日本との関連性が認められ日本の管轄を肯定すべき場合があるとし、どのような場合に日本の管轄を肯定すべきかについては当事者間の公平や裁判の適正・迅速の理念により条理に従って決定するのが相当であるとし、応訴を余儀なくされることによる被告の不利益に配慮すべきことはもちろんであるが、他方、原告が被告の住所地国に離婚請求訴訟を提起することにつき法律上又は事実上の障害があるかどうか及びその程度をも考慮し、離婚を求める原告の権利の保護に欠けることのないよう留意すべき、としたうえで、日本の国際裁判管轄を認めた最高裁判決もあります（注8）。

したがって、上記のいずれかの条件を満たす場合には、夫が日本にいなくても、日本で離婚判決の無効確認訴訟などができると考えられます。

設問も、夫が勝手に帰国してしまったのなら遺棄した場合に該当する可能性があるのではないかと思われます。また、遺棄にあたらなくても事情によっては条理により管轄が認められる場合があり得ます。ただし、その後に改めて財産上の請求を伴った離婚訴訟を日本で提起するとしても、夫の財産が外国に所在する場合には、日本の判決を当該の外国で執行することができるかどうかについて、十分な調査を行う必要があります。

5　外国への送達

　上記の訴訟を提起することができる場合には、外国にいる夫（被告）に対して送達する必要があります。その手続については、**Q42**の4を参照してください。

（注）1　名古屋地判平11.11.24判時1728号58頁
　　　2　東京家判平19.9.11家月60巻1号108頁
　　　3　最判平10.4.28民集52巻3号853頁
　　　4　前掲最判平10.4.28（前注）
　　　5　前掲東京家判平19.9.11（注2）
　　　6　最判昭58.6.7民集37巻5号611頁
　　　7　前掲東京家判平19.9.11（注2）
　　　8　最判平8.6.24民集50巻7号1451頁（日本に帰国した日本人夫が、ドイツに残ったドイツ人妻に対して、日本の裁判所に離婚訴訟を提起した事案。ドイツで妻が提起した離婚訴訟の判決が確定していたが、同判決が公示送達によるものであったため、日本では効力が認められず（民訴118条2号）、日本では婚姻が終了していなかった。他方、夫がドイツで離婚訴訟を提起しても不適法とされる可能性が高く、婚姻を終了させるには日本で離婚訴訟を提起する以外に方法がないという事情があった。）

48 日本における外国人夫婦の離婚

　私たちは、10年来日本に在住している外国人同士の夫婦ですが、事情があって離婚することになりました。この場合、日本で離婚の手続を行うことができますか。

　日本で離婚手続をとることができますが、どの国の法律が適用されるかにより、どの離婚手続を利用することができるかが決まります。

1　日本での離婚手続

　外国人同士の夫婦の場合でも、日本で離婚手続を行うことはできます。
　もっとも、日本では、協議離婚、調停離婚、判決離婚などの種類の離婚手続がありますが、これらの手続のすべてを利用することができるのか、それとも一部しか利用することができないのかについては、その夫婦の離婚事件に適用される法律がどの国の法律なのか、すなわち以下に記載する離婚の準拠法によって決まります。

2　離婚の準拠法

　離婚の方法、すなわち、協議離婚が可能か、判決離婚のみが認められるのかといった問題については、通則法27条の離婚の準拠法の規定が適用されると解されています。同条によると、外国人夫婦の離婚の準拠法は、以下のようになります。
　①　夫婦の本国法が同一であるときはその同一本国法
　②　同一本国法がない場合において夫婦の常居所地法が同一であるときはその同一常居所地法
　③　同一本国法も同一常居所地法もないときは夫婦に最も密接な関係にある地の法
によることとされています。
　①の「本国」、②の「常居所」については、Q42の2を参照してください。

設問では、(1)夫婦が同一国籍であれば①に該当し、その本国法が準拠法となり、その本国法で認められている離婚の方法のみをとることができます。(2)もし、夫婦の国籍が別々の場合は、夫婦がともに10年以上日本に住んでいるので、②に該当し、常居所地法である日本法が準拠法ということになると考えられます。したがって、日本法で認められているすべての離婚の方法を利用することができます。以下に、(1)と(2)のそれぞれについて分けて説明します。

3　夫婦の同一本国法が適用される場合

この場合には、前述したように、その本国の法律で認められている離婚の方法のみをとることができます。

⑴　**本国法で協議離婚が認められている場合**

協議離婚の方式（離婚届の提出先機関、届出権者など）については、離婚の準拠法又は行為地法によると定められています（通則法34条）。したがって、離婚の準拠法が外国法であっても、日本で届出をする場合には、日本の方式に従って協議離婚をすることができます。戸籍実務上も、その夫婦の本国法により協議離婚を日本の方式に従ってすることができる旨の証明書の提出がある場合には、協議離婚の届出を受理することができるとされています（「法例の一部を改正する法律の施行に伴う戸籍事務の取扱いについて」（平元.10.2民二第3900通達第2の1ウ））。したがって、日本の方式によって協議離婚する場合は、夫婦の本国法により協議離婚を日本の方式に従ってすることができる旨の証明書を添付して、所在地の市区町村長に協議離婚の届出を提出することになります（民法764条、739条、戸籍法25条2項）。もっとも、上記「日本の方式に従ってすることができる」の部分については、通則法34条2項より明らかですので、この点についての積極的な証明は不要とされています。さらに、韓国、台湾、中国については、これらの国の法律が協議離婚を認めていることは日本の市区町村が把握しているため、その点についても証明は不要です（注1）。

なお、欧米をはじめとする多くの国は協議離婚を認めていません。

⑵　**本国法で判決離婚しか認められていない場合**

夫婦の本国法が判決離婚しか認めない場合には、日本では協議離婚による離婚は認められず、判決離婚の方法によることになります。

この場合、日本法では離婚訴訟を提起するためにはまず調停を申し立てなけ

ればならないとする、調停前置主義（家事法257条１項）の適用があるかどうかという問題があります。この点について、法廷地である日本法が適用され調停前置の適用が認められるものの、相手方が外国に居住していて出頭が望めない、あるいは、日本で調停を行っても承認されないおそれがあるなど、調停に付することが適当ではない場合には、同条２項但書により、直接訴訟を提起できるとする考えが有力で、裁判実務も同様だという指摘もあります（注２）。そこで、調停を行うことが無意味であると思われる場合には、その旨を訴状に記載しておくか、上申書に記載して提出すればよいでしょう。

　また、夫婦の本国法が協議離婚を認めていない場合に調停離婚や審判離婚ができるかどうかという問題もあります。家庭裁判所の実務上は、共に離婚の相当性について裁判所の公権的判断が加わったものであるとして積極に解しているようです。もっとも、本国で離婚の効力が認められるか否かは別問題です。日本の裁判実務では、調停離婚の場合には調書の末尾に確定判決と同一の効力を有する旨を付記したり、離婚原因についての認定判断を付記する取り扱いをしたりしており（注３）、これによって、本国においても離婚が有効とされる場合もあるようですが、やはり調査が必要です。

　判決離婚による場合には、離婚原因についても離婚の準拠法である本国法が適用されます。ただし、その適用の結果が日本の公序良俗に反し著しく妥当性を欠く場合には、通則法42条を適用して当該外国法の適用を排除することもあり得ます。

４　常居所地法である日本法が適用される場合

　この場合は、前述のように、日本法で認められる離婚の方法のすべてを利用することができ、また、離婚の方式や離婚の実質的な成立要件についても日本法が適用されます。したがって、外国人の夫婦は、所在地の市区町村長に協議離婚の届出をすることにより（民法764条、739条、戸籍法25条２項）、日本法上有効に協議離婚をすることができますし、判決離婚による場合は、離婚原因についても離婚準拠法である日本法が適用されます。

５　設問の場合

　以上に述べた日本での離婚手続の効力が外国で認められるかどうかについては、その外国の法律の調査が必要となります。特に、協議離婚が夫婦のそれぞ

れの本国で有効な離婚として認められるかどうかについては、当該本国が協議離婚を認めているかどうかなどによりますので、専門家を通じて調査する必要があります。

　また、調停離婚や判決離婚についても、日本法上は有効な離婚となっても、夫婦の本国での効力についてはやはり調査が必要でしょう。場合によっては、日本での離婚手続のほかに、本国でも何らかの離婚手続をとる必要があるかもしれません。

(注) 1　韓国では、協議離婚をする夫婦は家庭法院による離婚意思の確認を受ける必要があるとされています。日本の戸籍実務では、家庭法院による離婚意思の確認は離婚の方式の問題であるとして、行為地法である日本法に従い離婚届の提出のみで協議離婚が成立するとされています。しかし、韓国では、平成16年9月20日以降、夫婦が、在日韓国大使館・領事館に出向いて協議離婚の申告を行い、その後、家庭法院の離婚意思存否確認を受けなければ、離婚の成立を認めない取り扱いとなりました。したがって、日本で届出のみにより協議離婚した場合、その離婚は、日本では有効でも、韓国では無効として扱われることになります。
　　 2　司法研修所編『渉外家事・人事訴訟事件の審理に関する研究』(法曹会) 102頁
　　 3　最高裁判所事務総局編『渉外家事事件執務提要 (下)』(法曹会) 23、24頁

Q 49 ハーグ条約

私はフランス人男性と結婚して、10歳の子どもがいます。家族3人でフランスに住んでいましたが、夫の暴力がひどいため不仲になり、夫から離婚裁判が提起されました。夫は子どもの親権者となることを希望していますが、私としては子どもは自分が育てたいと考え、子どもを連れて日本に帰国し、夫に知られない場所で生活しています。

夫が子どもを取り戻すために弁護士に依頼してハーグ条約による手続をとるつもりだと聞きましたが、どのように対応したらよいでしょうか。

日本がハーグ条約締結国となったことにより、16歳未満の子について、短期間の手続により返還請求が認められて、子が住んでいた国に返還すべきとの命令が出される可能性がありますので、早急に弁護士に相談して、返還拒否事由がある場合にはその主張や立証の準備をするなど、返還申立てに備えるべきです。

1 ハーグ条約とは

マスコミ報道等で知られているように、国際的な子の奪取の民事上の側面に関する条約（以下、「ハーグ条約」といいます。）が日本でも批准され、その国内実施法（国際的な子の奪取の民事上の側面に関する条約の実施に関する法律。以下、「実施法」といいます。）が平成26年4月から施行されました。

国際結婚及びその破綻の増加に伴い、諸外国との間で子の連れ去り等をめぐる紛争が表面化していますが、国境を越えた子の連れ去りは、子に様々な悪影響を与える可能性があります。ハーグ条約は、子の利益を最重要視する立場から、そのような子の連れ去りを防止し、元の居住国に子を迅速に返還するための国際協力の仕組みや国境を越えた親子の面会交流の実現のための協力を定めた国際的なルールです。

2 返還請求の要件

ハーグ条約では、子が国境を越えて連れ去られた場合に子の返還命令を求め

る手続と、子を連れ去られた親が子と面会交流する権利の二つについて定められていますが、ここでは返還請求について説明します。

なお、「留置」（常居所地国から出国した後に常居所地国への渡航が妨げられること）も連れ去りと同様に取り扱われています。常居所地国とは、連れ去り等の直前に子が居住していた国を意味します。

子の返還請求をすることができる場合の具体的な要件は、以下のとおりです（実施法27条）。

① 子が16歳未満であること（1号）
② 子が日本国に所在すること（2号）
③ 常居所地国の法令によれば、子の連れ去りが申立人の子についての監護の権利を侵害すること（3号）
④ 子の連れ去りの時点で常居所地国がハーグ条約の締結国であること（4号）

他方、返還拒否事由として以下が規定されています（同法28条1項）。

① 返還申立てが子の連れ去りの時から1年経過後にされ、子が新たな環境に適応していること（1号）
② 申立人が連れ去りの時に現実に監護の権利を行使していなかったこと（2号）
③ 申立人が連れ去りを事前に同意又は事後に承諾したこと（3号）
④ 子の常居所地国への返還により子の心身に害悪を及ぼすことその他子を耐え難い状況に置くこととなる重大な危険があること（4号）

具体的には、常居所地国で子が申立人から身体に対する暴力その他心身に有害な影響を及ぼす言動を受けるおそれや申立ての相手方が申立人から子に心理的外傷を与えることとなる暴力等を受けるおそれ、申立人又は相手方が常居所地国において子を監護することが困難な事情といった点が考慮されます（同法28条2項）。

⑤ 子が常居所地国へ返還されることを拒んでいること（子の年齢等により子の意見を考慮することが適当である場合）（5号）
⑥ 子の常居所地国への返還が日本国における人権及び基本的自由の保護に関する基本原則により認められない場合（6号）

以上がハーグ条約・実施法の定める返還請求の要件・拒否事由となりますので、これに照らして返還請求が認められそうであるかどうかを確認する必要があります。特にフランス人の夫が暴力を振るっていたということですから、子

に対しても暴力を振るう可能性があるかどうか、母親が子と一緒にフランスに戻った場合に子の面前で母親に暴力を振るうおそれがあるかどうか、子を連れ去ったとされる母親が刑事訴追されるおそれはないか、申立人が薬物中毒・アルコール依存症で子の監護ができないということはないかといった点を検討すべきです。

3　外務省への援助申請

　ところで、ハーグ条約の締結国は、条約上の義務を履行するために、中央当局を指定することとされ（条約6条1項）、日本国の中央当局は外務大臣とされています（実施法3条）。中央当局は、子の迅速な返還を確保し、ハーグ条約の他の目的を達成するため、相互に協力することとされ、具体的には、子の所在の特定、ハーグ条約の適用に関連する自国の法令について一般的な情報の提供、法律に関する援助及び助言の提供や便宜を与えることといった措置をとることとされています（条約7条）。

　ハーグ条約の締結国から日本へ子を連れ去られた場合、子を監護していた者は外務大臣に対して子の返還を実現するための援助（外国返還援助）を申請することができます（実施法4条）。通常は、その者がいる国の中央当局を通じて申請がなされます。

　外務大臣は、外国返還援助申請があった場合には、却下する場合（同法7条）を除き、外国返還援助決定をし、申請者に対してその旨の通知をします（同法6条）。

　援助申請を受けた場合、中央当局の役割には以下のものがあります。

　①　子の所在確認

　中央当局は援助申請があった場合に、必要と認めるときは、子の住所又は居所及び子と同居している者の氏名を特定するために、国や地方公共団体その他の関係機関に対し情報提供を求めたり、都道府県警察に対し子の所在特定のために必要な措置を求めることができます（実施法5条1～3項）。

　②　裁判所への情報提供

　上記の①で得られた情報のうち、子と同居している者の氏名は援助申請者に開示されるが、子の住所又は居所については返還請求等が係属している裁判所に対してのみ開示されます。

　③　その他、日弁連を通じて、ハーグ条約案件に対応が可能な弁護士を紹介

する制度も設けています。

　以上より、フランス人の元夫は、フランス国の中央当局を通じて、又は独自に弁護士に依頼して、子の返還請求を日本の裁判所に申し立てることを考えているようです。

4　家庭裁判所の手続

　実施法では、ハーグ条約による子の返還請求事件は、東京家庭裁判所と大阪家庭裁判所のみが管轄を有します。

　なお、東京家庭裁判所ではハーグ条約案件の審理について、ホームページにおいて情報を提供していますので、参考にしてください（http://www.courts.go.jp/tokyo-f/saiban/hague/index.html）。

　家庭裁判所では、基本的には、家事法別表2審判事件と同様の審理手続をイメージしていますが、ハーグ条約では子の返還請求手続は手続開始の日から6週間以内に決定を行うことを原則としているため（条約11条）、以下の審理スケジュールを予定しています。

・申立てから約2週間後に第1回期日を実施し、争点整理
・申立てから約4～5週間後に第2回期日を指定し、必要に応じて審問等を実施
・子の返還の申立てに対する裁判は、申立日から約6週間後

※必要に応じて、第1回期日と第2回期日の間に調査官調査を実施する。

5　弁護士会の相談窓口等

　子の返還請求を受け又は受ける可能性がある方については、弁護士会で法律相談を受け、必要であれば弁護士に依頼して、申立てを受けた場合に備えるべきであると考えられます。特に、先方の国の子の監護権に関する法律の情報や、返還を拒否すべき事由がある場合には、それを裏付ける資料を準備する必要があります。東京の共通相談窓口はhttp://www.ichiben.or.jp/consul/center/hague.htmlです。

　また、弁護士費用の支払が難しい場合には、日本司法支援センターで立替えの援助を受けることができますので、ご相談ください（http://www.houterasu.or.jp/hague/index.html）。

第7章 戸籍と氏

Q50 戸籍とは何か

離婚すれば、当然戸籍に離婚したことが記載されることになると思いますが、戸籍とはそもそもどういう制度なのでしょうか。特に離婚との関係で説明してください。

A

1 戸籍とは

戸籍とは人の身分関係をその時間的流れに沿って把握するための情報が記載されている公文書です。近代的な戸籍としては明治5年に施行された戸籍法による戸籍が最初ですが、その後改正が重ねられ、昭和23年1月1日から現在の戸籍法が施行されました。

戸籍は、原則として、市町村の区域内に本籍を定める一の夫婦及びこれと氏を同じくする子どもごとに編成され（戸籍法6条）、婚姻届の提出があったときは、選択された氏を称する者が筆頭者である場合を除き、夫婦について新戸籍が編成されます。

2 戸籍の表示

戸籍は、筆頭者の氏名及び本籍で表示するとされています（戸籍法9条）。戸籍の全部事項証明書では、冒頭の本籍欄に本籍が表示され、その下の氏名欄に筆頭者の氏名が表示されています。

(1) 本　　籍

本籍は行政区画、土地の名称及び地番号又は住居表示に関する法律による街区符号で表示されることになっています。本籍は日本の統治権の及ぶ範囲内であれば、自由に選ぶことができます。また、本籍は自由に変更することができます（転籍）。

(2) 戸籍筆頭者

戸籍筆頭者とは、その戸籍の索出を容易にするための見出しのようなものです。婚姻に際し、夫の氏を称するときは夫が、妻の氏を称するときは妻が筆頭者になり、そのものが死亡しても、筆頭者が変更されることはありません。

戸籍筆頭者とその他の者との間に地位の差はありません。ただし、「止むを得ない事由」がある場合に行われる「氏の変更」の申立て（戸籍法107条1項）や転籍届（同法108条）は筆頭者とその配偶者とで行うものとされています。また、住民票上の世帯主とは必ずしも一致しませんし、概念も異なるものです。

　しかし、厳密に言えば戸籍筆頭者とその配偶者との間で全く差がないわけではありません。まず、身分変動があっても筆頭者は動くことはありません。すなわち身分変動があった場合に夫婦のどちらを動かすかの基準になっているのです。また筆頭者の氏が変わると他方配偶者の氏も変わります。また、多くの人々の意識のなかで戸籍筆頭者が家族の統率者として認識されていることも無視できません。そして、夫又は妻のどちらでも戸籍筆頭者になれるという建前にもかかわらず、実際には夫の氏を称する婚姻が圧倒的に多く（約96%）、戸籍筆頭者のほとんどが夫というのが実情です。

　根本的には戸籍が個人を主体とした方式でないことに帰着するのですが、「戸籍筆頭者」という呼び方自体、戦前の戸主を連想させるものともいえ、適当な呼称とはいい難いものです。

3　戸籍の記載事項

　戸籍には本籍のほか、戸籍内の各人について、氏名、出生の年月日、戸籍に入った原因及び年月日、実父母の氏名及び実父母との続柄、養子であるときは養親の氏名及び養親との続柄、夫婦については夫又は妻である旨、他の戸籍から入った者はその戸籍の表示、その他法務省令（戸籍法施行規則）で定める事項を記載するものとされています（戸籍法13条）。同規則では、各種の身分事項の変動について該当する者の身分事項欄に記載するものとされています。離婚の場合には、夫と妻の身分事項欄に離婚の種別と離婚日（調停及び裁判上の和解の場合は成立日、請求の認諾の場合は認諾日、判決及び審判の場合は確定日）が記載されます（戸籍規35条4号）。

　ただし、転籍した場合には、転籍後の戸籍謄本には離婚の事実は記載されません。したがって、婚姻の相手について、過去に結婚や離婚の事実があるのか、認知した子どもがいるのかを把握するためには、現在の戸籍謄本だけでなく、相応の時期からの戸籍謄本が必要になります。

4　戸籍の果たす役割

　まず、戸籍は、日本国民全員をこれに登録するものであり、戸籍簿に基づき、日本国民であることが証明されるとともに、年齢の証明の役割を果たします。例えば、法律には刑事未成年の規定の「14歳」（刑法41条）や、民事上の成年「20歳」（民法4条）のほか、各種の年齢に関わる規則がありますが、その証明は戸籍に基づかなければ、極めて煩瑣になります。また、氏名を明らかにして個人の特定を図っています。さらに、身分上極めて重要なことは、夫婦、親子の親族関係を記録していることです。民法上の相続問題において戸籍は重要な機能を果たしています。

5　除　　籍

　ある戸籍に記載されている者が、結婚や離婚等により新戸籍が編成された場合又は他の戸籍に入る場合や、死亡した場合又は失踪宣告を受けて死亡とみなされた場合には、従前の戸籍から除かれます。このように従前の戸籍から除かれることを除籍といいます。
　そして、一戸籍内の全員が除籍になった場合には、当該戸籍は戸籍簿から除かれますが、除籍簿として別に綴られ、保管されています（戸籍法12条）。除籍簿の保存期間は150年間です。また、法改正によって戸籍の様式が変わった場合には戸籍が作り替えられる（改製される）ことになりますが、その元となった戸籍を改製原戸籍といいます。

6　戸籍事務のコンピュータ化

　平成6年、「電子情報処理組織による取扱いに関する特例」が施行されました（戸籍法118～120条）。したがって、戸籍の管理や事務処理がコンピュータ化（戸籍が磁気ディスク等に記録）された市区町村では、戸籍謄本、抄本の代わりに、全部事項証明書、個人事項証明書又は一部事項証明書が交付されます。ただし、各法令上は、これらの証明書が戸籍謄本、抄本とみなされますので、一般的にはこれらの証明書についても、戸籍謄本、抄本と称する場合が多くみられます。
　コンピュータ化により、戸籍が改製されますので、それ以前の身分事項の変動はこれらの証明書には記載されません。したがって、改製以前の身分事項について証明が必要な場合は、改製原戸籍謄本、抄本の交付を受ける必要があり

ます。なお、戸籍法とともに、住民基本台帳法も同様の趣旨の改正がなされています。

7　戸籍の原則非公開

個人情報保護の社会的要請の高まりから、平成19年の法改正により、戸籍の公開制度が見直され、以下のとおり原則非公開となりました（平成20年5月1日施行）。

(1) 本人等からの交付請求

戸籍謄本の交付の請求は、本人又はその配偶者、直系尊属若しくは直系卑属（以下、「本人等」といいます。）が請求できますが（戸籍法10条1項）、請求が不当な目的によることが明らかなときは、市町村長は請求を拒むことができます（同条2項）。

(2) 本人等以外の者からの交付請求

本人等以外の者は、①自己の権利を行使し、又は自己の義務を履行するために戸籍の記載事項を確認する必要がある場合、②国又は地方公共団体の機関に提出する必要がある場合、③その他戸籍の記載事項を利用する正当な理由がある場合にのみ、理由を明らかにして、戸籍謄本の交付を請求できるとされています（戸籍法10条の2第1項）。

この場合、市町村長は、請求において明らかにすべき事項が明らかにされていないと認めるときは、請求者に対し、必要な説明を求めることができます（同法10条の4）。

(3) 本人確認の厳格化

請求者は、運転免許証を提示する方法等により、当該請求者を特定するために必要な氏名その他の事項を明らかにしなければなりません（戸籍法10条の3第1項、戸籍規11条の2、同条の3）。

また、代理人その他請求者と異なる者による請求の場合は、請求者からの委任状等の書面を提供しなければならないこととされました（戸籍法10条の3第2項、戸籍規11条の4）。

(4) 不正請求に対する重罰化

偽りその他不正の手段により戸籍謄本の交付を受けた者は、30万円以下の罰金に処せられます（戸籍法133条。法改正前は5万円以下の過料）。

51 離婚の届出の方法と戸籍上の記載

離婚をした場合の届出方法について教えてください。また、戸籍にはどのように記載されるのでしょうか。

離婚には、①当事者の話し合いで離婚する協議離婚と、②裁判所が何らかの形で関与する調停離婚、審判離婚、判決離婚、訴訟上の和解による離婚及び請求の認諾による離婚（以下、「裁判上の離婚」といいます。）があります（Q1参照）。離婚の種別によって、その届出の方法や必要書類が異なります。

1 協議離婚の場合の届出方法

協議離婚は、夫婦の離婚の意思の合致と届出によって、婚姻を解消するものです。戸籍法の定めるところにより、離婚届に必要な事項を記載し、離婚する夫婦及び成年の証人2名がそれぞれ署名・押印して、届出人の本籍地又は所在地の市区町村長に届出をし、これが受理されることによって成立し、離婚の効力が生じます（創設的届出）。

離婚届は、市区町村役場の窓口に備えられているほか、インターネットでダウンロードすることも可能です。本籍地以外の役所に届け出る場合には、戸籍謄本が必要です。届出人の本人確認のため、運転免許証などの身分証を提示する必要があります。本人確認ができない場合にも離婚届は受理されますが、届出人本人に対し、受理通知が送付されます。夫又は妻の一方が届け出た場合には、窓口に来なかった方の本人確認ができませんので、その者に受理通知が送付されます。窓口で離婚届を訂正する場合には届出印と同じ印鑑が必要です。

2 裁判上の離婚の場合の届出方法

裁判上の離婚の場合には、離婚自体は、調停又は訴訟上の和解の成立、請求の認諾、審判又は判決の確定によって成立しており、届出は報告的なものです（報告的届出）。これらの届出は、原則として離婚成立から10日以内に行うものとされています（Q6参照）。離婚届には、離婚する夫婦のうち、届出を行

う一方のみが署名・押印して提出すれば足ります。離婚届の提出先や離婚届の記載事項は、協議離婚の場合とほぼ同じですが、裁判上の離婚の場合には、離婚の種別と、調停若しくは訴訟上の和解の成立日、請求の認諾日又は審判若しくは判決の確定日を記載するとともに、裁判の謄本（省略謄本についてQ6参照）と、審判又は判決の場合は不服申立てが認められていますので、確定証明書を添付する必要があります。

3 戸籍の記載

　離婚した場合、戸籍の夫と妻の身分事項欄に離婚に関する事項が記載されます（戸籍規35条4号）。具体的には、それぞれの欄に、協議離婚の場合には離婚日、裁判上の離婚の場合には、離婚の種別と調停又は訴訟上の和解の成立日、請求の認諾日、判決又は審判の確定日が記載されます。そのほか、他方配偶者の氏名、裁判上の離婚の場合には届出日及び届出人、当該戸籍から除籍される者については、新本籍も記載されます。

　仮に妻が婚姻によって夫の氏に改めた場合、離婚すると、妻は夫を筆頭者とする戸籍から除籍されます。妻は除籍と同時に、婚姻前の戸籍に復籍するか、新しく戸籍を作ることとなります。妻の復籍先の戸籍又は新戸籍にも、前記と同様の離婚日等の記載のほか、離婚した配偶者の氏名や、従前戸籍（夫を筆頭者とする戸籍）が記載されます。

　なお、この場合、仮に母親が未成年子の親権者となったとしても、子は夫の戸籍から除籍されませんので、母と子が戸籍を同じにするには、別途「子の氏の変更」手続（Q54参照）をする必要があります。

Q 52 離婚後の氏

婚姻時に氏を変えましたが、離婚した場合には、どのような氏の選択が可能ですか。また、戸籍との関係はどうなりますか。

　　　離婚により婚姻前の氏に復氏することもできますし、婚姻時の氏を継続して使用することもできます。
　　　また、復氏する場合には、婚姻前の戸籍に入籍するのが原則ですが、希望すれば新戸籍を作ることも可能です。

1　原　　則

　我が国の戸籍は、その編成基準として「氏」を重要視しています。そして、同一の戸籍に在籍できるのは、夫婦と氏を同じくする子となっています（戸籍法6条本文）。

　つまり、現行戸籍法では、夫婦は、婚姻をする際に、その協議によって、夫か妻かいずれの氏を称し（民法750条）、婚姻届にこれを記載して提出することになっています（戸籍法74条1号）。そして、この夫婦のために一つの戸籍が編成され（同法6条、16条）、その間の嫡出子は父母の氏を称して（民法790条1項本文）、この戸籍に入ることになっているのです。

　したがって、婚姻に際し相手方の氏を称した者は、離婚により婚姻中の戸籍から除かれ、原則として復氏し、婚姻前の戸籍に入籍することになります（民法767条1項、戸籍法19条1項本文）。その結果、いわゆる「旧姓に戻る」ことになるのです。

2　新戸籍編成（戸籍法19条1項但書）

　離婚により復氏する場合でも、希望すれば新規に戸籍を編成することもできます。もし、子どもを自分と同じ戸籍に入れたい場合には、同じ戸籍に記載されるのは親子二世代までですから（戸籍法6条、17条）、婚姻前の戸籍に戻ると三世代にわたってしまう場合には、新たな戸籍を作る必要があります。

　婚姻前の戸籍が除籍されている場合（例えば、父母ともにすでに亡くなって

いる場合）にも、婚姻前の戸籍に入籍することができませんから、新たに戸籍を編成することとなります。

また、婚姻以前の戸籍に入籍した後に、新戸籍を編成することも可能です（同法21条）。これは、「分籍」という行為で、成年に達した者で、かつ、戸籍の筆頭者及びその配偶者以外の者であれば、自らが届出人となって親の戸籍を離れて自分の戸籍を作ることができるのです。

ただし、一度新戸籍を編成した後に、従前の戸籍（通常、親の戸籍）に入籍することはできないとされています。

3 婚氏続称の場合

(1) 婚氏続称の趣旨

婚姻によって氏を変更した者が離婚後も婚姻中の氏を使いたいと考えた場合には、離婚の日から3か月以内に婚氏続称の届出をすることによって、婚氏を使うことができます（民法767条2項、戸籍法77条の2）。

上述のとおり、婚姻によって氏を改めた夫又は妻は、離婚により、婚姻前の氏に復するのが原則とされています。しかし、婚姻時に氏を改めた者が、離婚することによって氏が変わると、社会生活上、様々な不利益、例えば、対外的に身分関係に変動があったことを知らせることになる、氏の変更により別人と思われ、仕事、研究、趣味等、あらゆる分野でそれまで培ってきた信用や実績との連続性が失われる、契約関係や公的書類の氏の欄の変更を求めなければならないなどの不利益を受けることになってしまいます。

そこで、昭和51年に民法767条2項の規定が新設され、離婚後も引き続き婚姻中の氏を称しようとする者は、その旨を届け出ることによって、婚姻中の氏を称することができるようになったわけです。

(2) 具体的な手続

具体的な手続は以下のとおりです。

(a) 離婚の届出と同時に戸籍法77条の2の届出があった場合は、届出人について直ちに婚姻中の氏で新戸籍が編成されます。

(b) 離婚の届出により、一旦復籍した者から3か月以内に戸籍法77条の2の届出があった場合は、①届出人が復籍後の戸籍の筆頭者でないとき、及び②届出人が復籍後の戸籍の筆頭者であり、かつ、その戸籍に同籍者があるとき（例えば、婚姻前の戸籍に在籍している子がいるような場合）、その届出をし

た者についてだけ新戸籍が編成されます（戸籍法19条3項）。

同籍者に影響が及ばないのは、本規定が離婚した者が社会生活を営むうえで、離婚によって氏を変えることに伴う不利益を回避することができるようにとの配慮によるものですから、同籍者に波及させる必要がないからです。

一方、届出人が戸籍の筆頭者であるが、その戸籍に同籍者がないときは、新戸籍は編成されず、戸籍法107条1項の規定による氏の変更の場合の記載に準じて、その戸籍筆頭者氏名欄の氏の記載を、婚姻中の氏に変更します。

4　夫婦別姓制度

このように、離婚の際は婚氏の続称が認められていますが、これは前述のとおり、使い慣れてきた氏を変えることにより被る様々な不利益を回避するために認められたものです。そうだとすると、婚姻によって氏を変えるときにも同様な不利益が生ずることは明らかです。そして、実際には婚姻に際して氏を変えるのは圧倒的に女性であり、婚姻・離婚に際しての氏の変更で女性が社会生活上の不利益を被ることが少なくないのが現実です。こうしたことからすれば、婚氏続称の延長線上にあるものとして、夫婦別姓を求めることは当然の要求というべきでしょう。

法制審議会は、平成8年2月に選択的夫婦別姓制度導入等を内容とする民法の一部を改正する法律案要綱を答申しましたが、20年近くが経過した今も、民法改正は実現していません。現在、法律で同姓を強制しているのは、日本以外にほとんど見当たらないと言われており、日本政府は、国連の女子差別撤廃委員会から、繰り返し選択的夫婦別姓に改めるよう勧告を受けています。

最高裁判所は、平成27年12月16日、夫婦同姓を強制する民法750条は違憲ではないと判断しましたが、15人中、5人の裁判官（女性裁判官3人は全員）は、詳細な理由を付して違憲と判断しました。特に、岡部喜代子裁判官は、夫婦同姓制度について、氏の選択の意思決定過程に現実の不平等と力関係が作用している以上、個人の尊厳と両性の本質的平等に立脚した制度とはいえないとし、実際に生じている不都合を詳細に分析したうえで、憲法24条に違反するとの意見を述べました（憲法24条の適合性についてほか3人の裁判官も同調）。多数意見も、選択的夫婦別姓に合理性がないと断ずるものではなく、国会で論ぜられ、判断されるべき事柄であるとしており、更なる世論の高まりにより、選択的夫婦別姓を導入する法改正が期待されます。

53 離婚届の不受理申出制度

　私は夫から離婚を迫られていますが、私には離婚の意思はありません。しかし、夫は、私に無断で離婚届を出すおそれがあります。それを阻止するためには、どうすればよいでしょうか。

　離婚届の不受理申出の届出をしておくとよいでしょう。

1　不受理申出制度の意義

　協議離婚は、夫婦が離婚に合意し、離婚届を市区町村長に届け出ることにより成立します。

　協議離婚においては、当事者間の合意が要件ですが、離婚届の受理に際しての市区町村長の審査は、いわゆる形式的審査であるため、当事者の離婚意思の有無を調査していません。そのため当事者の一方の意思を無視して他方からなされた届出が受理されることがあるわけです。このような届出は無効ですが、この戸籍の記載を消去するためには、これを無効とする確定判決を得て、戸籍の訂正の申請をしなければなりません（戸籍法116条）。なお、戸籍の訂正をしても不実の記載の痕跡は残るので（いわゆる「戸籍が汚れた」状態）、当該訂正に関する事項の記載をなくすためには、さらに戸籍の再製を申し出る必要があります（同法11条の2）。

　そこで、このような本人の意思に基づかない無効な届出の受理を防止する方策として、いわゆる不受理申出制度があります。すなわち、離婚届が勝手に提出されてしまう場合に備えて、仮に離婚届が出されても窓口で本人確認ができない場合は届出を受理しないように、あらかじめ本籍地の市区町村長に対して申し出る制度です。

　不受理申出制度は、従前、法務省の通達による運用がなされていましたが、平成19年の改正戸籍法（平成20年5月1日施行）により、正式に法制化されました（戸籍法27条の2第3～5項）。

2　不受理申出の具体的方法

　不受理申出は、申出人本人が市区町村役場に出頭して行うのが原則です（戸籍規53条の4第1項）。非本籍地の市区町村役場でも申出は可能です。申出は書面でする必要があり（同条2項）、窓口に備え付けの不受理申出書がありますので、氏名、生年月日、住所、本籍等を記入して提出します。この際に、市区町村長は、運転免許証などにより申出人の本人確認をしなければならず（同条3項）、もし本人確認ができない場合は、申出は受理されません。

　上記のように、不受理申出は、市区町村役場に出頭して行うのが原則ですが、疾病その他やむを得ない事由により出頭できない場合には、郵送により不受理申出の書面を送付する方法で行うことができます（同条4項）。ただ、この場合の書面は、不受理申出をする旨を記載した公正証書又は私署証書に公証人の認証を受けたものを提出する必要があります。

　従前、不受理申出の有効期間は、申出書の受付の日から6か月とされていましたが、現在の戸籍法では期限は定められていません。したがって、申出を取り下げない限り、無期限に有効です。

3　不受理申出書が提出された場合の処理（注）

　不受理申出がされた場合には、これを受理した市区町村長は、当該申出書の欄外に、受付の日時分及び市区町村の窓口に出頭した者を特定するために必要な事項の確認（本人確認）を記録することとされています。非本籍地の市区町村長が申出を受理した場合は、遅滞なく、本籍地の市区町村長に送付されます。本籍地の市区町村長は、不受理申出がされたことを的確に把握するため、当該戸籍の直前に着色用紙をとじ込む等の方法を講ずること、磁気ディスクの場合には当該戸籍のコンピュータの画面上に不受理申出がされていることが明らかになる方法を講ずることとされています。

4　不受理申出の有無の確認（注）

　市区町村長は、離婚届が提出された場合には、夫妻とも窓口に出頭して本人確認ができたときを除き、当該離婚届出について不受理申出がされているか否かの確認を行います。この場合において、非本籍地の市区町村に離婚届の提出があった場合には、当該非本籍地の市区町村長は、受付後遅滞なく、本籍地の

市区町村長に対して、当該離婚届出について不受理申出がされているか否かを電話等の方法によって確認することとされています。

5　不受理申出の効力

不受理申出中に離婚届が出されたときは、市区町村長は、不受理申出者本人が出頭して離婚届を提出したことを確認できなかったときは、これを不受理とします（戸籍法27条の2第4項）。

この場合、市区町村長は遅滞なく、不受理申出者に対して、離婚届が提出されたことを通知しなければなりません（同条5項）。この通知は、不受理申出をした人の住民票上の現住所に、転送不要の郵便物又は信書便物として、送付されます（戸籍規53条の5による同規則53条の3の準用）。

6　戸籍の訂正

もし、離婚届出が受理されて、当該離婚届出による戸籍の記載がされた後に、当該離婚届出に先んじて不受理申出がされていたことが判明したときは、本籍地の市区町村長は、職権による戸籍の訂正（戸籍法24条2項）をします。

7　戸籍の届出における本人確認等の取り扱い

上記平成19年改正法においては、従前、通達により運用されていた届出の際の本人確認方法についても、法制化がされました（戸籍法27条の2第1項、戸籍規53条の2、11条の2第1～3号）。

これによると、認知、縁組、離縁、婚姻、協議離婚の届出（いずれも届出によって効力を生ずる「創設的届出」）をなす場合には、原則として運転免許証、旅券などの顔写真付きの本人確認書類を窓口で提示する必要があります。

また、届出人の一部による届出や郵送等による届出のため窓口で本人確認ができなかった場合には、遅滞なく、本人確認ができなかった届出人に対して、届出を受理した旨の通知をすることとなっています（戸籍法27条の2第2項）。

(注)　H20.4.7法務省民一第1000号民事局長通達

54 母の氏を称する入籍

私は離婚しようと思っていますが、結婚に際し夫の氏を称していますので復氏をし、新戸籍を作るつもりです。子どもの氏を私の氏と同じにし、戸籍も私の戸籍に入籍させたいのですが、どうすればよいでしょうか。

 家庭裁判所で子の氏の変更の許可を得ることによって、子の氏を変更し、同籍にすることができます。

1 氏と戸籍

　子の氏は、子の出生時に決まり、父母が婚姻中に共同で称していた氏とされ（民法790条1項）、父母の氏を称する子は、父母の戸籍に入るとされます（戸籍法18条）。したがって、夫の氏を称した婚姻にあって父母が離婚した場合、母が復氏した場合はもとより、母が婚氏続称（戸籍法77条の2）を選択した場合でも、それによっては当然には子の氏に変動をあたえるものではありませんので、子は従前の戸籍に残ったままで、離婚した母と子では戸籍が異なってしまうということになります（母親が婚氏を続称した場合、母と子は呼称上の氏は同じでも、戸籍は異なります。）。なお、母親が親権者となっても、上記は異なりません。

　そのため、こうした場合に、「子の氏の変更」という手続をとることによって、母子で氏を同じくし、同籍にすることができるものとされています（民法791条、戸籍法98条1項）。

2 家庭裁判所における子の氏の変更の許可

　まず、家庭裁判所に子の氏の変更についての許可の審判を申し立て、許可を得る必要があります（家事法160条）。

　管轄は、子の住所地を管轄する家庭裁判所です。

　申立人は氏を変更しようとする子自身ですが、子が15歳未満の場合には、法定代理人（親権者）が代わってこれを行います。

なお、家庭裁判所には、備付けの申立書式が用意されているほか、裁判所のウェブサイトから申立書をダウンロードして利用することもできます。申立書の標準的な添付書類としては、父母それぞれの離婚後の戸籍謄本、子の戸籍謄本（父子が同籍であれば父の戸籍謄本で足ります。）が必要です。申立書の提出は、家庭裁判所の窓口で行うほか、郵送での提出も可能です。

3　入　籍　届

　次に、上に述べた氏変更の許可を得た後に、市区町村長に対して「子の母の氏を称し母の戸籍に入籍する」旨の入籍届をします（戸籍法98条1項）。これによって、子と母は同じ氏を称して同一戸籍に在籍することができることになるのです（同法18条2項）。

　届出人が15歳未満であるときは、その法定代理人（親権者）が代わって届出人となりますが、15歳以上の子は、未成年者でも自ら届け出ることが必要です。また、入籍届出は受理されることによって効力を生じる創設的届出ですから、家庭裁判所の許可だけでは効力は生ぜず、届出によって初めて効力が発生することになります。

　この入籍届をするのは、氏変更の申立てをした者であって、それ以外の者からの入籍届は無効とされていますが、15歳に達した子本人からの追完によって、有効な届出とすることが認められる場合があります（昭37.11.29民事甲3438号回答）。

Q55 住民票

現在、夫との離婚を考えていますが、夫は離婚に応じる気持ちがないようなので、当分の間は別居して様子を見ようと思っています。別居した場合には住民票はどうなるのでしょうか。また、離婚が成立すると、自動的に夫とは別の住民票が作成されるのでしょうか。

A

1 住民票とは

住民票とは、住民の居住関係を公証する公簿であり（住基法1条）、住民票の写しにより市町村の住民の居住関係が証明されます。

ところで、住民は、地方自治法その他の法令に基づき、その属する地方公共団体の住民として各種の権利と義務を有する（公職選挙法、地方税法、国民健康保険法、学校教育法）ほか、その居住関係は法律上重要な意義を有しています。例えば、運転免許の試験は、その者の住所地を管轄する公安委員会の行う運転免許試験を受けなければなりませんし（道路交通法89条）、生活保護は世帯単位で行うこと（生活保護法10条）になっています。

2 住民票の記載事項

法定記載事項（基本事項）は、①氏名、②出生の年月日、③男女の別、④世帯主の氏名及び世帯主との続柄、⑤戸籍の表示、⑥住民となった年月日、⑦住所（同一市町村内において新たに住所を変更した者については、住所及びその住所を定めた年月日）、⑧転入届の年月日及び従前の住所ですが、そのほか、個別事項、任意事項として記載される事項もあります（住基法7条）。

3 世帯と世帯主

一般に世帯とは、居住と生計をともにする社会生活上の単位であるとされています（住民基本台帳事務処理要領第1-4）。したがって、例えば、学校や会社の寮は、居住をともにしていても、生計は異なるため、各人がそれぞれ世帯を構成しています。

世帯主とは、「主として世帯の生計を維持する者であって、その世帯を代表する者として社会通念上妥当と認められる者」と解されています（同）。例えば、公的な補助金などは世帯主に支払う制度となっている場合が多く、企業の住宅手当なども世帯主のみに支給されるのが一般的です。このように、住民票上の世帯主は、社会制度上、一定の権限があります。実態としては、夫婦の場合、夫が世帯主となることが多いと思われます。しかし、本来、世帯主は男女の別を問わないものです。また、戸籍の筆頭者が当然に世帯主になるものではありません。

　住民票に記載される世帯主との続柄は、世帯における世帯主と世帯員との身分上の関係をいい、必ずしも戸籍に記載された続柄とは一致しません。続柄は、原則として、世帯主を中心として、夫、妻、父、母、子、同居人、縁故者等と記載されます。なお、平成7年3月までは、嫡出子は長男、二女等と記載され、認知された婚外子は「子」と記載されていましたが、自治省（現総務省）の通達により、現在では一律に「子」と記載されることになっています。

4　住民票と戸籍をつなぐもの（戸籍の附票）

　住民票と戸籍は別個の意義をもつもの（戸籍についてはQ50参照）ですが、戸籍の附票により、両者が関連あるものとなっています。戸籍の附票は、市区町村の区域内に本籍を有する者すべてについて、その戸籍を単位として作成されるもので（住基法16条）、その記載は、職権で行われます。

　法定記載事項として、①戸籍の表示、②氏名、③住所、④住所を定めた年月日を記載することとされています（同法17条）。

　つまり戸籍の附票及び住民票のいずれにおいても、戸籍の表示、氏名、住所、住所を定めた年月日が記載されており、これによってそれぞれの記載の正確性が担保されるとともに人の同一性がはかられているのです。

　そして、戸籍の附票に、戸籍に記載されている者の住所が記載されることになっていることから、本籍が判明すれば、戸籍の附票を媒介として、住所（及び住所の変遷）が判明することになります。

5　住所の異動届

　仮に、あなたが婚姻中に夫と別居した場合には、従来が夫を世帯主としている住民票であったとすれば、新しい居住先であなたを世帯主とする住民票を作

成することになります。

　あなたが自宅を出て転居した場合には、他の市区町村に転入した場合でも、同一市区町村内で転居した場合でも、転入・転居した日から14日以内に市区町村長に届け出なければならないとされています（住基法22条、23条）。ただし、実際には状況に応じて住民票を移さないこともありますし、また、家庭内暴力（DV）の問題がある場合には、住民票は移さない方がいいケースも少なくありません。なお、DV問題のある場合には、閲覧制限等の制度もありますので、配偶者暴力相談支援センターや市区町村役場等に相談して、住民票をどうしておけばよいか相談してみてください（Q96参照）。

6　離婚に伴う職権記載

　離婚が成立した場合の住民票ですが、戸籍上、離婚の届出をしても、転居・転出の届出が出されるまでの間は住民票の異動はありません。ですから、離婚の届出をした場合には、速やかに住民票の異動届を提出する必要があります。

　もし住民票の異動届がなされない場合には、市区町村長は職権をもって、住民票中、婚姻により氏を改めた者について当該人の氏、戸籍の表示、続柄を修正し（住基法施行令12条2項1号）、備考欄に修正した旨を記載することとされています。

7　住民票の写しの交付制度の見直し

　従前、何人でも住民票の写しの交付を請求できるとされていましたが、プライバシー保護の要請から、平成19年の法改正（平成20年5月1日施行）により、交付を請求できる場合を、①自己又は自己と同一世帯に属する者による請求（住基法12条）、②国・地方公共団体の機関による請求（同法12条の2）、③上記以外のものであって、住民票の記載事項を確認するにつき正当な理由があるものによる請求（自己の権利行使や義務履行に必要な場合など）（同法12条の3第1項）に限定されました。

　また、偽りその他不正の手段による住民票の写しの交付を受けた者に対しては、従来の過料が罰金（30万円以下）となるなど、制裁の強化が図られています（同法47条2号）。

第8章 家族手当・会社の福利厚生施設等

56 家族手当の受給資格

子どもを連れて離婚しました。私の勤めている会社には「家族手当」がありますが、「妻子を有する者」に支給されるとの定めになっており、今まで男性ばかりが支給対象になっていました。女性でもこの「家族手当」を受給することができるのでしょうか。

男性にのみ家族手当を支給する取り扱いは労働基準法4条（男女同一賃金の原則）に違反する無効なものであり、男女にかかわりなく家族手当の支給を受けることができます。

1 労基法上の効力（無効）

労働基準法4条は、「使用者は、労働者が女性であることを理由として、賃金について、男性と差別的取扱いをしてはならない」と定めています。

しかし、かつては、家族手当等の支給対象者を男性に限定していた例も多く見られました。男性が主たる生計の維持者であることをいわば当然の前提として、これを理由に男性に対してのみ家族手当等を支給したものです。

しかし、そのような規定は、賃金について性別による差別的取り扱いをするものであり、同法4条に違反し無効と解されます。そのため、就業規則や給与規程において支給対象者を男性に限定していたとしても、このような規定は前述のように無効であり、女性であっても、性別以外の受給要件を満たしていれば、男性と同様に家族手当を受給することができると解されます。

2 請求権の法的根拠

法律構成としては、家族手当自体を受給することができるのか、それとも差別についての損害賠償として「家族手当相当額」を受給することができるにとどまるのかは議論のあるところです。

裁判例の中には、配偶者のいる男性従業員に対しては扶養の有無にかかわらず一律に家族手当を支給していたにもかかわらず、女性従業員に対しては「配偶者が就労意思があるにもかかわらず就労できない、あるいは寡婦にして扶養

家族がいる」場合のみ家族手当を支給していた事案で、原告の従業員が女性であることを理由に家族手当を受給できなかったとして、家族手当相当額を「不法行為に基づく損害」として賠償するよう命じたものがあります（注1）。

また、損害賠償請求としてではなく家族手当そのものの請求権が認められるとしても、その法的根拠については、さらに見解の分かれるところです。

① 労働基準法13条「この法律で定める基準に達しない労働条件を定める労働契約は、その部分については無効とする。この場合において、無効となった部分は、この法律で定める基準による」に請求権の根拠を求める説
② 労働基準法4条は差額賃金請求権を当然に内包するとする説
③ 就業規則や給与規程等で、裁判所から違法と判断された内容を除いた給与基準（男性のための給与基準）が適用されるとする説

などがあります。③説を採用して、支給を認めた裁判例があります（注2）。

3　紛争解決の手段

会社が違法に家族手当の支給をしない場合の紛争解決手段には、以下があります。

① 訴訟
② 労働基準監督署から会社に対し是正勧告や指導をしてもらうこと
③ 労働局における個別労働紛争解決制度（相談、助言・指導、あっせん）
④ 地方裁判所における労働審判制度

①訴訟よりも、②ないし④の手続の方が迅速な解決が得られると考えられます。

④労働審判手続は、雇用や賃金の問題など、事業主と個々の労働者との間の労働関係に関する紛争を、実情に即し、迅速、適正かつ実効的に解決することを目的とし、労働審判委員会（労働審判官（裁判官）1名と専門的な知識と経験を持つ労働審判員2名で組織）が、原則として3回以内の期日で審理します。

(注) 1　横浜地判平19.1.23労判938号54頁—日本オートマチックマシン事件
　　 2　仙台高判平4.1.10判時1410号36頁—岩手銀行女子賃金差別事件
　　　　 世帯主たる行員に家族手当を支給するとし、さらに「その配偶者が所得税法に規定されている扶養控除対象限度額を超える所得を有する場合は、夫たる行員」にのみ支給すると定めている場合、このような男女を差別する条項は労働基準法4条に違反し、民法90条により無効であるとして、銀行に対し、無効部分を除く給与規程及び労働協約に基づき、原告に対して家族手当等の支払いを命じた事案。

Q 57 別居と家族手当・住宅手当

子どもを連れて夫と別居した折りに、自分の勤めている会社に、家族手当・住宅手当の支給を申請したところ、夫婦のいずれか収入の多い方を世帯主と判断して、世帯主にのみ家族手当・住宅手当を支給する定めになっているとして断られてしまいました。離婚前とはいえ、別居後は、私も住民票上の「世帯主」になっているのに、このような支給制限が許されるのでしょうか。

夫と妻のいずれか収入の多い方を「世帯主」と判断して、この者に家族手当等を支給する定めは、性別を基準としたものではなく、有効であるとされています。離婚前に別居中であったとしても、同様に解されます。本件においては、残念ながら、家族手当・住宅手当を受給できない可能性が高いと考えられます。しかし会社に対して、実態に応じた適切な対応を求めていくことが大切です。

1 企業が定める世帯主要件の有効性

家族手当等、諸手当の受給要件、支給内容等は、各企業の定めるところによります。「世帯主」に支給すると定めた場合の「世帯主」の意味についても、企業ごとに、独自の判断基準を定めることができます。

住民票上の世帯主か否かとは別の基準で「世帯主」かどうかを判断するとしても、その判断基準がよほど不合理であったり、男女を差別するものでない限りは有効とされます。

裁判例にも、夫と妻のいずれか収入の多い方を「世帯主」と判断して、この者に家族手当を支給する定めについて、一定の合理性があり、労働基準法に違反するものではないとした例があります（注1）。

ご相談の事案で、会社に、夫婦のいずれか収入の多い方を「世帯主」とするという規定が存する以上、夫の収入の方が多ければ、あなたに規定上の受給資格はないということにならざるを得ないと解されます。別居をしていたとしても、離婚が成立していないうちは、夫婦であることは否定できず、夫婦いずれか収入の多い方という要件を満たすことができないからです。もっとも、別居

が長期に及んだ場合など、実質的に離婚に等しい場合には、事情によっては、会社に弾力的運用を求める余地はあると思われます（注2）。

2　間接差別となる場合

なお、「夫婦の収入の多い方」であるとか、あるいは「住民票上の世帯主」といった、表面上性別に中立的な基準であっても、結果として差別的効果をもたらすような基準やその運用は「間接差別」として違法であるとする考え方があります。家族手当・住宅手当に関するものではありませんが、このような考え方から、住民票上の世帯主・非世帯主の基準により本人給（基本給の一部）に差をつけた事案について、労働基準法に違反するとした判例があります（注3）。

また、雇用の場面での話ではありませんが、阪神・淡路大震災の被災者自立支援金支給の要件として定められた「（住民票上の）世帯主」被災要件が男女差別等を招来し、かつ、それらの差別に合理的理由はなく公序良俗に反すると判示した裁判例もあります（注4）。

これら裁判例を踏まえて、会社に対して、実態に即した適切な対応を求めていくことが重要です。

（注）　1　東京地判平元.1.26判時1301号71頁―日産自動車事件
　　　　　　親族を実際に扶養している「世帯主」である従業員に家族手当を支給する旨の規定の運用において、夫又は妻のいずれか収入の多いものを「世帯主」として扱ったことは、明確かつ一義的な運用方法であって、不合理ではないとした事案。
　　　　2　国の制度であり、「ひとり親家庭」等の父母に支給される児童扶養手当については、父母が離婚をしていなくとも、「父又は母から1年以上にわたり遺棄されている児童」や「父又は母が裁判所からのDV保護命令を受けた児童」などについて、その子を監護している父母、又は父母に代わって児童を養育している人に、その児童が18歳になり最初の3月31日を迎えるまでの期間（特別児童扶養手当を受給、又は同等の障害の程度のある児童は20歳未満）手当が支給されます。
　　　　　　父が同居しないで扶養義務及び監護義務を全く放棄している場合は遺棄に該当します。
　　　　3　東京地判平6.6.16労判651号15頁―三陽物産事件
　　　　　　年齢に応じた基本給（本人給）について、非世帯主及び独身の世帯主に対しては26歳で据え置くものとしつつ、運用上、男性に対しては世帯主か否か

にかかわらず実年齢に応じた本人給を支給するなどしていた事案について、女性であることを理由に賃金を差別したものであるとされた事案。

4　大阪高判平14.7.3判時1801号38頁—被災者自立支援金請求事件

　阪神大震災発生（平成7年1月17日）当時、独身・一人暮らしで世帯主であったが、平成9年に結婚し世帯主でなくなった女性が、平成10年7月から実施された「被災者自立支援金制度」に基づき、兵庫県・神戸市が設立した財団法人阪神・淡路大震災復興基金（以下、「基金」という。）に対し支援金を申請したところ、「平成10年7月1日時点での世帯主が被災していること」との要件を満たさないとして申請が却下された。女性が基金に対し支援金の支給を求めて提訴、一審、控訴審とも、女性が勝訴した。控訴審（本判決）では、「一般に、結婚した男女が世帯を構成する場合、男性が住民票上の世帯主となることが圧倒的に多い」「このような社会的実態の下において、本件要綱の対象世帯の要件として、大震災から3年半も経過した平成10年7月1日を基準日として、世帯主被災要件を適用すると、……自立支援金の支給において、女性を男性より事実上不利益に取り扱う結果となる」と判示した。

58 社宅の入居資格

　夫婦で同じ会社に勤めており、夫名義で社宅に入居していました。その後子どもを連れて離婚、夫が社宅を出ました。会社に対して社宅への入居継続を求めましたが、会社は、「今まで、社宅に女性社員が入居した例がない」として社宅からの退去を求めてきました。私は出ていかなければならないのでしょうか。

　男性社員にのみ社宅を貸与する取り扱いは、雇用均等法6条2号に違反するものであり、女性社員でも社宅に入居することができます。

1　「社宅」についての差別的取り扱い禁止

　社宅の入居資格があるか否かは、会社の就業規則・社宅利用規程等にどのように規定されているかによって定まりますが、雇用均等法6条2号には、事業主は、住宅資金の貸付けその他これに準ずる福利厚生の措置であって厚生労働省令で定めるものについて、労働者が女性であることを理由として男性と差別的取り扱いをしてはならないとしています。
　雇用均等法施行規則1条では、差別的取り扱いの禁止される福利厚生の措置として以下を挙げています。
①　生活資金、教育資金その他労働者の福祉の増進のために行われる資金の貸付け
②　労働者の福祉の増進のために定期的に行われる金銭の給付
③　労働者の資産形成のために行われる金銭の給付
④　住宅の貸与
　したがって、男性には社宅を貸与するが、女性には貸与しないという取り扱いをすることはできません。そのような規定は、雇用均等法6条2号に違反して男女を差別するものであり、公序良俗に反して無効と解されます。
　したがって、設問の事案では、相談者名義で会社と社宅への入居契約を締結することで、退去せずにすむ可能性が高いと考えられます。

2　紛争解決の手段

　労働者と事業主の間における男女間の差別的取り扱いに関するトラブルは、事業主が自主的な解決を図るよう努力するものとされていますが（雇用均等法15条）、職場での解決が困難な場合は、都道府県の雇用均等室が相談窓口となります。雇用均等室では、次の二つの手続を設けています。

① **都道府県労働局長による紛争解決の援助（雇用均等法17条）**

　当事者の一方又は双方が雇用均等室に援助の申立てを行うと、雇用均等室は、労働者と事業主双方の意見を十分に聴き取り、必要な援助（助言、指導又は勧告）を実施します。これを当事者双方が受け入れれば、紛争解決となります。

② **調停会議による調停（雇用均等法18条）**

　調停を申請するには調停申請書を雇用均等室に提出（電子申請も可能）します。調停は非公開で行われ、調停委員が当事者双方の事情を聴き、調停案を作成して当事者双方に調停案の受諾を勧告します。これを当事者双方が受諾すれば、その合意は民法上の和解契約となります。

3　コース別人事制度

　コース別人事制度を採用している会社で、総合職にだけ社宅制度があるという例があります。その場合、結果的に社宅に入居しているのは男性社員ばかりという事態が生ずることがありますが、総合職、一般職という職種の違いによって、それぞれの処遇が異なることそれ自体は、雇用均等法上の問題ではありません。総合職は一般に広く転勤を予定していることから、この点に配慮する趣旨で、総合職についてのみ社宅を貸与するという制度も見られるところですし、そのような定めについては、直ちに雇用均等法等の法令に違反するものではありません。

　無論、男性を総合職、女性は一般職として性別による雇用管理をしているならば、社宅貸与の区別の適法性を問う前に、そもそも、そのようなコース別人事制度自体が雇用均等法の趣旨に反するものと解されます。しかし、総合職の対象者を男女双方としており、労働者の意欲、能力に応じた処遇をするというコース別人事制度本来の運用をしているのであれば、結果として、男性ばかりが総合職になっているとしても、そのことから直ちに雇用均等法違反の問題が生ずるものではありません。

59 退職金の受け取り

夫が、駆け落ちして連絡がとれません。会社も無断欠勤が続いています。夫の勤めていた会社では、就業規則に従って解雇し、退職金の一部を支払うといっています。夫の代理人として私がこの退職金を受け取って、生活費や夫名義のローンの支払いに充当してかまいませんか。

 あなたが夫の代理人として退職金を受け取ることは、労働基準法24条の賃金の直接払いの原則に違反しますので、退職金をあなたが直接受け取ることはできません。しかし、裁判所に夫の「不在者財産管理人」を選任してもらえれば、不在者財産管理人が退職金を受け取り、あなたから不在者財産管理人に生活費の支払いを求めることも可能です。

1 賃金の直接払いの原則

日常の家事に関する法律行為について、夫婦は互いに他方を代理する権限を有しています（民法761条）。しかし、退職金は、労働基準法上の賃金とされ（注1）、賃金の直接払いの原則等（労基法24条）が適用されますので、労働者本人しか受け取ることができません。代理人としてであっても、妻が夫の退職金を受け取ることはできません。

もっとも、代理人でなく、使者に対する支払いは労働基準法に違反するものではないとされています（注2）。使者であれば、結局のところ本人の手足にすぎないものと解されるからです。代理か使者かの区別は実際上微妙ですが、社会通念上、本人自身に支払ったと同一の効果を生ずるか否か、当該使者とされた者と本人との関係、本人ではなく使者が受け取る理由（例えば労働者の病気欠勤中に妻が賃金を受領する）などによって判断されます。ご相談の事案では、本人が駆け落ちをして失踪中であり、あなたとは利害が一致していませんので、あなたが使者として退職金を受け取るのは無理があると解されます。

2 「退職金」の受け取り方法

なお、退職金も通貨払いが原則ですが（労基法24条）、労働者の同意があれ

ば口座振込みにすることができます。口座振込みがあれば、夫名義の口座の管理については、夫婦の日常家事代理権の範囲内であり、通帳・印鑑等をあなたが管理しているならば、金融機関から払戻しを受けることができます（ただし、退職金を口座振込みにすることについて、労働者の同意があるか否かが問題になる余地はあります。）。

　さらに、不在者財産管理人の選任を家庭裁判所に申し立て、管財人を選任してもらい、管財人が退職金を受け取ることが考えられます（民法25条）。またあなたが管財人に対して生活費を請求すれば、管財人は家庭裁判所から許可を得て（同法28条）、相当額の生活費を支払うことができます。

3　解雇手続の問題

　長期無断欠勤で懲戒解雇しようとする場合、解雇の意思表示が本人に到達しない限り効力は生じません。厳格に手続を踏むとすれば、会社は公示送達の手続をとる必要があります。

　しかし、実際には、公示送達の手続までとることは少なく、事実上、解雇の扱いにしたり、退職扱いにして終わることが多いようです。また、退職金の支払いについても、前述のような法的問題があるものの、家族から、「後日本人が出てきて苦情を申し出た場合は、当方において対処し、会社に迷惑はかけません」等という念書をとったり、万一、退職金を会社に返還させるような事態に備えて、保証人をつけさせたりして支払うということが多いようですので、交渉の余地はあると思われます。

　なお、財産分与と退職金の関係についてはQ16などを参照してください。

（注）　1　昭22.9.13発基第17号（次官通達）
　　　　　労働協約、就業規則、労働契約等によってあらかじめ支給条件が明確である場合の退職手当は労働基準法11条の賃金であり法24条2項の臨時の賃金等にあたる。
　　　　2　昭63.3.14基発第150号（基準局長名の通達）
　　　　　労働者の親権者その他の法定代理人に支払うこと、労働者の委任を受けた任意代理人に支払うことはいずれも24条違反となる。ただし、使者に対して賃金を支払うことは差し支えない。

60 死亡退職金の受給権者

　夫は、私と別居して他の女性と暮らしていましたが、離婚はまだ成立していませんでした。先般、夫が死亡しましたが、夫の勤め先から支給される死亡退職金について、同居の女性に遺贈する旨の遺言があります。この退職金は、誰が受給することになるのでしょうか。

　通常、会社の退職金規程には、退職金の受給権者の範囲、順位が定められています。受給権者は、退職金規程の定めで決まりますから、当該規程に、法律上の配偶者が受給権者である旨が定められていれば、ご相談のような遺言があったとしても、あなたが退職金の受給権者となります。

1　会社の退職金規程に受給権者の範囲、順位の定めがある場合

　死亡退職金について遺言のある場合に、その遺言の効力は、会社の退職金規程にいかなる定めがなされているかによって左右されます。

　通常は、退職金規程に受給権者の範囲、順位が定められていることが多いと思われます。この場合には、受給権者たる遺族は、相続人としてではなく、規程の定めにより直接、自己固有の権利として退職金受給権を取得するものとされ、この受給権は相続財産には属しません（注1）。ただし、その場合でも、死亡退職手当金は、みなし相続財産として相続税の課税対象になります（相続税法12条6号）。

　相続財産であれば、遺言によって遺贈などができますが、受給権者の固有の権利については、死亡した社員が、退職金について遺言で遺贈や分割方法の指定などをしていても、効力はありません。同居の女性に退職金を遺贈する旨の遺言があっても無効です。

2　会社の退職金規程に受給権者の範囲、順位の定めがない場合

　退職金規程において、受給権者の範囲、順位に関する特段の定めがない場合には、この退職金は相続財産に属するものと解されます（注2、注3）。そこで、

原則として相続人がこれを受給しますが、相続財産については、遺言でこれを相続人以外の者に遺贈することができますので、退職金を同居の女性に遺贈する旨の遺言がある場合には、この女性が退職金請求権を有することになります。

ただし、退職金以外にめぼしい財産がなく、退職金を同居の女性に遺贈する旨の遺言により相続人の遺留分が侵害されている場合には遺留分減殺請求をすることが可能です。

3 重婚的内縁関係の場合

なお、退職金規程の定め方如何では、誰が受給権者なのかその解釈が問題となる余地があります。例えば、受給権者について「配偶者（内縁の者も含む）」などの定めがある場合において、法律上の配偶者と、内縁の妻がいる重婚的内縁関係がある場合には、規定上どちらが死亡退職金の受給権者なのかが問題となります。このような場合、現に法律上の配偶者があり、この者との間に離婚の合意がない以上、法律上の配偶者が受給権者であるとするのが原則です。ただし、県の職員の死亡退職手当の支給について、法律上の婚姻関係が形骸化しているのに対し、婚姻をする意思の下に20数年の長期にわたり夫婦としての社会的実態を有している重婚的内縁関係にある者は、条例に定める「配偶者」に該当するとされた裁判例もあり（注4）、判断の分かれるところです。

死亡退職金は賃金の後払いという性格も有していますが、死亡退職金制度は、その性格よりも、当該従業員の収入で生計を維持していた者の保護を重視した制度と考えられていますので、受給権者を決める際にも、その実態が尊重される傾向にあり、労災保険の遺族補償給付（Q61）や遺族年金（Q79）の受給者についての判断が参考になります。

(注) 1　最判昭55.11.27民集34巻6号815頁
　　 2　昭和25.7.7基収第1786号
　　 3　東京地判平17.4.27判タ1191号254頁
　　 4　東京高判昭56.8.31労民32巻3・4号576頁

61 労災保険給付の受給権者

夫とは長年別居していますが、正式な離婚はしていません。夫はほかの女性と暮らしており、私との間には子どもがないのですが、その女性との間には子どももあります。このたび、夫が業務上の災害で死亡しましたが、労災保険給付は誰が受け取ることになるのでしょうか。

 遺族補償給付の受給権者は、原則として法律上の配偶者ですが、婚姻関係が形骸化し事実上離婚状態にあった場合や、法律上の妻の生活が夫の収入によって維持されているという事情がない場合には、内縁関係にある女性が受給権者となる場合もあります。

1 給付の種類と受給資格者

労働者が業務災害によって死亡した場合、労災保険給付として遺族補償給付と、葬祭料が支給されます（労災保険法16条、17条）。また、負傷や発病から死亡まで相当期間が存する場合には、その間の療養補償給付や、休業補償給付も支給されます（同法13条、14条）。遺族補償給付の受給資格者は法律で定められています（同法16条の2乃至16条の9）。

遺族補償給付は年金で支給されるのが原則です。遺族補償年金の受給資格者は、労働者の死亡当時その収入によって生計を維持していた配偶者（内縁の者も含む）、子、父母、孫、祖父母及び兄弟姉妹です。ただし、妻以外の遺族については、夫、父母、祖父母は労働者の死亡当時60歳以上であること、子、孫は18歳未満であること、兄弟姉妹は60歳以上又は18歳未満であること、又は一定の障害の状態にあることが要件です。順位は、配偶者、子、父母、孫、祖父母、兄弟姉妹の順となります。

なお、労働者の死亡時、上記の遺族補償年金の受給資格者が1人もいない場合には、給付基礎日額の1000日分の遺族補償一時金が支給されます（労基法79条、労災保険法16条の6）。この一時金の受給権者は、遺族補償年金の受給資格のない配偶者（内縁の者も含む）、子、父母、孫、祖父母、兄弟姉妹です。

2 重婚的内縁関係の場合

　配偶者には、上記のとおり、内縁の者も含まれます。ただし、法律上の配偶者と内縁の者とがいる重婚的内縁関係の場合には、受給権者たる配偶者は原則として婚姻の届出をした者を意味するとされます（注1）。もっとも、法律上の配偶者も、事実上の離婚状態にある場合には、もはや労災保険法16条の2乃至16条の9にいう配偶者に当たらず、重婚的内縁関係にある者が「婚姻の届出をしていないが、事実上婚姻関係と同様の事情にあった者」として受給権者に該当し得るとした裁判例があります（注2）。事実上の離婚状態の判断にあたり、婚姻関係を解消することについての合意は必ずしも要件とはならず、別居に至る経緯、別居期間、婚姻関係を維持する意思の有無、婚姻関係を修復するための努力の有無、経済的依存関係の有無・程度、別居後の音信、訪問の有無・頻度等を総合考慮すべきであるとされました。また、遺族補償給付の受給者は、死亡した労働者の収入によって「生計を維持していた」ことを要しますが、その収入によって生計の一部を維持されていれば足りると解されています。

3 設問の場合

　ご質問の場合、長年別居していても、夫が法律上の妻に対し、婚姻費用を支払っているという事情があれば、生計の一部又は全部を夫の収入で維持していた配偶者として、法律上の妻が遺族補償給付の受給資格者となると考えられます。しかし、そのような事情がなく、法律上の婚姻関係が形骸化し、事実上の離婚状態の場合には、夫と同居している女性が遺族補償給付を受給します。

　なお、子は第二順位の受給資格者ですので、内縁の女性が死亡した場合など、受給資格を失ったときは、その子が受給資格を得ます。子には労働者の死亡当時胎児であった者も含まれ、出生のとき以降、受給資格者となります。婚外子については、認知されれば、法的に親子関係が生じますので、受給資格を得ることができます（注3）。認知については父の死亡後も死後認知が可能です。

（注）　1　昭23.5.14基収第1642号
　　　　2　東京地判平10.5.27労判739号65頁
　　　　3　昭25.8.8基収第2149号

Q 62 育児休業

妻が子どもを置いて家出したためとても困っています。男性も育児休業を取得できると聞いたことがありますが、どのような場合に育児休業を取得することができるのでしょうか。

労働者は、男女にかかわらず子どもが原則として1歳（保育園に入所できないなど、一定の要件がある場合には1歳6か月）になるまでの間、育児休業を取得することができます。

1 育児休業を取得できる労働者の範囲

育児休業は、男女にかかわらず取得することができます。ただし、育児・介護休業法は、育児休業を取得できる者について一定の制限を設けていますので、それらの条件を満たすことが必要です。

まず、日々雇用される者は除かれます（同法2条1号）。また、期間の定めのある雇用契約の場合には、①同一の事業主に引き続き雇用された期間が1年以上あり、かつ、②子が1歳に達する日を超えて雇用が継続することが見込まれる場合で、③子が1歳に達する日から1年を経過する日までに契約期間が満了し、更新されないことが申出時点において明らかでない場合に限られます（同法5条1項）。さらに事業者は、労使協定があることを条件に、①勤続1年未満の者、②その他労働省令に定める場合（1年以内に雇用関係が終了する労働者、週の所定労働日数が2日以下の労働者など）について、育児休業の取得を拒むことができます（同法6条1項但書）。

2 要　件

(1) 取得期間

育児休業が取得できるのは原則1歳までですが、次のいずれかの事情がある場合には、1歳6か月まで育児休業が取得できます（育児・介護休業法5条3項）。ただし、1歳になる時点で当該労働者若しくは配偶者が育児休業を取得していることが必要です（同法施行規則4条の2）。

① 保育所に入所を希望しているが、入所できない場合
② 子の養育を行っている配偶者であって、1歳以降子を養育する予定であったものが、死亡、負傷、疾病、別居等の事情により子を養育することが困難になった場合

(2) **申出の時期**

育児休業を取得しようとする場合は、原則として1か月前までに申出をすることを要します（1歳から1歳6か月までの間の休業の場合は2週間前まで）。ある日突然、労働者から育児休業の申出があっても、企業は代替要員の確保等の対応ができないので、申出の日から1か月に満たない日を休業開始予定日として申し出ている場合には、事業主が申出から1か月の範囲内で、開始予定日を繰り下げて指定することができます（育児・介護休業法6条3項）。

ただし、早産や、配偶者の死亡や病気、配偶者が子と同居しなくなったことなど無理からぬ事情がある場合は（同法施行規則9条）、この期間は1週間まで短縮されます。ご相談の事案は、配偶者が同居しなくなった場合に該当しますから、申出から遅くとも1週間後には休業をすることができます。

(3) **育児休業給付**

育児・介護休業法上、休業期間中の給与支払いは義務付けられておらず、無給とする企業も多くみられます。ただし、一定の要件を満たす者については、育児休業を開始してから180日目までは、従前の給与平均月額の67％相当額の育児休業給付が支給されます（雇用保険法61条の4、61条の5）。

3 父親の育児休業の取得を促進する制度

近年、父親の育児休業の取得を促進するための制度が新設されています。

例えば、育児休業の取得は1人の子につき1回が原則ですが、出産後8週間以内の期間内に父親が育児休業を取得した場合はもう1回育児休業を取得することができます（育児・介護休業法5条2項、平成22年法改正）。

また、両親とも育児休業を取得するときは、取得期間が1歳2か月まで延長されます（「パパ・ママ育休プラス」同法9条の2）。

また、事業者には、3歳までの子を養育する労働者について、短時間勤務制度（1日6時間）を設ける義務があります。休業ではなく、働く時間の短縮を希望する場合には、こうした制度を利用することも可能です。

63 離婚と職場でのハラスメント

私は夫と離婚しましたが、職場の男性たちが、夫との離婚についてあれこれ詮索したり、私の浮気が原因であるなどとあることないことうわさして嫌がらせをするので困っています。会社に相談しても個人間の問題だといって取り上げてくれません。このような問題について会社が責任を負うことはないのですか。

雇用均等法21条は、セクハラに対する事業主の配慮義務を定めています。会社の対応が不適切な場合には、道義的責任のみならず行政指導の対象となり、また、損害賠償など法的責任が問題となる場合もあります。

1　セクハラの概念とセクハラへの対応

雇用均等法にいうセクハラの定義や配慮義務の内容については、雇用均等法の指針が定められています。指針では、同法21条におけるセクハラの概念は、性的な言動に対する対応により女性労働者が労働条件上不利益を受ける「対価型」と性的な言動により女性労働者の就業環境が害される「環境型」の両方を含むとしており、嫌がらせとして性的なうわさを流すことは、環境型のセクハラの例とされています。また、配慮義務の内容としては、①セクハラを許さないという事業主の方針の明確化及びその周知・啓発、②相談・苦情への対応、③事後の迅速かつ適切な対応が定められています。

そこで、セクハラを受けた場合には、まず会社に雇用均等法に定める配慮を求めてください。会社が対応してくれない場合は、労働局の雇用均等室に相談し、行政指導を求めることが考えられます。

2　会社の法的責任

加害者である行為者は、セクハラ行為について、不法行為として法的責任を負うことになりますが、行為者のみならず、会社の法的責任も問題となることがあります。

会社が責任を負う根拠としては、①社員の不法行為（セクハラ）について民法715条による使用者責任として損害賠償責任を負うとするもの、②企業にセクハラ防止等について、労働契約上の配慮義務違反があるとして損害賠償責任を負うとするものの二つがあります。①の使用者責任（同法715条）は、従業員が「事業の執行につき」他人に損害を与えた場合に、使用者にその損害を賠償する責任を負わせるものですが、本来の職務の執行について損害を与えた場合ばかりでなく、その行為の外形からみて、職務の範囲内に含まれると認められる行為については、企業が責任を負うとされており、結局、職務と関連性のある行為についても、企業が責任を負う結果となっています。

　②の構成による裁判例もありますが、セクハラに関する裁判例の多数は①の使用者責任の構成によっています。例えば、福岡セクシャル・ハラスメント事件（注）では、編集長が、社内外の関係者に対して、部下の女性社員の異性交遊関係が派手である等のうわさを流したり、本人に対しても異性関係を揶揄するような発言をした行為について、当該編集長が不法行為による損害賠償、会社が使用者責任により損害賠償を命じられています。

3　設問の場合

　ご質問の事案でも、職場内のうわさであれば、職務の執行について行われたものとして会社が使用者責任を負うことになります。また、そのうわさによる職場環境の悪化が深刻であるのに、会社があえて放置していたり、あなたにばかり我慢を強いるなど、その解決にあたって不公平があるような場合には、会社の対応には問題があるといわざるを得ません。会社がいたずらに個人のプライバシーに踏み込むべきではありませんが、個人的な問題でうわさされ、職場にいづらい思いをしているような場合には、会社も積極的に職場環境の調整に努力すべきです。

　なお、同性によるうわさに悩まされている例もあるでしょうが、その場合にも、名誉棄損として問題とすることができると考えます。また、使用者に、職場環境の調整に配慮する義務があるという理論は、女性同士のうわさで職場環境が悪化している場合にも適用されるべきものであり、当然、会社にはしかるべき対応が求められます。

（注）　福岡地判平4.4.16判時1426号49頁

第9章 税　　金

64 離婚と税金一般

私は夫との離婚を考えています。離婚に際し、夫から慰謝料、養育費の支払い、財産分与を受けた場合、私や夫に税金がかかるでしょうか。

 慰謝料、養育費、財産分与いずれの場合にも、金銭の給付については、原則として当事者双方に税金はかかりません。一方、不動産や株式等、金銭以外の資産の移転については、受け取った人には原則として課税されませんが、譲渡（分与）した人には、所得が生じれば譲渡所得税が課税されます。

1 離婚給付と税金

離婚給付との関係で問題になる税金は、譲渡所得税と贈与税です。譲渡所得税は、資産を譲渡したことによって所得（値上がりによる増加益）が生じた場合に、譲渡した人に課税されます。一方、贈与税は、贈与により無償で財産を取得した場合に、財産を取得した人に課税されます。

離婚給付には、慰謝料、財産分与、養育費があります。このうち、慰謝料と養育費は、多くの場合、金銭で給付されます。一方、財産分与については、預貯金等の金銭で給付される場合と、不動産、株式等の金銭以外の資産が譲渡される場合とがあります。

どんな税金が誰にかかるかは、給付内容によって異なります。

2 資産や金銭を受け取った人の課税関係

離婚に際し支払われる慰謝料、財産分与、養育費等の給付は、いずれについても、社会的に見て妥当なものである限り贈与とはならず税金はかかりません。しかし、その根拠についてはそれぞれ異なります（所得税法9条1項17号）。

まず、慰謝料は損害賠償であり贈与ではありません。損害賠償は、相当なものである限り非課税所得とされています（同17号）。

養育費の負担は、未成年の子に対する親の扶養義務の履行です。民法上の扶養義務者相互間で教育費や生活費にあてるために贈与があった場合、通常必要

と認められる範囲内のものであれば、贈与税は課税されません（相続税法21条の3第1項2号）。ただし、養育費について将来分まで一括して支払いを受ける場合は贈与税が課税されることがあります。この点はQ72を参照してください。

　財産分与は、婚姻中に夫婦の協力によって得た財産の清算（精算的財産分与）と離婚後の扶養を図ること（扶養的財産分与）を目的とする制度です（Q16参照）。したがって、財産分与は、財産分与義務の履行であって贈与ではありません（相基通9-8「婚姻の取消し又は離婚による財産の分与によって取得した財産については、贈与により取得した財産とはならない」）。金銭だけでなく不動産等の金銭以外の資産を分与する場合も同様です。

　財産分与には、慰謝料や扶養料、解決金的要素等が含まれる場合もあり、授受の際、必ずしも明確に区分されていない場合もあります。このうち、慰謝料は前述のように損害賠償であり、扶養料は経済的弱者に対する離婚後の生活支援であって財産分与の目的の一つと考えられているものです。また解決金的要素を含む場合も、その額が過当でない限りは贈与とはならないと考えられます。

　ただし、財産分与として取得した財産の額が、婚姻中の夫婦の協力によって得た財産の額その他一切の事情を考慮してもなお過当とみられる場合は、過当な部分は贈与税の対象になります。この点はQ68を参照してください。

　また、不動産の分与を受けた場合には、別途、不動産取得税、所有権移転登記の際の登録免許税がかかります。

3　資産を分与した人の課税関係

　金銭の授受ではなく、不動産や株式等、金銭以外の資産につき財産分与がなされた場合は譲渡所得課税の対象とされ、分与者の側に譲渡所得（値上がりによる増加益）が生じれば課税されます。したがって、税金がかかるかどうか、税額はいくらになるか留意する必要があります。譲渡する資産が不動産かそれ以外の資産かによって、課税方法や税率が異なります。これらの点についてはQ65、66を参照してください。

65 財産分与と譲渡所得課税

　私は夫と離婚することになり、夫から財産分与として夫名義の不動産をもらうことになりました。この場合、夫に税金がかかることがあると聞きましたが本当でしょうか。代金の授受もないのになぜ夫に税金がかかるのでしょうか。税金がかかることを知らずに財産分与をしてしまった場合はどうなるのでしょうか。
　また、私のパート収入もローンの支払いにあてたことがあるのですが、私には具体的な共有持分は認められないのでしょうか。

　離婚に際し、財産分与として不動産等、金銭以外の資産を移転する場合は、譲渡所得の課税対象となるというのが実務及び判例です。
　税金がかかることを知らずに財産分与をしてしまった場合、税金を負担しないことを合意の動機として表示していれば、財産分与が無効とされる可能性があります。
　また、夫名義の不動産に対し、妻に具体的な共有持分が認められるのは、双方の収入等からみて、協力して返済を行ってきたと考えられる場合に限られます。

1　財産分与と譲渡所得課税

　財産分与として金銭以外の資産（不動産、株式、ゴルフ会員権等）を移転する場合は、譲渡所得の課税対象となります。所得税基本通達33－1の4は、「民法768条の規定による財産の分与として資産の移転があった場合には、その分与をした者は、その分与をした時において、その時の価額により当該資産を譲渡したこととなる」と規定し、同通達38－6も、分与財産の取得費について、「民法768条の規定による財産の分与により取得した財産は、その取得した時の価額により取得したこととなる」と規定しています。

2　課税の根拠

　判例も一貫して財産分与として金銭以外の資産を移転する場合は、譲渡所得課税の対象となることを肯定し、その根拠として、「譲渡所得に対する課税は、

資産の値上がりによりその資産の所有者に帰属する増加益を所得として、その資産が所有者の支配を離れて他に移転するのを機会に、これを清算して課税する趣旨のものであるから、その課税所得たる譲渡所得の発生には、必ずしも当該資産の譲渡が有償であることを要しない」としたうえで、「財産分与として不動産等の資産を譲渡した場合、分与者は、これによって、分与義務の消滅という経済的利益を享受したものというべきである」と判示しています（最判昭50.5.27民集29巻5号641頁）。

しかし、離婚に伴う財産分与の場合には、実際に代金の授受もなく、譲渡所得課税の対象とすることについては、一般の感情論としては理解し難いところがあります。実際上も、財産分与に伴う納税資金が用意できないことが離婚成立の障害になっている事例も多くみられます。

学識者の中にも、「分与を受けた者がその資産を将来売却等の処分をする際に、分与者の取得価額と取得時期の引き継ぎをすることにして、その時点で課税すれば足りる」とする批判が多く、日弁連も平成7年に、「財産分与が実質的共有財産の清算に主たる目的をおいていることからみても、このような課税は不当であるので、早急に所得税法等を改正すべきである」との意見書を出しています。しかし、いずれも判例や税務当局の課税実務に影響を与えるまでには至っていません。

3　課税の不知と要素の錯誤

譲渡所得税が課税されることを知らずに財産分与の合意をした場合、要素の錯誤を理由として合意が無効となるかどうかが問題となります。判例では、譲渡所得税を負担しないことを合意の動機として表示したか否かによって判断が分かれています。

すなわち、譲渡所得税が課税されることを知らずに財産分与の合意をしたことが明らかで、もし知っていれば同様の合意をしなかったであろうことが予想される場合であっても、譲渡所得税を負担しないことを合意の動機として表示しない限り、要素の錯誤があったとはいえず、財産分与は有効であるとする裁判例（東京高判昭60.9.18判時1167号33頁）がある一方で、「合意の動機が黙示的にせよ表示された」と認定し、要素の錯誤を理由に財産分与の合意を無効とした裁判例もあります（東京高判平3.3.14判時1387号62頁）。

後者では、妻に贈与税が課されることを気遣う発言を、自分には課税される

ことがないことを合意の動機として黙示的に表示したものと判断していますが、夫に高額な譲渡所得税を支払う能力が全くなかったという事情も判断の要素となっていると考えられます。また、この判決では、財産分与の合意だけでなく、慰謝料を放棄する旨の合意も財産分与を前提とするとして無効とする一方、離婚自体は有効としたうえで、錯誤無効が確定した後にあらためて財産分与の協議を行うことは、2年の除斥期間の定めによって妨げられないとしている点も注目されます。

4 具体的な共有持分が認められる場合

　夫名義の不動産の財産分与について、元々妻に不動産に対する具体的な共有持分があるか否か争われた裁判等では、判断が分かれています。

　すなわち、妻の具体的な共有持分を否定する判例（最判平7.1.24税資208号3頁—専業主婦について）、国税不服審判所裁決（昭60.11.26—自営業の経理事務手伝い）がある一方で、購入資金を夫婦が連帯で借り入れていたこと、夫婦がいずれも市の教職員でありその給与収入がほぼ同等であったことを認定したうえで、本件の分筆土地は夫婦の共有に属する土地を離婚を機会に分割して清算した（共有物の分割）と見るのが相当であり、財産分与と見ることはできないから譲渡所得は発生しないとした国税不服審判所裁決（平6.3.30裁決事例No.47）があります。

　これらの事例から、妻に具体的な共有持分が認められるのは例外的な場合であって、夫婦の収入がほぼ等しく、妻も連帯保証人となっている場合など、双方の収入から協力して返済を行ってきたと考えられる場合に限られます。したがって、パート収入をローンの支払いにあてたことがあるという程度では、具体的な共有持分は認められないと考えられます。

66 税額計算

私は夫と離婚することになり、夫から財産分与として不動産をもらうことになりました。その場合、夫にはどのくらいの税金がかかるのでしょうか。その不動産が自宅である場合と自宅以外の不動産の場合とで税金は異なるでしょうか。

不動産を分与した場合、不動産の値上がりによる増加益（譲渡所得）に対し、所有期間が5年超の場合は所得税15.315％、地方税5％、5年以下の場合は所得税30.63％、地方税9％の税金がかかります。ただし、その不動産が自宅（居住用財産）の場合には、3000万円の特別控除があります。また所有期間が10年超の居住用財産については、さらに税率も軽減されます。

1 念頭におきたい譲渡所得税

個人が資産の譲渡によって得た利益（譲渡所得）には所得税が課されます。資産が取得時より値下がりした場合には所得は生じませんので税金はかかりません。離婚に際し、財産分与として資産が移転される場合にも譲渡所得課税の対象となることはQ65を参照してください。

特に古くから所有している不動産で購入価格（取得費）が低い場合には、税額も大きくなる場合があります。そのため、不動産の財産分与については、あらかじめ税負担を念頭において話し合いをすることが重要です。

2 不動産の譲渡所得の課税方法

不動産の譲渡所得については、他の所得と分離して税額を計算することになっています（分離課税）。なお、それ以外の資産（株式、ゴルフ会員権等）の譲渡の場合は他の所得（給与所得や事業所得等）と総合し、一般の累進税率によって計算されます（総合課税）。

不動産の譲渡所得は、譲渡した年の1月1日において所有期間が5年を超えるか超えないかで税率が異なります。所有期間が5年を超える長期譲渡所得の

場合は、所得税15％（復興税加算後15.315％）、住民税5％です。所有期間が5年を超えない短期譲渡所得の場合は、所得税30％（復興税加算後30.63％）、住民税9％です。平成25年から平成49年までは、全ての所得に基準所得税額の2.1％の復興特別所得税額が加算されます。

譲渡所得の計算は、短期長期とも共通で、譲渡収入の金額から必要経費（取得費＋譲渡費用）を差し引いた金額です。

財産分与の場合、譲渡収入の金額とは分与財産の時価です（所基通33-1の4）。取得費は、原則として資産の取得価格に設備費・改良費を加え減価償却費相当額を差し引いた額ですが、実際の取得価格がわからないときや実際の取得費よりも譲渡価格の5％の方が金額が大きいときは、譲渡価格の5％が取得費となります。

また、資産の評価方法、減価償却費の計算方法、譲渡費用、所得控除の可否等の詳細は、税務署や税理士等の専門家に相談してください。

3　居住用財産の場合

(1)　居住用財産の譲渡所得の特別控除及び居住用財産の長期譲渡所得の軽減税率の特例

財産分与として居住用財産（分与者が現に居住の用に供している家屋やその家屋とともに敷地）を譲渡した場合（居住の用に供さなくなった日から3年を経過する日の属する年の12月31日までの間の譲渡を含む）は、3000万円の特別控除が受けられます（居住用財産の譲渡所得の特別控除、措置法35条）。簡単にいうと、居住用財産であれば、3000万円以上値上がりしていなければ税金はかからないということです。

さらに、譲渡した年の1月1日において所有期間が10年を超える居住用財産を譲渡した場合には、3000万円控除後の譲渡益に対する課税についても税率が軽減されます（居住用財産の長期譲渡所得の軽減税率の特例、措置法31条の3）。

(2)　居住の用に供している家屋とは

居住の用に供している家屋とは、その人の生活の拠点として利用している家屋であり、その人の日常生活の状況等、諸般の事情を考慮して判断されます（所得税関係措置法通達31の3-2、35-5）。

夫婦が別居し、その家屋に所有者が居住していない場合であっても、①所有

者が従来居住の用に供していた、②所有者と生計を一にする親族が居住の用に供している、③所有者が現に生活の拠点として利用している家屋がその所有者の家屋でないこと等の要件を満たせば、特例を受けることができます（同通達31の3-6、35-5）。

(3) **特例が認められない場合**

　居住用財産の3000万円の特別控除や居住用財産の長期譲渡所得の軽減税率の特例は、前年又は前々年にこれらの特例や居住用財産の売却にかかわるその他の特例を受けている場合には認められません。

　また、居住用財産の3000万円の特別控除と居住用財産の長期譲渡所得の軽減税率の特例とは併用できますが、これらの特例とそれ以外の特例（買換えの特例等）との重複適用は認められません。特例を受けられるか否かの判断は、専門家に相談することをお勧めします。

　また、居住用財産の3000万円の特別控除や居住用財産の長期譲渡所得の軽減税率の特例は、配偶者、直系血族、生計を一にする親族等、特別な関係にある者（措置法施行令20条の3第1項各号、23条）との売買には適用されませんので、離婚に先行して財産分与だけをしてしまうと、特例の適用を受けられないおそれがありますので注意が必要です（措置法31条の3、35条）。

67 譲渡損失と債務引受けの課税関係

　私は離婚に伴う財産分与として夫名義の自宅マンションの分与を希望しています。このマンションは10年前に7000万円で購入しましたが、現在は半分以下の3000万円程度に値下がりしてしまいました。また、住宅ローンが4000万円も残っています。私はローンの残債務を引き受けてでもこのマンションの分与を受けたいと考えているのですが、この場合の法律関係及び課税関係はどのようになりますか。

　　分与者である夫は、3000万円で不動産を譲渡したことになり、譲渡損が4000万円発生することになります。譲渡損の内、オーバーローンとなっている1000万円については、他の所得と損益通算できることになります。夫がサラリーマンであれば、確定申告をすることにより、税金が還付されます。

1　譲渡損が発生した場合の課税関係

　財産分与により譲渡益が発生した場合、分与者に譲渡所得税が課されることは、Q65で説明したとおりですが、最近は、不動産の時価が購入時より値下がりしてしまい、中には不動産の時価より住宅ローンの残債の方が多いオーバーローンの状態になっている物件も多く見受けられます。

　このように、値下がりした物件を分与した場合には、譲渡所得は赤字になります。これを譲渡損といいます。

　平成16年度の税制改正により、土地、建物等の譲渡損失について、それまで認められていた、土地、建物等の譲渡所得以外の所得との損益通算及び繰越控除が認められなくなりました。すなわち、譲渡損が生じても譲渡所得はゼロとなり、課税されないだけで、譲渡損失を他の所得から差し引くことはできません。しかし、同年度の税制改正では、別途、居住用財産の譲渡損についてのみ、オーバーローンの状態になっている物件に限って、一定の要件の下に、損益通算及び繰越控除を認める規定が設けられました（措置法41条の5の2）。

　したがって、設問の場合にも、この要件に該当すれば、損益通算及び繰越控

除が認められることになります。

2　居住用財産の特例

　居住用財産の譲渡損についての損益通算及び繰越控除の特例の概要は以下のとおりです。平成27年12月24日に閣議決定された平成28年度税制改正大綱に同特例の2年延長が盛り込まれましたので、再度延長されることは確実ですが、以下では、同日現在の法令に基づいて説明します。

① 平成27年12月31日までの譲渡であること
② 居住用財産（Q66参照）で、売却の年の1月1日における所有期間が5年を超える不動産の譲渡であること
③ 譲渡資産に係る、返済期間を10年以上として定めた住宅借入金等（住宅ローン）の残高があること
④ 住宅借入金等（住宅ローン）の合計金額から譲渡の対価（時価）を控除した残額を限度とする

　設問では、所有期間が10年ですのでこの特例の適用を受けることができます。そして、夫にとっては、3000万円が譲渡収入となり、4000万円が譲渡損になります。そのうち、住宅ローンの残額4000万円と時価3000万円の差額の1000万円について、他の所得と損益通算できることになります。もし、夫がサラリーマンであれば、確定申告をすることにより、税金が還付されます。さらに、控除しきれなかった損失については、翌年以後3年内の所得から繰り越して控除することもできます。

3　債務引受けの法律関係

　財産分与をしようとする不動産にローンが残っている場合、分与を受ける者がローンの残債務を引き受けることを条件に財産分与として不動産が移転されることがあります。

　あなたの場合、4000万円のローンの残債務をあなたが引き受けることにより、夫は4000万円の債務が消滅し、同額の経済的利益を得たことになります。一方、あなたは、分与不動産の時価以上の債務を負担することになります。しかし、財産分与は、本来、資産の額から債務の額を差し引いた残額が対象となるとされています。オーバーローンの不動産の分与を希望する以上、それと同額の債務を引き受けることには一定の合理性が認められますが、不動産の時価

を上回る部分の債務まであなたが引き受ける理由はありません。ですから、ほかにも夫名義の財産があって、そこからさらに分与を受けるなどして調整できるのであれば格別、自宅の分与にこだわりすぎて、不利な合意をしないよう、よく考えて決めることが大切です。

　また、債務の引受けについては、金融機関等債権者の承諾が必要です。分与された不動産に担保価値があっても、あなたの収入（返済能力）次第では、金融機関は債務の引受けを承諾しないことがあります。担保価値が不足しているオーバーローンの場合はなおさらです。金融機関が債務の引受けを承諾しない場合は、契約上の債務者は夫のままで、あなたと夫の間で内部的に負担者を決め、離婚後はあなたが返済するという方法も考えられます。

　また、あなたが債務を引き受けずに不動産の財産分与を受けた場合でも、不動産に抵当権がついている場合には、その抵当権は分与後もそのまま残り、あなたは物上保証人となります。もし、夫が住宅ローンの支払いを怠った場合には、不動産が競売に付されてしまうこともあります。

　なお、債務を引き受けずに抵当権付きの不動産の分与を受ける場合でも、金融機関の承諾が必要な場合が多いので注意してください（Q17参照）。

68 財産分与と贈与税

　結婚して28年になり、子どもたちも独立しました。夫は離婚を希望し、離婚に応じるなら自宅、株式、預金等、全財産を分与すると言っています。夫の財産は、そのほとんどが夫の両親から相続したもので、総額2億円は下らないと思われます。この場合に、私には贈与税がかかるでしょうか。

　財産分与については、原則として贈与税は課税されませんが、分与される財産が、一切の事情を考慮してもあまりに多額の場合には、贈与と認定され、課税される場合もあります。

1　財産分与に贈与税が課される場合

　離婚による財産分与によって取得した財産（民法768条、771条、749条）については、原則としては、贈与により取得した財産とはならず、贈与税は課されないものとされています。しかし、相続税法基本通達9-8では「婚姻の取消し又は離婚による財産の分与によって取得した財産については、贈与により取得した財産とはならないのであるから留意する。ただし、その分与に係る財産の額が婚姻中の夫婦の協力によって得た財産の額その他一切の事情を考慮してもなお過当であると認められる場合における当該過当である部分又は離婚を手段として贈与税若しくは相続税のほ脱を図ると認められる場合における当該離婚により取得した財産の価額は、贈与によって取得した財産となるのであるから留意する」と規定しています。

2　過当であるかどうかの判断

　上記の通達によれば、分与された財産が婚姻中の夫婦の協力によって得た財産の額に比較し、あまりに多額である場合、例えば、婚姻中夫婦の協力により増加した財産がわずかであるのに、多額の財産分与がなされ、そのほとんどが夫が相続により取得した財産であった場合、また財産分与中に慰謝料、扶養料等の要素が含まれるとしても一般常識から見て過大な財産分与である場合に

は、過当であると認められる部分については贈与と認定され、贈与税が課されることになります。

　あなたの場合、分与される財産のほとんどが夫が相続により取得した財産であって、しかも夫の全財産とのことですので、過当と判断される可能性は否定できません。しかし、一方で、上記通達は、一切の事情を考慮するとしています。したがって、離婚原因の有無や離婚後の双方の経済状況などを考慮してもなお、過当であるかどうかが問題となります。もし、28年連れ添った末に、一方的に離婚を求められたとすれば、相当の慰謝料請求が認められるべきであり、また、仮にあなたが結婚以来専業主婦であり、今後も就業に困難が伴うことが予想されるような場合には、扶養料の支払い（扶養的財産分与）も受けてしかるべき事案だと考えられます。したがって、その他の事情（例えば夫の収入、年金分割後の将来の年金額等）にもよりますが、一般常識から見て過当であるとまではいえない可能性も十分にあります。

　なお、離婚条件を定めた合意書を作成し、慰謝料及び扶養料の額を明記しておくことも一つの方法です。慰謝料として支払われる金銭は損害賠償であり贈与とはならず、損害賠償金は所得税法9条1項17号により相当なものである限り非課税所得とされています。しかし、慰謝料であっても、相当な範囲を超える過大な額の慰謝料については、やはり贈与と認定される余地があります。

3　贈与税の税額計算

　贈与税の税額は、基礎控除後の課税価格に税率を乗じて計算します。課税価格は相続税法に基づき、財産の種類に応じた評価方法により評価額を算出します。贈与の場合、基礎控除額は金110万円です。税率は累進税率とされており、具体的には、速算表を利用し、課税価格に速算表の税率を乗じて算出した金額から控除額を差し引くことによって贈与税額が算出されます。1000万円を超える場合は、税率が50％で、控除額が225万円です。

　したがって、例えば、1億円が過当であると認められた場合の贈与税は、（1億円－110万円）×50％－225万円＝4720万円になります。

4　譲渡所得税を念頭に置いて分与を受けるべきことについて

　財産分与による資産の移転については、分与者に譲渡所得税が課せられます。その点については、Q65、66を参照してください。

69 贈与税の配偶者控除

　私は夫とは結婚25年ですが、あまりうまくいっておらず、大学在学中の子が自立したら、離婚したいと考えています。私たちの自宅は夫名義です。夫は離婚を考えていないと思いますし、離婚に応じたとしても任意での財産分与は期待できません。今のうちにこの自宅の贈与を受けておきたいと思うのですが、税金を支払わなければいけませんか。

　夫から自宅の贈与を受けた場合は、以下に説明する配偶者控除の特例の要件を満たせば、課税価格2110万円までは税金がかかりません。将来離婚を考える場合、自宅の贈与を受けておけば、離婚の際の話し合いが有利に進められることになるでしょう。

1　夫婦間で居住用の不動産を贈与したときの配偶者控除の特例

　民法は、「婚姻中自己の名で得た財産は、その特有財産とする」と定め、夫婦別産制をとっています（同法762条）。しかし、婚姻中の財産形成は、名義にかかわらず夫婦の協力によるものです。特に居住用の不動産については他方配偶者の居住の安定を図ることも必要です。

　このような趣旨から、居住用不動産等の贈与税について、配偶者控除の特例制度が設けられています（相続税法21条の6、相続税法施行令4条の6、相基通21条の6関係の部分）。婚姻期間が20年以上の夫婦間で居住用の不動産又は居住用不動産を取得するための金銭の贈与があった場合、贈与税については、基礎控除110万円のほかに最高2000万円まで課税価格から控除（配偶者控除）が受けられます。

2　特例を受けるための適用要件

　配偶者控除の要件は、①贈与の時点で婚姻期間が満20年以上であること（1年未満の端数は切捨て）、②贈与財産が、自分が住むための国内の居住用不動産であること、又は居住用不動産を取得するための金銭であること、③贈与を受けた年の翌年3月15日までに、当該不動産又は贈与を受けた金銭で取得し

た国内の居住用不動産に、贈与を受けた者が現実に住んでおり、その後も引き続き住む見込みであること、です。

婚姻期間は婚姻の届出日から贈与日までの期間を計算します。同居していても、婚姻の戸籍の届出がなされていない期間は、婚姻期間に含まれません。

同一の配偶者からの贈与については、1回に限り配偶者控除が認められます。ただし、再婚の場合には、前配偶者から贈与を受け配偶者控除の適用があった場合でも、再婚相手から再度贈与を受けた場合は、その適用が受けられます。

3　贈与税の計算

課税価格は、贈与税の場合、相続税の評価基準と同じです。したがって、建物については固定資産税評価額、土地については路線価（路線価設定地域外においては固定資産税評価額に対する一定倍率）によって算出します。

贈与税については年間110万円の基礎控除が認められていますので、要件を満たせば、配偶者控除と合わせ、合計2110万円までは税金がかかりません。これを超えると贈与を受けた側に贈与税が課税されることになります。自宅の評価額が2110万円を超え、税金を負担したくない場合は、2110万円相当の持分の贈与を受けることになります。

4　適用を受けるための手続

また、配偶者控除の適用を受けるためには、控除の結果、税金がかからなくなる場合であっても、翌年の3月15日までに贈与税の申告をすることが要件となります。その際の添付書類は、相続税法施行規則9条に定められています。

配偶者控除の適用を受けるためには、次の書類を添付して、贈与税の申告をすることが必要です。

① 贈与を受けた日から10日を経過した日以後の戸籍謄本又は抄本
② 贈与を受けた日から10日を経過した日以後の戸籍の附票の写し
③ 居住用不動産の登記事項証明書
④ 当該居住用不動産への居住開始日以後の住民票の写し（ただし、戸籍の附票の写しの住所が居住用不動産の所在場所である場合は不要）
⑤ 金銭ではなく居住用不動産の贈与を受けた場合は、その当該不動産を評価するための書類（固定資産評価証明書など）

Q70 配偶者控除・配偶者特別控除とその判定時期

私は夫と2月に離婚しました。夫はサラリーマンであり、私は専業主婦です。夫は、税制上の配偶者控除を受けていたと聞きます。配偶者控除とはどのような制度でしょうか。また、私は交際中の男性と10月頃再婚する予定です。その人もサラリーマンです。配偶者控除はどちらの所得から控除してもらえますか。私には子どもはおりません。

A　1　配偶者控除とは

配偶者控除とは、納税者に控除対象配偶者がいる場合、所得金額から一定の金額を差し引くことを認める税法上の制度です（所得税法83条）。

(1) 対象となる配偶者の要件

控除対象配偶者とは、その年の12月31日において、次の四つの要件のすべてに当てはまる人です。

① 民法の規定による配偶者であること。したがって、内縁関係にある配偶者は対象とはなりません（所得税法2条1項33号）。
② 納税者と生計を一にしていること
③ 年間の合計所得金額が38万円以下であること
④ 青色申告者の事業専従者としてその年を通じて一度も給与の支払いを受けていないこと又は白色申告者の事業専従者でないこと

(2) 配偶者の所得が給与所得だけの場合

その年の給与収入が103万円以下であれば、給与所得控除額65万円を差し引くと、合計所得金額が38万円以下となり、配偶者控除が受けられます。

(3) 控除額

配偶者控除の金額は、一般的には38万円ですが、老人控除対象配偶者は48万円です。老人控除対象配偶者とは、控除対象配偶者の内、その年の12月31日現在の年齢が70歳以上の者をいいます。

控除対象配偶者が所得税法上の障害者に当てはまる場合は、配偶者控除の他に障害者控除として（所得税法79条）、一般の障害者は27万円、特別障害者

は40万円、同居特別障害者の場合は75万円の控除が認められています。

2　配偶者特別控除

配偶者控除に当たらない場合でも、配偶者特別控除を受けられる場合があります（所得税法83条の2）。

(1) 対象となる配偶者の要件

配偶者特別控除を受けるための要件は、納税者の合計所得金額が1000万円以下であることと、配偶者が次の要件のすべてに当てはまる場合です。

① 配偶者控除の要件の①②④
② 年間の合計所得金額が38万円超76万円未満であること（給与のみの場合、給与年収が103万円超141万円未満に相当します。）
③ 他の人の扶養親族となっていないこと

(2) 控除額

配偶者特別控除は、配偶者の所得金額に応じて、3万円から38万円までの控除が受けられます。

3　控除を受けるための手続

給与所得者の場合、配偶者控除又は配偶者特別控除は年末調整で受けることができますので、「給与所得者の扶養控除等（異動）申告書」又は「給与所得者の保険料控除申告書兼給与所得者の配偶者特別控除申告書」を勤務先に提出してください。

4　判定時期

控除対象配偶者又は配偶者特別控除の対象配偶者に該当するかどうかの判定時期は、その年の12月31日の現況によります（所得税法85条3項）。12月31日時点において、あなたは再婚相手の配偶者ですので、再婚相手の配偶者として控除対象配偶者となります。

なお、再婚相手が、年の途中で配偶者に死別し、その年のうちに再婚した場合は、死亡した配偶者又は再婚した配偶者のうちどちらか1人だけを控除対象配偶者とすることができます。

71 扶養控除と寡婦控除

　私は夫と6月に離婚しました。子ども（17歳）は私が引き取り、私が親権者となりました。私も夫も働いていますが、これまでは夫が子どもの扶養控除を受けていました。夫から、子どもが大学を卒業するまで毎月5万円の養育費を支払うかわりに、子どもを夫の扶養親族のままにすると言われました。私としては、子どもを私の扶養親族にして、私の税金を少しでも安くしたいのですが、可能でしょうか。
　また、離婚したことによって、税金が少なくなる制度がほかにありますか。

　子どもが16歳以上ですので、あなたの扶養親族とすることで扶養控除が受けられます。また、あなたは寡婦として寡婦控除が受けられます。

1　扶養控除

　扶養控除とは、納税者に控除対象扶養親族があるときに、所得金額から一定の金額を差し引くことを認める税法上の制度です（所得税法84条）。

⑴　扶養控除の対象となる親族の要件

　扶養親族とは、配偶者以外の親族で、その納税者と生計を一にする者で、その所得金額が38万円以下の者をいいます（所得税法2条1項34号）。扶養親族のうち、扶養控除が受けられるのは、16歳以上の扶養親族のみで、これを控除対象扶養親族といいます（同号の2）。
　子ども手当制度（平成24年4月から児童手当に名称変更）や高校授業料無償制度の導入にともない、平成22年の税制改正により、平成23年分の所得税（住民税は24年分）から、16歳未満の年少扶養親族に対する扶養控除が廃止されました。また、特定扶養親族の範囲も変更になり、16歳から19歳未満の扶養親族は対象から外れ、19歳から23歳までとなりました（同号の3）。この年齢の扶養親族は、大学生や専門学校生と考えられ、教育費の負担が大きいことから控除金額が引き上げられています。

⑵　控除額

　扶養控除の額は、一般の控除対象扶養親族の場合は38万円、特定扶養親族

の場合は63万円です（所得税法84条）。なお、老人扶養親族の場合にも、原則として48万円、同居の場合58万円の控除額が別途定められています（同条、措置法41条の16）。

また、扶養親族が障害者の場合には、障害者控除27万円又は特別障害者控除40万円が認められていましたが、扶養控除の改正と同時に、扶養親族が同居特別障害者に該当する場合の障害者控除が40万円から75万円に引き上げられました。これについては、16歳未満の年少扶養親族や老人を含め、すべての扶養親族が対象となり、扶養控除と合わせて控除できます（所得税法79条1項乃至3項）。

(3) **判定時期**

扶養親族かどうかの判定時期はその年の12月31日の現況によります。

(4) **「生計を一にする」の意味**

「生計を一にする」とは、別居している場合でも、常に、生活費、教育費、療養費等が納税者の送金によって賄われている場合も含むものとして扱われています（所基通2-47）。したがって、養育費の額が多額で、母親の収入が少ない場合には、子どもが父親の方の扶養親族と認定される場合も考えられます。

税務上の扱いでは、二重に扶養控除がされていない限り、父親、母親どちらからの控除も認めているようです。子どもが扶養親族から外れれば、父親の方も納税額が増え、手取り収入が減少しますので、養育費を支払っているにもかかわらず、子どもを扶養親族から外すことに抵抗があると思われます。したがって、できれば、この点を離婚時に明確にしておくことが望ましいでしょう。なお、課税所得の額は、所得税や住民税等の公租公課の問題にとどまらず、様々な福祉制度の利用資格や利用負担額についても影響が出てきますので、それを踏まえて不利益のない選択をする必要があります。

もし、二重に扶養控除がされた場合には、税務署がどちらの扶養控除を認めるかという問題になりますが、あなたの場合には、子どもはあなたと生活を共にしていること、養育費の額は月額5万円で、生活費、教育費、療養費等の一切が賄われているわけではないことからすれば、あなたの扶養親族と認定される可能性が高いと考えられます。

2 寡婦控除

寡婦控除は、女性の納税者が所得税法上の寡婦にあたる場合に受けられる所

得控除です（所得税法81条）。

(1) 寡婦控除の対象となる寡婦要件

　寡婦とは、夫と死別又は離婚した後婚姻をしていない者、若しくは夫の生死が明らかでない者のうち、一定の要件にあてはまる者をいいます（所得税法2条1項30号、同法施行令11条）。

　死別の場合及び生死不明の場合には、所得金額が500万円以下であれば、扶養親族を有していなくても寡婦とされていますが、離婚の場合には、扶養親族を有している場合にのみ、寡婦にあたるものとされています。

(2) 控除額

　寡婦控除の金額は金27万円ですが、夫と死別した者、離婚後婚姻していない者、夫が生死不明いずれの場合にも、扶養親族である子を有し、かつ所得金額が500万円以下である場合には、特定の寡婦として8万円が加算され、金35万円の控除が受けられます（所得税法81条、措置法41条の17）。

　したがって、あなたの場合、所得が500万円以下であれば金35万円、500万円を超える場合は金27万円の寡婦控除を受けることができます。

(3) 寡婦の判定時期

　寡婦かどうかの判定時期はその年の12月31日の現況によります。

(4) 寡夫控除

　夫の方にも、寡夫控除制度が設けられていますが、死別、離婚、生死不明のいずれの場合にも、扶養親族である子を有し、かつ、所得金額が500万円以下である場合にのみ、寡夫として金27万円の控除が認められるという制度で、寡婦控除より要件が厳しくなっています（所得税法2条1項31号、81条、同法施行令11条の2）。

(5) 寡婦控除制度の問題点

　寡婦控除制度については、死別の場合の方が離婚の場合より経済的に恵まれているケースが多いにもかかわらず、離婚より有利な要件が設けられていることに合理性がない、経済的に最も弱い非婚母子世帯に適用がない、母子世帯と父子世帯とで差別する合理性がない等、様々な問題が指摘されています。

　日弁連の平成26年1月16日の「『寡婦控除』規定の改正を求める意見書」等をきっかけに、公営住宅の家賃や保育料に非婚母子家庭への寡婦控除のみなし適用を行う自治体が増えています。

72 養育費の一括払いと税金

私は夫と離婚の話し合いをしています。子ども2人（10歳と7歳）は私が引き取るつもりです。私は、夫名義の不動産を売却してもらい、売却代金で将来の養育費分まで一括して支払ってもらいたいと考えています。税金問題が生じますか。

養育費の一括払いを受けた場合は贈与税として課税される危険性があります。

1 養育費非課税の原則

民法上の扶養義務者相互間で教育費や生活費にあてるために贈与があった場合、通常必要と認められる範囲内のものであれば、贈与税は課税されません（相続税法21条の3第1項2号）。ただし、養育費の支払いは月払いが原則です。養育費の負担は具体的には月々発生するものであり、当然に将来の養育費分まで一括して請求できるものではありません。

2 養育費の一括払いを受けた場合

養育費の一括払いを受ける場合は、贈与税の課税問題が生じます。なお、一括払いを受けるメリットや手続については、Q36を参照してください。

離婚に際して支払われる養育費については、必要な都度支払われたものは非課税となりますが、未だ具体的に発生していない将来の養育費を一括払いすることは贈与税の課税対象になるというのが国税庁の見解です（相基通21条の3）。

同通達は、「生活費又は教育費の名義で取得した財産を預貯金した場合又は株式の買入代金若しくは家屋の買入代金に充当したような場合における当該預貯金又は買入代金等の金額は、（養育費として）通常必要と認められるもの以外のものとして取り扱う」としています。

養育費の一括払いとして贈与税が課税された場合の贈与税の計算方法は、Q68を参照してください。

なお、離婚の際に養育費の一括支払いと明示せずに、財産分与等の金額の中に含めて解決する方法もありますが、この場合は養育費請求権の放棄の問題とも関連してきます（Q35参照）。

3 信託の利用

養育費を一括して支払う場合、信託銀行等で子を受益者とする信託契約（特約付き金銭信託）を締結し、一括払いの養育費を信託銀行に預け、養育費に相当する給付金を継続的に受け取る場合には、通常の養育費と同様、非課税扱いとされます（ただし、契約の解除について、父及び母の両方の同意を必要とするものに限られます。）。この場合には、「常に生活費の送金が行われている場合」として、父親の扶養控除の対象とすることもできるので、父と母のどちらで扶養控除を行うかの問題が生じます（Q71参照）。また、元本分配部分（養育費相当分）は非課税ですが、収益分配部分（信託収益）は子の所得となります（注）。

また、信託銀行等によっては取り扱いがないこともありますし、手数料等の条件にも違いがありますので、信託契約を締結しようとする場合は、複数の信託銀行に相談してみることが必要です。

(注)　国税庁の所得税質疑応答事例「生計を一にするかどうかの判定（養育費の負担）」に関する照会に対する回答要旨（一部）

第10章 年　金

Q73 年金制度一般

私は50歳の女性です。夫との離婚を考えており、今後の生活設計を立てるうえで、年金制度について知りたいので教えてください。

A 我が国の年金は、公的年金と私的年金とに大きく分けられ、公的年金には、国内に住所を有する20歳以上60歳未満の者が強制的に加入する「国民年金」と、被用者が加入する「厚生年金」があります。公的年金給付には、高齢を給付原因とする老齢年金、疾病や負傷を給付原因とする障害年金、扶養者の死亡を給付原因とする遺族年金があります。

1　年金制度の変遷

我が国の公的年金制度は、被用者年金制度から始まり、昭和36年4月に国民年金制度が発足し、国民皆年金制度（ただし、被用者の配偶者は任意加入）が実現しました。昭和61年4月に基礎年金制度が導入され、被用者の配偶者は第3号被保険者となりました。平成6年度には支給開始年齢を65歳に引き上げることを中心に制度全般が見直されました。さらに平成16年には、少子高齢化社会に対応するために、負担及び給付の見直しに重点を置いた改正が行われ、離婚時の年金分割制度が新設されました。

2　平成24年改正

平成24年に社会保障と税の一体改革として、年金関連法の大きな改正が行われました。制度改正の主な点は、次のとおりです。

(1)　被用者年金制度一元化法

被用者年金制度を一元化する（平成27年10月1日施行）。
① 　2階部分は厚生年金に統一（公務員及び私学教職員も厚生年金に加入）
② 　共済年金の3階部分（職域部分）は廃止（ただし、既加入者については、既加入期間に応じて支給される。）

(2)　年金機能強化法

年金の受給資格期間を25年から10年に短縮する（平成29年4月施行予定）。

⑶ 年金生活者支援給付金法

年金受給者のうち、低所得高齢者・障害者等に福祉的な給付を行う（平成29年4月施行予定）。

※⑵⑶については、消費税10％引き上げ時に施行される予定です。

3 公的年金の種類

公的年金は、国民年金と被用者年金に分けられます。国内に住所を有する20歳以上60歳未満の者は国民年金への加入義務があります。国民年金の加入者が被用者の場合、さらに厚生年金に加入することになりますが、通常は勤務先がこれらの加入手続をとってくれます。

国民年金加入者のうち会社員、公務員等で厚生年金に加入している被用者は第2号被保険者、その配偶者で年収130万円未満の者（専業主婦など）は第3号被保険者と呼ばれ、2号、3号以外の自営業や自由業の者、厚生年金に未加入の被用者（パートなど）、学生等は第1号被保険者と呼ばれます（国民年金法7条1項）。

4 被用者年金の一元化

これまでは、被用者年金はさらに民間企業に勤務する会社員が加入する厚生年金と公務員・私立学校の教職員が加入する共済年金に分かれていましたが、平成27年10月1日から厚生年金に統一されました。一元化により、公務員・私立学校の教職員も厚生年金の被保険者となり、それ以前の共済年金の加入期間は、厚生年金の被保険者期間とみなされます。

ただし、一元化後の厚生年金被保険者の種別は次のとおりとなり、年金事務は、基本的には、種別ごとに、一元化前の制度にしたがって、年金事務所・共済組合等（以下、「実施機関」といいます。）が引き続き行います（厚労省年金局事業管理課長通知年管管発0930第13号）。

① 厚生年金保険の被保険者　　　　　　第1号厚生年金被保険者
② 国家公務員共済組合の組合員　　　　第2号厚生年金被保険者
③ 地方公務員共済組合の組合員　　　　第3号厚生年金被保険者
④ 私立学校教職員共済制度の加入者　　第4号厚生年金被保険者

一方、年金給付に関する各種届出書などは、各実施機関で統一した様式を使用し、どの実施機関でも受付と必要な審査を行ったうえで、画像化し実施機関

に電子回付されます(いわゆる「ワンストップサービス」)(同通知)。

5　徴収方法

　第1号被保険者は国民年金保険料を自ら手続をとって納付します。第2号被保険者の厚生年金保険料は、勤務先と従業員が半分ずつ負担します。従業員の自己負担分は、給料から天引きされ、勤務先がその負担分と合わせて実施機関に納付します(これで国民年金保険料も納付したことになります。)。第3号被保険者の保険料は国民年金制度全体で支えますので本人が納める必要はありません。一元化後の徴収事務は、施行前の実施機関が引き続き行います(同通知)。

6　年金の支給

　国民年金からは、65歳以降、「老齢基礎年金」の支給を受けます。また、第2号被保険者は、老齢基礎年金に上乗せして、報酬に比例して算出される「老齢厚生年金」の支給も受けます(なお、特別支給の老齢年金については、Q80の2を参照)。そのため、国民年金を1階部分、厚生年金を2階部分と例えます。老齢年金のほかにも、疾病や負傷を給付原因とする障害基礎・厚生年金、扶養者の死亡を給付原因とする遺族基礎・厚生年金などの制度があります。

　一元化後の決定・支給事務も、施行前の実施機関が引き続き行いますので、年金証書や各通知も各実施機関からそれぞれ発行されます(同通知)。

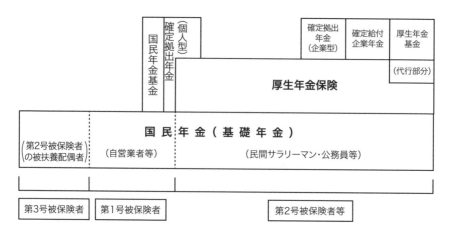

年金制度の体系図(27年10月現在の制度)

74 年金の切替え手続

　私の夫（45歳）は出版社に勤めており、私は専業主婦です。夫と離婚した場合、私は年金の切替え手続をする必要があるのでしょうか。今後、保険料を私が支払うことになるのでしょうか。

　第3号被保険者から第1号被保険者への切替え手続が必要です。また、保険料を支払うことも必要になります。

1　切替え手続が必要な場合

　昭和61年の年金改革により、専業主婦や被用者（第2号被保険者）の配偶者（被扶養配偶者）でわずかな収入（平成27年現在の制度では年収130万円未満）しか得ていない者は、第3号被保険者として国民年金に強制的に加入する制度が整えられました（Q73参照）。したがって、あなたの場合、現在は夫（第2号被保険者）の被扶養配偶者として第3号被保険者となっていると考えられます。

　しかし、離婚後は、会社員の被扶養配偶者（第3号被保険者）ではなくなりますので、第3号被保険者の資格を失い、第1号被保険者となります。したがって、第3号被保険者から第1号被保険者へ種別を変更する手続を行う必要があります。

　ただし、あなたが就職して厚生年金への加入要件を満し、第2号被保険者となった場合には、会社が第3号被保険者から第2号被保険者への種別変更の手続を行ってくれます。

2　第1号被保険者への切替え手続

　第1号被保険者になるための手続は自分でしなければなりません。すなわち、離婚したらすみやかに夫の勤務先から交付される「資格喪失証明書」を添えて市区町村役場の年金課に「被保険者種別変更届」を提出します。

　第3号被保険者の資格を失ったのに第1号被保険者に切り替える届出を忘れ

ていると、その間は第1号被保険者としての受給資格期間に算入されません。本来、保険料を追納できるのは2年間だけですので、2年以上手続を忘れていると、年金が受給できなくなったり、年金額が少なくなってしまうことになります。しかし、このようなケースが多くあったことから、国は救済制度を設け、平成25年7月1日以降は、特別の届出（時効消滅不整合期間に係る特定期間該当届）をすることによって、遡って第1号被保険者期間として認められるようになっています。また、その間も、本来、保険料を追納できるのは2年間分だけですが、平成27年4月1日から3年間の時限措置として、最大10年分の保険料を追納する特例措置が認められています。

3　第1号被保険者の保険料

　第3号被保険者の保険料は国民年金制度全体で負担しますから、本人は保険料を負担する必要はありません。あなたも、第3号被保険者ですので、これまで保険料を負担する必要はありませんでした。しかし、離婚後は、自分で保険料を支払わなければなりません。

　第1号被保険者の場合、保険料は、平成17年3月までは月額1万3300円、同年4月以降は毎年280円ずつ加算され、平成27年4月現在では1万5590円になりました。そして、賃金水準が変わらない場合の試算によると、平成29年度までに月額1万6900円まであがって頭打ちになります。保険料を払わないと滞納となり、滞納期間が長くなると年金をもらう権利も左右しかねません。

　もっとも保険料は、所得がないなどの理由で納付するのが困難な場合、申請により全額若しくは一部を免除してもらったり、納付を猶予してもらうことができます。この場合、市区町村役場に専用の申込用紙がありますので、それに記入したうえ、一定の基準を満たせば免除されます。免除されると、年金支給額が減額されますが、後払い（追納）することで増やすことができる場合もあります。

75 離婚時の年金分割制度

離婚時に年金を分割する制度があるときいていますが、どのような制度なのでしょうか。

離婚時の年金分割制度は、離婚後、請求期限内（原則2年）に、合意又は裁判手続で按分割合を定めて年金事務所等に分割請求することにより、婚姻期間中の年金の保険料納付記録の最大2分の1までを一方当事者から他方当事者に分割する制度です。また、平成20年4月1日以降の第3号被保険者期間に限り、第3号被保険者が分割請求すれば、合意や裁判がなくても、保険料納付記録の2分の1が分割されます。

1 制度創設の背景と分割の状況

離婚時の年金分割制度は、離婚件数が増加する一方で、夫婦双方の年金受給額の格差に起因し、離婚した女性高齢者の所得水準の低下を招いているなどの事情を背景として、離婚後の女性の年金の増加を図る目的で、平成16年の年金法改正により創設され、平成19年4月以降の離婚から適用されています。

直近6年間の年金分割の申請数は、表1のとおりです。分割の件数は着実に伸びているものの、離婚件数の1割にも満たず、調停離婚や裁判離婚の多くで分割が行われていることを考えると、協議離婚で年金分割の合意又は請求をしないまま離婚に至っているケースが圧倒的多数である状況を示しています。

表1 離婚等に伴う保険料納付記録分割件数の推移

	総数	離婚分割	3号分割のみ	離婚件数（参考）
平成21年度	15,004	14,850	154	257,472
平成22年度	18,674	18,282	392	250,599
平成23年度	18,231	17,462	769	241,370
平成24年度	19,361	18,252	1,109	237,242
平成25年度	21,519	19,663	1,856	234,341
平成26年度	22,468	19,980	2,488	228,435

出典：平成26年度厚生年金保険・国民年金事業の概況

表2　離婚分割　受給権者の分割改定前後の平均年金月額等の推移

	第1号改定者				第2号改定者			
	件数（人）	平均年金月額（円）			件数（人）	平均年金月額（円）		
		改定前	改定後	変動差		改定前	改定後	変動差
平成21年度	3,099	146,980	115,626	△31,353	2,199	49,185	80,523	31,337
平成22年度	3,354	144,425	110,896	△33,529	2,336	46,054	79,679	33,625
平成23年度	3,068	140,756	108,795	△31,961	2,112	44,620	77,134	32,513
平成24年度	3,486	141,503	110,967	△30,536	2,432	48,241	79,595	31,354
平成25年度	3,524	141,176	110,733	△30,444	2,619	49,833	80,856	31,022
平成26年度	3,201	139,424	109,785	△29,640	2,515	51,528	82,622	31,094

出典：平成26年度厚生年金保険・国民年金事業の概況

　また、実際に改定後の年金を受給している人の数と改定前後の年金額の状況は、表2のとおりです。

　年金の給付水準は、二つの世帯を支えるほど高くないため、分割による増加額は限られますが、年金受給額が少しでも増えれば、将来の生活の一助となるはずです。また、婚姻期間が短く、年金の増加額がわずかな場合でも、受給期間が長期に及ぶことを考えれば、分割のメリットは十分あります。合意や裁判が不要な3号分割制度が始まって6年が経過し、3号分割だけでも受けておくメリットは高まっており、制度の周知がなお一層重要と考えられます。

2　離婚時の年金分割制度

(1)　合意分割制度と3号分割制度

　離婚時の年金分割制度には2種類あります。

①　合意分割制度

　合意分割制度は、離婚する夫婦の一方又は双方が婚姻中に厚生年金に加入していた場合に、請求期限内（原則2年）に合意又は裁判手続で按分割合を定めて年金事務所に請求すれば、婚姻期間に対応する標準報酬額の多かった方の当事者の厚生年金の保険料納付記録の最大2分の1までを少なかった（又はなかった）方の当事者に分割することができる制度です（厚生年金保険法第3章の2）。

②　3号分割制度

　3号分割制度は、平成20年4月1日以降の婚姻中に、第3号被保険者期間が

ある場合に、第3号被保険者が、請求期限内（原則2年）に年金事務所に請求すれば、合意や裁判がなくても、その期間に対応する厚生年金に加入していた当事者の保険料納付記録の2分の1が、第3号被保険者であった当事者に分割される制度です（平成20年5月1日以降の離婚から適用）。

⑵ 分割の対象

分割の対象となるのは、厚生年金の保険料納付記録です。保険料納付記録とは、具体的には、これまで支払ってきた厚生年金保険料の算定の基礎となった標準報酬額（標準報酬月額及び標準賞与額）のことをいいます。年金額は、受給権が発生するまでの間の標準報酬額を基礎として計算されます。

なお、この制度で分割の対象とされていない上乗せ分の企業年金、国民年金基金やその他の私的年金は、財産分与請求の対象になり得ます。

⑶ 分割の効果

標準報酬額の多かった当事者の標準報酬額が分割され、少なかった（又はなかった）もう一方の当事者が、その分割された分を受け取ります。分割した方の当事者を第1号改定者、分割を受けた方の当事者を第2号改定者と称します。

分割後は当事者双方の年金記録が書き換えられ、年金額は、それぞれ分割後の標準報酬額に基づいて計算されることになります。按分割合を0.5（50％）と定めた場合には、婚姻期間における夫婦双方の標準報酬総額は同額となります。分割した側（第1号改定者）は、分割によって標準報酬額が減額となるので受給する年金額が減り、分割を受けた側（第2号改定者）は標準報酬額が増額となるので、受給する年金額も増えます。

実際に分割を受けた年金を受給するには、分割を受けた人自身が受給資格年齢に達し、受給資格要件（加入期間等）を満たす必要があります。分割した人の受給資格や分割後の死亡は、受給資格には関係ありません。

また、分割によって年金額が変わるのは、報酬比例部分（いわゆる2階部分）（共済年金の加入期間については職域加算部分を含む）のみであり、それぞれの国民年金の基礎年金部分には影響しません。

分割を受けた時点ですでに老齢年金を受給している場合には、実施機関に標準報酬改定の請求をした月の翌月から年金額が変更されますので、請求手続は、請求期限にかかわらず、速やかに行いましょう。

⑷ 標準報酬改定請求の手続と請求期限

標準報酬改定請求の手続と期限については、Q76、77を参照してください。

76 合意分割の手続

私は夫と離婚することになりました。私たちは共働きで二人とも厚生年金に加入していますが、夫の方が給料が高いので、年金分割を請求したいと思っています。どのような手続をとればよいのか教えてください。

 合意分割の手続によることになります。年金分割のための情報通知書を取得したうえで、合意又は裁判手続で按分割合を定め、年金事務所に標準報酬改定請求をします。

1 合意分割

合意分割制度は、離婚する夫婦の一方又は双方が婚姻中に厚生年金の被保険者であった場合に、婚姻期間に対応する標準報酬額の多かった当事者の厚生年金の保険料納付記録の最大2分の1までを少なかった（又はなかった）当事者に分割することができる制度です（Q75参照）。

設問のように、双方が厚生年金に加入している場合には、合意分割の手続によることになります。なお、①一方が厚生年金の被保険者で、他方が第1号被保険者の場合、②一方が厚生年金の被保険者で他方が第3号被保険者であっても、平成20年4月以前の分割も求める場合には合意分割となります。

2 年金分割のための情報通知書の取得

合意分割を行う場合、まず、実施機関（年金事務所・共済組合等）に年金分割のための情報提供の請求を行い、「年金分割のための情報通知書」の交付を受けます。これまでは、当事者のいずれかが複数の年金に加入したことがある場合には、それぞれの制度ごとに情報通知書を取得する必要がありましたが、一元化後は、情報提供請求はワンストップサービス（Q73）の対象となり、いずれの実施機関でも受け付けてもらえます。そして、情報通知書については、とりまとめ実施機関から他の実施機関の期間も合わせて、一つの通知書として発行されます（厚労省年金局事業管理課長通知年管管発0930第13号）。年金事務所に請求する場合、請求者の住所地以外の事務所でも受け付けてもらえます。

情報提供の請求は、「年金分割のための情報提供請求書」に所定の事項を記入し、請求者の年金番号がわかるもの（年金手帳、国民年金手帳又は基礎年金番号通知書など）と婚姻期間を証明する書類（戸籍の謄本、抄本など）を添付して提出します。請求書の記載方法がわからない場合は、年金事務所等で相談しながら記載してください。

年金分割のための情報通知書には、加入したことのある制度ごとに、年金分割の対象となる期間（婚姻期間）、対象期間の双方の標準報酬総額、按分割合（分割割合）の上限（常に50％）と下限（夫婦の保険料納付額によって異なる）が記載されています。

また、請求者が50歳以上の場合には、分割後の年金見込額などの情報提供も受けることができます。複数の制度に加入していた場合は、各実施機関から見込額が通知されます。

3　按分割合（分割割合）の決定

(1) 当事者間で合意した場合

当事者間で年金分割の請求をすること及びその按分割合（分割割合）について合意した場合は、合意内容等を記載した書面を次のいずれかの方法で作成します。いずれの方法をとるかによって、実施機関への届出方法が異なります。

① 合意内容等を記載した書面を作成し、当事者双方が署名する（合意書の書式は年金事務所等に備え付けられています。）。

② 合意内容を明らかにした公正証書又は私署証書（合意内容等を記載した書面に公証人の認証を受けたもの）を公証役場で作成する。

(2) 合意に至らなかった場合

当事者間で合意できないときは、裁判手続（調停、審判、裁判）で定めることができます。これから離婚する場合は、離婚調停やその後の離婚裁判で年金分割の按分割合を定めるよう請求します。按分割合を定めずに離婚した場合は、離婚成立後2年以内に、家庭裁判所に年金分割の按分割合を定める審判を申し立てます。調停を申し立てることもできますが審判の方がより簡便な手続で行うことができます。元配偶者が死亡してしまうと按分割合を定めることができなくなってしまうので、離婚と同時に定めるか、離婚後速やかに審判（又は調停）を申し立てることをお勧めします。

法律の規定では、按分割合には幅がありますが、実際には、審判や判決の附

帯処分では、按分割合を0.5（50％）と定める実務が定着しており、調停や和解の場合にも、按分割合を0.5（50％）と定めることが多いようです。

裁判手続（調停、審判、裁判）には、前項で取得した「年金分割に関する情報通知書」を添付する必要があります。調停及び審判の申立書の書式や、その他の必要書類については、各家庭裁判所の窓口に備えられているほか、インターネット上の各家庭裁判所の手続案内のサイトからダウンロードすることもできます。

4　標準報酬改定（年金分割）の請求

標準報酬改定（年金分割）の請求は、原則として離婚後2年以内に、実施機関に「標準報酬改定請求書（離婚時の年金分割の請求書）」を提出して行います。請求書の記載方法がわからない場合は、年金事務所で相談しながら記載してください。標準報酬改定の請求はワンストップサービス（Q73）の対象となり、いずれの実施機関でも受け付けてもらえます。分割した側（第1号改定者）の配偶者が加入していた期間がない実施機関が受け付けた場合は、とりまとめ実施機関へ電子回付後、とりまとめ実施機関で年金分割の処理をし、改定通知がなされます。年金事務所で手続をする場合、請求者の住所地を管轄する年金事務所以外の事務所でも手続は可能です。

手続には、前項の按分割合を証する書面が必要となります。当事者間で合意した場合で、公正証書又は私署証書を添付する場合は、分割を受ける当事者のみによる請求が可能です。

また、裁判手続（調停、審判、裁判）で按分割合を定めた場合には、調停調書又は和解調書の謄本・抄本若しくは審判書又は判決の謄本・抄本及び確定証明書の添付が必要です。その場合にも、分割を受ける当事者のみによる手続が可能です（Q6参照）。

一方、合意内容を記載し、双方が署名した書類による場合は、当事者双方が直接年金事務所の窓口に持参することが必要です。代理人によることも可能ですが、その場合には実印による委任状（印鑑証明添付）が必要です。委任状の書式は実施機関に備え付けられています。

その他、分割請求の際に添付すべき書面は以下のとおりです。

① 請求者の年金番号が確認できるもの（年金手帳、国民年金手帳又は基礎年金番号通知書など）

② 婚姻期間を証明する書類（戸籍の謄本、抄本など）

　ただし、請求前1か月以上前のものである場合には、1か月以内に作成された当事者の生存を証明することができる戸籍謄抄本又は住民票も添付する必要があります。当事者の一方が死亡した場合には、死亡の事実と死亡日のわかる書類（戸籍の謄抄本又は住民票）を添付する必要があります。

5　請求期限

　原則として離婚後2年以内に標準報酬改定の請求を行うことが必要です。この請求期限を過ぎると、分割を受けることができなくなるので注意が必要です。請求期限についての例外は次の三つです。

① 　離婚後2年以内に調停又は審判を申し立て、手続中に離婚から2年が経過してしまった（あるいは期限まで1か月を切った時期に成立、確定した）場合には、実施機関への分割請求は、調停成立又は審判確定後1か月以内に行えばよいことになっています。1か月の余裕があるといっても、標準報酬改定請求までに、調停調書等の交付を受けて役所に離婚届を提出し、離婚の事実が記載された戸籍謄本を取得する必要があり、これらの手続だけでもある程度の日数を要しますので、請求期限を過ぎてしまわないよう、十分に注意してください。

　　また、この場合には、添付書類として、前項記載の書類のほか、調停又は審判の申立日を証する書面の添付も必要ですので、申立ての受付票などは大切に保管しておくようにしてください。

② 　裁判で附帯処分を申し立て、本来の請求期限後、又は本来請求期限経過日前の1か月以内に按分割合を定めた判決、和解が成立、確定した場合も同様です。離婚訴訟の係属中に、判決によらないで婚姻が終了した場合にも、附帯処分についてのみ、裁判は継続します（人訴36条）。

③ 　万一、按分割合を決定した後、当事者が死亡した場合には、死亡日から1か月以内に請求する必要があります。離婚後は、元配偶者の死亡の事実を速やかに知り得る環境にない場合が多いので、標準報酬改定請求は、請求期限にかかわらず、できるだけ速やかに行っておく方が安全です。

6　事実婚の場合の年金分割

　婚姻の届出をしていない場合であっても、事実婚関係にあって、国民年金法

上の扱いにより、被扶養配偶者として国民年金の第3号被保険者であった期間については、合意分割の対象になります。なお、合意分割の対象になる期間は、法律婚の場合は戸籍上の婚姻期間が原則になりますが、事実婚の場合は、第3号被保険者の期間に限られます。また、事実婚の場合には、世帯全員の住民票などにより、事実婚であることや事実婚の解消について、事実関係の証明を求められることがあります。分割の請求は離婚後2年以内が原則とされていますが、事実婚の場合は、事実婚関係が解消したと認められる日から2年以内となります。

7　外国人の場合の年金分割

外国人の場合は、第2号被保険者の配偶者であったならば、年金分割を受けることができます。日本国籍を有しているかどうかは問われません。ただし、分割を受けても、年金を実際に受給するためには受給資格要件を満たさなければなりませんので、外国人の場合は、特にこの点をしっかり確認する必要があるでしょう。ちなみに、平成24年8月10日に成立した年金機能強化法（平成29年4月施行予定）では、受給資格要件である保険料納付期間が25年から10年に短縮されることになっていますので、もし予定通り施行されれば、受給資格要件を満たすことは容易になります。

77 3号分割の手続

私は夫と離婚することになりました。夫は会社員で、私は平成20年5月に結婚してからずっと専業主婦でした。年金分割の請求をする場合の手続を教えてください。

あなたの場合、3号分割により、合意や裁判手続がなくても、年金事務所に標準報酬改定（年金分割）の請求をすることにより、分割を受けることが可能です。

1 3号分割制度

3号分割制度は、平成20年5月1日以降の離婚から適用が始まった制度で、平成20年4月1日以降の婚姻期間中に第3号被保険者（専業主婦若しくは年収130万円未満）であった期間がある場合に、請求期限内（原則2年）に第3号被保険者が実施機関（年金事務所・共済組合等）に標準報酬改定（年金分割）の請求をすれば、その期間に対応する厚生年金に加入していた当事者の厚生年金の保険料納付記録の2分の1が、合意や裁判がなくても第3号被保険者であった当事者に分割される制度です。3号分割では、分割した方の当事者を特定被保険者、分割を受けた方の当事者を被扶養配偶者と称します。

3号分割制度について、自動分割とか強制分割と呼ばれることがありますが、その意味は、あくまで按分割合が一律2分の1とされているため、按分割合を決めるための合意や裁判をする必要がなく、年金事務所での請求手続も一人で行うことができるという意味です。したがって、実際に分割を受けるためには、実施機関に標準報酬改定の請求をする必要がありますので注意してください。分割の効果は合意分割と同じですので、Q75を参照してください。

なお、離婚以外にも、夫が3年以上行方不明である場合など、厚生労働省令で定める場合にも3号分割が認められます。

また、特定被保険者が障害厚生年金の受給者で、分割請求の対象となる期間を年金額の基礎としている場合には、3号分割の請求は認められません。

2 請求手続

3号分割の請求は、原則として離婚後2年以内に、被扶養配偶者が単独で実施機関に標準報酬改定請求書を提出して行います。ワンストップサービスの仕組みは合意分割の場合と同じですので、Q76を参照してください。

3号分割の場合には、按分割合は2分の1と決まっており、合意や裁判で別の按分割合を定めることはできません。

年金分割の情報提供請求については、複数の制度に加入期間がある場合には原則として必要ですが、それ以外の場合にも、分割を受けられる年金の目安をあらかじめ知っておくために、取得しておくことも有用です。

そのほかの手続については、合意分割と同じですので、Q76を参照してください。

3 請求期限

原則として、離婚後2年以内に標準報酬改定の請求を行うことが必要です。請求期限を過ぎると分割を受けることができなくなるので、注意が必要です。万一、離婚後に当事者が死亡した場合には、死亡日から1か月以内に請求する必要がありますので、元配偶者が死亡したのを知らずに期限を徒過することがないよう、請求期限にかかわらず、できるだけ速やかに分割請求を行いましょう。

4 婚姻期間に3号分割の対象期間と合意が必要な期間が含まれる場合

婚姻期間に3号分割の対象となる期間とならない期間があり、対象とならない期間も含めて分割をするためには、合意分割の手続が必要となります。この場合の手続や請求期限については、Q76を参照してください。

合意分割による標準報酬改定請求が行われ、婚姻期間中に3号分割の対象となる期間が含まれるときは、合意分割と同時に3号分割の請求があったものとみなされます。

5 事実婚の場合の年金分割

婚姻の届出をしていない場合であっても、事実婚関係にあって、国民年金法上の扱いにより、被扶養配偶者として国民年金の第3号被保険者であった期間については、3号分割の対象になります。

78 加給年金・遺族年金と離婚

高齢で離婚した場合、離婚しないときと比べて年金の面で違いはあるのでしょうか。

 離婚した場合、年金分割を受ければ、受けた側の年金額が増額となります。しかし、「加給年金」や「振替加算」は受けられなくなる場合があります。また、元夫が死亡しても、遺族年金は支給されません。

1 違いの有無

離婚した場合には、婚姻中の高齢夫婦のための制度である「加給年金」や「振替加算」は、受給できなくなる場合があります。また、離婚後に元夫が死亡しても、遺族年金は元妻には支給されません。

しかし、離婚時に年金分割を受ければ、受けた側であれば、自分自身の年金額が増額となります。もし、離婚時にすでに老齢年金を受給していれば、年金事務所・共済組合等（実施機関）に標準報酬改定（年金分割）の請求をした月の翌月から年金額は増額となります。また、財産分与を受けて離婚後の生活費の一部を賄うことも考えられますので、多角的に検討する必要があるでしょう。

2 加給年金と振替加算

加給年金とは、厚生年金に20年以上加入（複数の制度に加入していた場合は合算）していた夫について老齢厚生年金の受給が開始したとき、夫に65歳未満の生計を維持されていた妻（年収850万円以上又は期間20年以上の老齢厚生年金等を受給している場合は対象外）又は18歳未満の子がいると、夫の年金額に加算されるもので、夫の生年月日によって、年額25万7700円から39万100円が加算されます（平成27年4月現在）。これはあくまで夫に対し支給されるものですから、離婚した妻はこの加算分を自己の権利として請求することはできません。

ところが、妻が65歳になると上記の加算分が打ち切られ、その後妻自身の

受け取る老齢基礎年金に加算分を上乗せして支給する振替加算がなされます。振替加算も妻が期間20年以上の老齢厚生年金等を受給している場合は対象になりません。振替加算は、妻の生年月日が昭和41年4月1日に近くにしたがって徐々に減額され、同年4月2日生まれ以降はなくなります。この振替加算分の受給権を妻が得た後に離婚した場合、妻は引き続きこれを受給することができますが、平成27年10月1日以降に振替加算が開始する場合は、年金分割によって受けた期間も合算され、加入期間が20年を超えると対象から外れます。

3 遺族年金

遺族年金の概要は次のとおりです。離婚した妻は遺族ではありませんので、遺族年金の支給対象とはなりません。

(1) 国民年金の場合

第1号被保険者（国民年金のみに加入）が年金を受けずに死亡した場合に、生計を共にしていた18歳未満の子のある配偶者又は子に対し、遺族基礎年金が支給されます。平成26年4月からは、妻が死亡した父子家庭にも遺族基礎年金が支給されるようになりました。

妻が遺族年金の受給要件を欠く場合でも、死亡した第1号被保険者の夫が25年以上保険料を納めていた場合、婚姻期間が10年以上あった妻には、60歳から65歳の間、寡婦年金が支給されます。

また、遺族年金、寡婦年金の受給資格者がいない場合、死亡した第1号被保険者が3年以上保険料を納めていれば、生計を共にしていた遺族に死亡一時金が支給されます。

(2) 厚生年金の場合

第2号被保険者の夫が亡くなったときに、その人に生計を維持されていた遺族（年収850万円未満）に対し、遺族厚生年金が支給されます。遺族厚生年金の受給対象者の第1順位は妻又は子となっており、遺族基礎年金の上乗せ分として支給されます。支給額は、死亡した人の平均給与と加入期間によって変わりますが、厚生年金保険加入中に死亡した場合（短期要件）には、300月の最低保障があります。

79 内縁の妻と戸籍上の妻との間の遺族厚生年金の帰属

私は13年間にわたって夫と別居しており、その間、生活費ももらっておりませんでしたが、離婚はまだ成立していませんでした。その夫が先月亡くなりました。夫には13年間同居している女性がいるのですが、遺族年金はどちらがもらえるのでしょうか。

 戸籍上の妻であっても、夫と別居し、夫との間に経済的な依存関係もないとすれば、同居女性のほうに遺族厚生年金の受給権が認められる可能性が高いと思われます。

1　厚生年金保険法の定め

年金制度は、「「配偶者」、「夫」及び「妻」には、婚姻の届出をしていないが、事実上婚姻関係と同様の事情にある者を含むものとする」(厚生年金保険法3条2項)と定め、内縁関係にある場合も法律婚と同様の保護を与えることになっています。

しかし、内縁の妻だけでなく、戸籍上の妻がいる重婚的内縁関係の場合には、年金制度上、いずれが優先するのかが問題となります。

2　社会保険庁の判断基準

遺族厚生年金は、死亡した厚生年金の被保険者により生計を維持していた配偶者に対し支払われます。この「配偶者」には内縁の妻が含まれますので、戸籍上の妻が当時夫により生計を維持していたという実体がなく、逆に、内縁の妻のほうに、夫により生計を維持していたという実体があった場合には、遺族厚生年金は内縁の妻に支給されると考えられます。

社会保険庁は、重婚的内縁関係の取り扱いについて、以下のように二つの通知を発しています。

(1)　婚姻の成立が届出により法律上の効力を生ずることとされていることからして、届出による婚姻関係を優先すべきことは当然であり、したがって、届

出による婚姻関係がその実態を全く失ったものとなっているときに限り、内縁関係にある者を事実婚関係にある者として認定するものとすること（昭和55年5月16日庁保発第15号社会保険庁年金保険部長通知）。

(2) 「届出による婚姻関係がその実態を全く失ったものとなっているとき」とは、①当事者が離婚の合意に基づいて夫婦としての共同生活を廃止していると認められるが戸籍上離婚の届出をしていないとき、②一方の悪意の遺棄によって夫婦としての共同生活が行われていない場合であって、その状態が長期間（おおむね10年程度以上）継続し、当事者双方の生活関係がそのまま固定していると認められるとき等が該当する。なお、「夫婦としての共同生活の状態にないといい得る」ためには、次のすべての要件に該当することを要する。①当事者が住居を異にすること、②当事者間に経済的な依存関係が反復して存在していないこと、③当事者間の意思の疎通を表す音信又は訪問等の事実が反復して存在していないこと（同第13号通知）。

3　判決例と設問の場合

　名古屋地方裁判所平成18年11月16日判決（判タ1272号79頁）は、上記通知に照らして戸籍上の妻に遺族年金を支給することとした社会保険庁の処分を認めたものです。反対に、戸籍上の妻との婚姻関係が形骸化しているとして内縁の妻に遺族共済年金の受給権を認めた最高裁平成17年4月21日判決（判時1895号50頁）も参考になります。

　設問のように内縁の妻が13年以上同居していて、その間、戸籍上の妻が夫から生活費をもらっていなかった場合には、内縁の妻のほうに遺族厚生年金の受給権が認められる場合が多いでしょう。しかし、その場合でも、別居中も、夫と頻繁に連絡を取り合うなど、意思の疎通が立証できる場合には、結論が逆になることもあります。

Q 80 私的年金

私は30歳の既婚女性で、離婚を考えています。私的年金に加入しようと考えていますが、どのような種類があるのでしょうか。

A

1 老後の生活と年金

総務省の平成25年現在の家計調査によれば、60歳で単身生活をしている女性の場合、日常生活にかかる費用は月額15万円程度となっています。調査では、60歳単身女性の持ち家比率が約85％となっていますので、家賃負担が必要な場合にはその分の加算も必要となります。また、介護費用や医療費などが老齢化に伴って増えていくことを考えると、月25万円から30万円程度の収入がなければゆとりのある生活を送ることはできません。

老齢基礎年金の支給額は平成27年4月現在満額で年間78万100円、月額にすると約6万5000円ですので、到底これだけでは生活していけません。また、離婚時の年金分割制度も、対象となるのは婚姻期間に対応した分だけであり、もともと夫婦単位で老後の生活を支える制度設計になっているものを二つの世帯に分けるわけですから、分割による年金の増加額はそれほど大きくありません。結婚前に働いていたとしても、結婚により仕事をやめていれば、老齢厚生年金は微々たる額という場合もあり得ます。

そこで、お金に余裕のあるときに自分名義の私的年金に加入しておくことは賢い方法であるといえます。

2 確定年金と終身年金

定年が60歳の場合、年金の支給が開始される65歳までの5年間は収入がありません。老齢厚生年金については、60歳代前半に老齢基礎年金にあたる部分も含めて暫定的に支給される特別支給の老齢厚生年金といわれる措置がありますが、その期間は、まず老齢基礎年金にあたる部分、続いて報酬比例部分について徐々に短縮され、男性については昭和36年4月2日生まれの人から、女性については昭和41年4月2日生まれの人から、まったくなくなります。

そこで、60歳から65歳までの期間に確定年金の給付を受けられるものと、65歳から終身で年金給付を受けられるものと、2本の私的年金を契約しておく方法などが考えられます。

確定年金とは、年金を受け取る一定の期間が設定されているものです。万一、受給中に死亡した場合は、遺族が受給します。保険料は終身年金より格安です。死亡の場合に遺族に受給権が発生しない有期年金もあり、保険料は更に安くなります。

終身年金は、死亡するまで年金を受け取ることができますが、保険料は割高で、元をとるには20年以上かかることもありますので、よく確認したうえで決める必要があります。

3　公的年金を補完する制度と私的年金

公的年金を補完する制度としては、国民年金に上乗せされる国民年金基金制度と、厚生年金に上乗せされる厚生年金基金、確定給付企業年金、企業型確定拠出年金などの企業年金制度があります。受け取り方法は、一時金、確定年金、終身年金のいずれかを自分で選べる場合もあります。

さらに、私的年金といわれる多数の商品があり、その代表的なものが、個人年金保険と個人型確定拠出年金です。年金を受給できる期間が終身のものと有期のもの、本人の死亡後も何らかの給付金が遺族に支払われるものと支払われないもの、支給額が定額であるものと変額であるものなど、多様な商品の中から自分のニーズにあったものを選んで契約します。保険料の金額や貯蓄性、掛金（保険料）の所得控除の種類と額、給付金への課税の有無、中途解約するときのデメリットなども、選択にあたって十分検討する必要があります。

第11章

健康保険

Q 81 医療保険一般

私は35歳の女性（既婚）です。医師の治療を受ける際に必要な「（医療）保険」制度について簡単に説明してください。

「医療保険」とは、医療機関を受診したときに、保険により医療機関に医療費が支払われる仕組みのことをいいます。大別すると、公的な「医療保険」には、職場を通して加入する「健康保険」に代表される「被用者保険」と、75歳以上の方が加入する「後期高齢者医療制度」と、その他の人が加入する「国民健康保険」があります。

日本ではすべての国民がこの公的医療保険に加入することになっており（国民皆保険）、皆さんは必ずどこかの医療保険に加入しています。

1 保険の種類

一般に「健康保険」という言葉は、下記の各種医療保険制度の総称として使用されているようですが、正確には、民間企業で働く労働者を対象とする健康保険（下記②）のみを意味します。

国民健康保険法は市町村・特別区の区域内に住所を有する者を、当該市町村・特別区の国民健康保険の被保険者と定め、他の医療保険に該当する者は除外するという形で全国民の皆保険を規定しています（同法5条、6条）。

具体的に「医療保険」には、次のようなものがあります。

① 国民健康保険：他の医療保険制度に加入していない者を対象にする、いわゆる自営者の医療保険
市区町村役場又は国民健康保険組合（同種の事業又は業務に従事するものを組合員とする）で取り扱う。

② 健康保険：民間企業で働く一般労働者を対象とする医療保険
業務災害以外の疾病等が対象となる。全国健康保険協会（全国健康保険協会管掌健康保険）又は健康保険組合（組合管掌健康保険）で取り扱う。

③ 船員保険法の規定による被保険者を対象とする医療保険

④ 国家公務員共済組合法に基づく組合員を対象とする医療保険

⑤ 地方公務員等共済組合法に基づく組合員を対象とする医療保険
⑥ 私立学校教職員共済組合法に基づく組合員を対象とする医療保険
⑦ 後期高齢者医療制度：75歳以上の者と後期高齢者医療広域連合が認定した65歳以上の障害者を対象とする医療保険

75歳以上の後期高齢者の方を除いては、①国民健康保険及び②健康保険に加入している場合が多いと思いますので、これを基準に説明します。③④⑤⑥もこれに準ずると考えて具体的問題については個別に交渉してください。

2　国民健康保険の場合の被保険者

国民健康保険法は被保険者の資格そのものについては個人単位に定めており、夫も、妻（配偶者）も、子どもも各々が被保険者となります。しかし、被保険者には未成年者も含まれ、公法上の届出義務をこれに課することは妥当ではないため、以下のとおり、部分的に世帯概念を導入しています。

① 各種の届出義務者は世帯主とする（同法9条1項、同法施行規則2条乃至5条の4）。
② 世帯主が全員の保険証の交付を求めることができる（同法9条2項）。
③ 保険料の納付義務者は世帯主とする（同法76条1項）。

なお、国民健康保険のうち国民健康保険組合が取り扱うものについては、上記の世帯主を組合員と読み替えるだけで、組合員も家族も被保険者であること等は同様です。

3　健康保険の場合の被保険者と扶養者

健康保険法は、事業主に使用される者を被保険者とし、配偶者（被保険者と同一の世帯に属し、主としてその被保険者により生計を維持するもの）、子ども等は、被扶養者と規定しています（同法1条、3条）。そして被扶養者に関する各種の届出は事業主を通じて被保険者がこれを行うことになっています（同法施行規則38条乃至41条）。

配偶者の被扶養者資格の認定基準は、以下のとおりです（厚生省通知昭52.4.6保発9号）。

(1) 被保険者の世帯に属している場合
① 年間収入が130万円（60歳以上又は厚生年金保険法の障害厚生年金の受給要件に該当する程度の障害者である場合は180万円）未満で、かつ、

被保険者の年間収入の2分の1未満の場合

又は、

② 年間収入が前記①と同様の額であり（かっこ書の部分を含む）被保険者の年間収入を上回らないで、かつ、被保険者が世帯の生計維持の中心的役割を果たしている場合

(2) **被保険者の世帯に属さない場合**

年間収入が前記(1)の①と同様の額（かっこ書の部分を含む）であり、かつ、被保険者からの援助による収入額より少ない場合

4　保険料の負担

健康保険の保険料は、事業主と被保険者が折半して負担しますが、国民保険の保険料は原則として被保険者が全額負担します。

5　一部負担金

保険医療機関で療養を受けた場合に患者が窓口で支払う医療費の一部負担金の割合は、国民健康保険、健康保険ともに、本人・家族（3歳以上）は3割となっています。そして3歳未満の患者負担割合は2割となり、70歳以上75歳未満の患者負担割合は原則2割（平成26年4月1日以前に70歳の誕生日を迎えた人は軽減特例措置により1割）となります。ただし、70歳以上75歳未満であっても、現役並み所得がある人とその被扶養者は原則3割負担となります。なお、後期高齢者医療の一部負担金の割合は、1割（現役並み所得者は3割）です。

6　高額療養費制度

医療機関や薬局の窓口で支払った額が、暦月（月の初めから終わりまで）で一定の負担額を超えた場合に、その超えた金額を支給する制度です。ただし、入院時の食費負担や差額ベッド代等は含まれません。

負担の上限額は、加入者の年齢（70歳以上かどうか）や所得水準によって異なります。

高額療養費の支給申請には、加入している公的医療保険の窓口に、高額療養費の支給申請書を提出することが必要となります。病院などの領収書の添付を求められる場合もあります。

健康保険の場合には、組合が支給申請を代行してくれる場合もあります。

82 保険証がない場合

　現在夫とは別居中で子どもは私が育てています。これまで私と子どもは夫を世帯主とする国民健康保険の被保険者として保険証（被保険者証）に記載されていました。保険証は夫の手元にありますが、夫とは喧嘩状態で保険証を渡してもらうことができる状況にありません。
　手元に保険証のない私たち母子が保険診療を受ける方法を教えてください。また、健康保険（夫が民間企業に勤務）の場合との違いも教えてください。

　国民健康保険法は、療養給付を受けようとするときは被保険者証を提示しなければならない（同法36条3項）と規定し、健康保険法も療養給付を受けるには被保険者証を提示しなければならない（ただしやむを得ない事由があるときはこの限りでない。）（同法施行規則53条）と規定していますので、手元に被保険者証がない場合、保険診療を受けられないのが原則です。

　ここでいう被保険者証とは世間一般でいう保険証のことです。

　被保険者証については、事業主に使用される者だけを被保険者とする健康保険だけでなく、被保険者の資格を個人単位に定めている国民健康保険においても、従来は世帯単位に1通の被保険者証が作成されていましたが、平成13年改正により、被保険者及び被扶養者ごとに1人1枚ずつ交付される個人カード化が原則として実施されました。現在、厚生労働省は、被保険者証の個人カード化を推進しており、これが完全に実現されれば、設問の問題は自ずと解決されます。

1　「個人カード化」が完全実現するまでの間の方策（その1）

(1)　**国民健康保険の場合**

　医療機関で診療を受ける際に、被保険者証を提出しなければ療養給付を受けることはできないのが原則ですが、被保険者証の提出をしなかったことが、緊急その他やむを得ない理由によると認められる場合には、療養の給付に代えて

療養費を支給してもらうことができます（国民健康保険法54条2項）。

これに該当する場合は、医療機関の窓口において、一旦全額自費で支払ったうえ、保険者へその旨の申請を行い、後日自己負担割合分（Q81参照）を差し引いた金額を基準として保険者から療養費の支払いを受けることとなります（同法54条3項）。

(2) 健康保険の場合

健康保険の場合は、前記のとおり、例外的にやむを得ない理由で被保険者証を提出できないときは、その事情を申し出て資格を確認してもらえば保険診療を受けることができますが（健康保険法施行規則53条1項）、この場合でも、やむを得ない事由がなくなったときは遅滞なく被保険者証を医療機関に提出することが義務づけられています（同条2項）。

これに該当する場合は、通常どおり、自己負担割合の金額を医療機関の窓口で支払うこととなります。

なお、組合管掌の健康保険の場合、被保険者証の取り扱いは各組合の判断に委ねられている部分が多く、設問のような場合に被扶養者資格取得証明書を発行してもらって、やむを得ない場合の資格確認の手段として医療機関に提出し保険診療を受けた例もありますので、各組合にご相談ください。被扶養者資格取得証明書は法令の根拠があるものではなく、保険者の任意に委ねられている私的なもので、妻と子どもが被扶養者の資格を取得していることを記載して証明するものです。

また、被保険者証のコピーの提出で便宜を図ってもらえるかという点については、各医療機関がその独自の負担と責任で行っている場合があるにすぎず、診療を受けるあなたがコピーでの保険診療を請求する権利はありません。とはいえ、健康保険の場合、やむを得ない場合の資格の確認手段の一つとしてコピーを医療機関に持参し、事情をよく説明して資格を確認してもらえるよう頼んでみることも一つの方法でしょう。

2 「個人カード化」が完全実現するまでの間の方策（その2）

別居を理由として、別個の被保険者証の交付申請をすることも考えられます。

(1) 国民健康保険の場合

国民健康保険に加入している場合、改正前の国民健康保険法施行規則6条の2では「被保険者が旅行その他の理由により、長期にわたりその住所を離れる

ため別個の被保険者証の交付を受ける必要がある時には、……その者の属する世帯の世帯主は申請書を市町村に提出して、当該保険者に係る別個の被保険者証……の交付を申請することができる」と規定し、カード化が実現するまでは同様の取り扱いとされています（同規則附則（平13.2.14厚生労働省令12号））。

この申請は、原則として世帯主が被保険者証を添付してなすことになっていますから、夫が世帯主の場合は、夫に別個の被保険者証の交付申請を依頼し、その協力が得られない場合、市町村役場の担当者に具体的事情を話して、妻が夫の申請を代行するなど数通の被保険者証の発行を受けられるように相談してみてください。

以上は同一世帯で被保険者証を数通発行する場合（すなわち数通の被保険者証の番号は同じ）ですが、長期別居の場合には「住所を異にする」＝「世帯が違う」ことを理由として、各住所地で妻と夫が各別の被保険者証（被保険者証の番号が異なる）を作成することも考えられます。

この場合、保険料は夫を世帯主とする国民健康保険は夫の負担、妻を世帯主とする国民健康保険は妻の負担と各別に計算されることになります。

妻を世帯主とする被保険者証を作成した場合、子を妻の国民健康保険に加入させる方法はQ83を参照してください。

(2) **健康保険の場合**

夫が民間企業に勤めていて健康保険に加入している場合、妻と子は被扶養者となります（Q81参照）が、健康保険法は妻と子については同一の世帯に属する（住所を同じくする）ことを被扶養者の要件とはしていない（健康保険法3条7項1号）ので、この場合にも、国民健康保険の場合と同様に、数通の被保険者証の付与を受けられる可能性があります。被扶養者が遠隔地にいる場合は、従前から厚生労働省の通知により、遠隔地証の形で被保険者証が数通発行されており、カード化が実現するまでは同様の取り扱いとされています。

ただし、健康保険の場合は、妻は被保険者ではなく、被扶養者であり、各申請は被保険者がなすこととなっていますので（Q81参照）、妻であるあなたが夫を代行して被保険者証の数通付与の申請をすることが認められるのか否かの問題もあるため、詳しくは全国健康保険協会又は当該健康保険組合に問い合わせてください。

別居中の妻が、夫の健康保険の被扶養者の地位を脱退し、現住所地の国民健康保険に加入して別個の被保険者証の作成を希望する場合、国民健康保険が他

の保険に加入していない人を対象とすることから、夫の健康保険組合発行の資格喪失証明書の提出を求められます。国民健康保険に加入するために資格喪失証明書を必ず要するかどうかは、法令の要請ではなく、保険者（市町村・国民健康保険組合）の取り扱いに委ねられていますので、夫の協力が得られない（すなわち、資格喪失証明書が得られない）場合には保険者（市町村役場・国民健康保険組合）に相談してください。

Q 83 妻の就職と医療保険

現在夫とは別居中で離婚について話し合い中です。経済的自立のため、私も働こうと思います。これまで私と子どもは夫を世帯主とする国民健康保険の被保険者でしたが、働き始めた場合、私の医療保険はどうなるのでしょうか。現在加入しているのが健康保険（夫が民間企業に勤務）で、私が被扶養者の場合は、どうなりますか。

1　現時点で国民健康保険に加入している場合

　あなたが就職をしても、それだけでは直ちに、夫を世帯主とする国民健康保険の被保険者である状況に変更はありません。あなたが、勤務先で、被保険者の要件を満たし、健康保険に加入するかどうかが問題です。

　雇用されていれば勤務先の健康保険の被保険者となるのが原則ですが、被保険者の資格認定は保険者の判断に委ねられており、雇用労働者のすべてが勤務先の健康保険に加入しているわけではありません。パート勤務者の場合、被保険者と認定されるのは、1日又は1週間の所定労働時間及び1か月の所定労働日数が、その事業所において同種の業務に従事する通常の労働者のおおむね4分の3以上（週30時間以上）とされています（「短時間就労者に関する標準報酬の取扱いについて」昭55厚生省保険局課長通達）。なお、平成24年8月22日に公布された国民年金改正法において、平成28年10月1日からは、まずは従業員501人以上の企業においては、以下のように被保険者認定の要件が緩和される予定です。

① 週20時間以上
② 月額賃金8.8万円以上（年収106万円以上）
③ 勤務期間1年以上

被保険者資格が認定され、あなたを被保険者とする被保険者証が作成された場合には、あなたの夫は国民健康保険の被保険者からあなたの名を抹消するための抹消届を出す必要があります。

なお、被保険者資格がないと認定されるなど、認定に不満がある場合は、あ

なたは居住地を管轄する地方厚生（支）局に置かれた社会保険審査官を経由して審査の請求をすることができますので、相談してみてください。

2　現時点で健康保険（夫が民間企業に勤務）に加入している場合

　あなたが健康保険の被扶養者の場合も、1に述べたのと同様の基準で、被保険者資格の認定が行われます。

　被保険者資格が認定され、あなたを被保険者とする被保険者証が作成された場合には、あなたの夫は自己の健康保険の被扶養者からあなたの名を抹消するための抹消届を出す必要があります。

　認定に不満がある場合の審査請求については、前項と同様です。なお、被扶養者の認定をめぐる問題については、被保険者の勤務する事業所の所在地の都道府県保険課長が関係者の意見を聴き適宜必要な指導を行うとされていますので、都道府県の保険課に相談してみてください。

　また、あなたが就労した場合、その収入が夫の健康保険における妻の被扶養者資格の認定を左右する場合もあります。被扶養者資格認定基準については、Q81を参照してください。あなたの勤務先に健康保険制度がなく、あなたが上記の被扶養者の資格以上の収入を得て夫の健康保険の被扶養者資格を失った場合、あなたは市町村の国民健康保険に加入する必要があります。

84 子どもの保険証

　現在夫とは別居中で、離婚について話し合い中です。これまで私と子どもは夫の健康保険の被扶養者となっていましたが、現在私は夫とは別個に医療保険の被保険者となりました。子どもは私が育てているので、私の医療保険に子どもを移したいと思います。手続を教えてください。
　夫が国民健康保険に加入し、子どもが夫を世帯主とする国民健康保険に加入している場合はどうなりますか。

　婚姻中の妻が、夫とは別個に医療保険の被保険者となっている場合としては、
　①　妻が民間企業に勤務して、夫とは別に勤務先の健康保険に加入し被保険者証が作成されている場合（Q83）
　②　長期の別居のため妻を世帯主とする国民健康保険に妻が加入し被保険者証が作成されている場合
等が考えられます。

1　夫が健康保険に加入している場合

(1)　妻の健康保険に子どもを加入させる場合

　夫婦が共に民間企業に勤務する場合は、一定の収入があれば、夫婦それぞれが健康保険に加入し、各々が被保険者となります。
　この場合、夫婦の間の子どもを夫と妻のどちらの健康保険の被扶養者とするかの基準は、次のとおりです。
　①　原則として年間収入の多い方の被扶養者とする。
　②　夫婦の年間収入が同程度である場合は、被扶養者移動届の提出等により、主として生計を維持している者の被扶養者として、保険者が決定する（昭60.6.保険発66号）。
　あなたの収入が、夫より多い場合は、上記の原則で、子どもはあなたの健康保険に加入することとなります。あなたの収入が夫より少ないときは、上記②の原則によれば、子どもは夫の健康保険に加入することになりますが、上記は

あくまで原則であり、長期の別居で世帯を別にするなどの具体的扶養の状況を保険者（全国健康保険協会・健康保険組合）に話して、子どもがあなたの健康保険の被扶養者となれるように交渉してみてください。

なお、妻の健康保険に子どもを異動する具体的な手続については、あなたが自分の健康保険の保険者に対し、子どもの被扶養者異動届を提出することとなります。その際に子どもの資格喪失証明書（子どもが夫の健康保険の被扶養者の資格を喪失したことの証明）を添付することを求められることがありますので、異動届の提出に際し保険者に相談してみてください。

(2) 妻の国民健康保険に子どもを加入させる場合

国民健康保険には部分的に世帯概念が導入されています（Q81参照）ので、子どもが妻を世帯主とする国民健康保険に加入するには妻と子どもの世帯が同一であることが必要です。

妻の国民健康保険に、従前夫の健康保険の被扶養者であった子どもを加入させるには、前述のとおり夫の健康保険組合発行の子どもの資格喪失証明書を添付する必要があります。

2　夫が国民健康保険に加入している場合

妻を世帯主とする国民健康保険に子どもを加入させるためには、子どもは世帯を同じくする夫又は妻の国民健康保険に被保険者として加入することとなりますので、子どもの住民票所在地が妻と同一であれば、妻の国民健康保険に子どもを加入させることができます

3　夫の協力が得られない場合

家族手当等との関係から、夫の協力がどうしても得られない場合は、健康保険への異動手続には法令の根拠がなく各保険者に取り扱いが委ねられていますし、国民健康保険に加入するために資格喪失証明書が必要かどうかは保険者（市町村・国民健康保険組合）の運用に委ねられていますので、保険者（全国健康保険協会・健康保険組合・市町村役場・国民健康保険組合）に相談して、夫に子どもの資格喪失届を提出するよう保険者から勧めてもらうなど交渉してみてください。

なお、加入させる子どもが16歳以上の場合は、収入についての証明書（在学証明書、無職無収入証明書等）も必要となります。

85 離婚に伴う妻の医療保険

夫との間で、離婚の話がまとまりました。これまで、私は、夫を世帯主とする国民健康保険の被保険者として保険証（被保険者証）に記載されていましたが、今後はどうすれば保険診療を受けられるのでしょうか。

現在加入しているのが健康保険（夫が民間企業に勤務）で、私が被扶養者の場合は、どうなりますか。

これまで夫を世帯主とする国民健康保険や夫の被扶養者として健康保険に加入していたあなたは、離婚に伴い夫とは別世帯となり、また、被扶養者ではなくなりますから、新たな医療保険に加入する必要があります。

1 夫を世帯主とする国民健康保険に加入していた場合

(1) 世帯を別にした場合の取り扱い

国民健康保険は被保険者の資格そのものは個人単位に定めていますが、部分的に世帯単位の概念を導入しています（Q81参照）。

世帯とは、「住居と生計をともにする社会生活上の単位である」（「住民基本台帳事務処理要領」）と定義されており、離婚に伴いあなたは夫と世帯を別にすることとなるので、あなたは夫を世帯主とする国民健康保険の被保険者の資格を喪失することとなります。世帯員の中に資格を喪失した者がある場合は、世帯主が資格喪失届を出すことや保険証を返還することが義務づけられていますので（国民健康保険法9条1・9項）、世帯主である夫にこれらの義務があります。

(2) 国民健康保険から国民健康保険へ

夫を世帯主とする国民健康保険の被保険者の資格を喪失した後、新たに国民健康保険に加入する場合には、あなたが世帯主として、資格取得の届出を市町村に提出します（国民健康保険法9条1項）。

住民基本台帳法22条（転入届）等の届出があった場合には、その届出と同一事由に基づく国民健康保険法9条1・9項（資格の取得・喪失）の届出があっ

たものとみなされます（同法9条14項）。したがって資格の取得自体は市町村役場に転入届等を出すことにより届け出たこととなります。しかしこの届出をしたのみでは保険証の交付を受けることができないので、同時に、市町村役場において保険証の交付を受けるための手続をすることが必要です（同条2項）。なおこの場合は国民健康保険の間での移動ですので資格の喪失は明らかであり、後述の資格喪失証明書は不要です。

⑶ **国民健康保険から健康保険へ**

夫を世帯主とする国民健康保険の被保険者の資格を喪失した後、新たに健康保険の被保険者となる等、国民健康保険以外のものに加入する場合には、あなたが当該健康保険加入の資格を具備しているかどうかのみが問題であり、後述の資格喪失証明書は不要です。なぜなら、国民健康保険は他の保険制度に加入していない者を対象とすると規定していますので、国民健康保険に加入するには他の保険から脱退したことの証明を要するのですが、国民健康保険以外の医療保険に加入するにはその加入資格さえ具備していればよいからです（Q81参照）。

2 夫の被扶養者として健康保険に加入していた場合

⑴ **健康保険から国民健康保険へ**

離婚前に加入していたのが健康保険（夫が民間企業に勤務）の場合は、離婚によりあなたは当該健康保険の被扶養者の資格を喪失します。離婚後、新たに国民健康保険に加入する場合には、国民健康保険が他の保険に加入していない人を対象とすることから、あなたの資格喪失証明書（夫を被保険者とする健康保険の被扶養者の資格を喪失したことの証明)が必要となる取り扱いですので、離婚に際し、夫に資格喪失証明書を送付するように依頼しておくことが得策でしょう。なお、国民健康保険に加入するために資格喪失証明書を要するかどうかは法令等の要請ではなく市町村の取り扱いに委ねられていますので、夫の協力が得られず資格喪失証明書が得られない場合には、離婚の事実を戸籍謄本で示す等して、各市町村役場に相談してみてください。

⑵ **健康保険から健康保険へ**

離婚により夫を被保険者とする健康保険の被扶養者の資格を喪失し、あなたが新たに健康保険に加入する場合には、1⑶と同様、あなたが当該健康保険加入の資格を具備しているかどうかの問題であり、資格喪失証明書は不要です。

Q 86 離婚に伴う子どもの医療保険

私が子どもの親権者となり、子どもを引き取って育てることで、離婚の話がまとまりました。これまで私と子どもは夫を世帯主とする国民健康保険の被保険者でしたが、今後子どもの医療保険はどうなるのでしょうか。

また、これまで私と子どもが夫の健康保険（夫が民間企業に勤務）に被扶養者として加入していた場合は、どうなりますか。

1 離婚に伴う医療保険の取り扱い

あなたが離婚前に、夫の国民健康保険や健康保険に加入していた場合、離婚に伴い、あなたは別個の医療保険に加入する必要があります。

子どもについては、親権の有無は直接関係はなく、離婚後に属する世帯や扶養の実態に従って父と母のどちらの医療保険に加入するかが決まります。

2 離婚前に国民健康保険に加入していた場合

離婚によりあなたが子どもを引き取り、子どもがあなたの世帯に属する（住民票を同じくする）ときには、子どもは夫の世帯から外れることとなります。国民健康保険は部分的に世帯概念を導入していますから（Q81）、子どもが、離婚前に夫を世帯主とする国民健康保険の被保険者であった場合、夫の世帯から外れることにより夫を世帯主とする国民健康保険からも外れることとなります。

そしてあなたが離婚後、あなたを世帯主とする国民健康保険に加入した場合には、子どもも同じ国民健康保険の被保険者となります。またあなたが健康保険に加入する場合には、子どもを被扶養者としてあなたの健康保険に加入させることになります。この場合、子どもが主として母たる被保険者により生計を維持していることが要件となりますが、民間企業に勤務して収入のあるあなたが引き取って育てている場合は、これに該当すると思われます。

3 離婚前に健康保険に加入していた場合

離婚前、子どもが夫の健康保険の被扶養者であった場合（夫が民間企業に勤

務）は、あなたが子どもを引き取っても、離婚により従前の保険資格を子どもが喪失するわけではありません。健康保険の被扶養者となるには、主として被保険者により生計を維持していることが要件であり、同一世帯に属する（住居及び家計を同じくする）ことは必ずしも要件ではないからです。ただし、離婚後も子どもが夫の健康保険の被扶養者となる場合には、通院のたびに夫の元から保険証を取り寄せねばならない可能性もあるので注意が必要です。

　離婚後、子どもを夫の健康保険から脱退させ、あなたの国民健康保険に加入させるには、子どもの異動届を役所に提出します。その際、子どもの資格喪失証明書（夫の健康保険の被扶養者資格を子どもが喪失したことの証明）の添付が必要になりますので、これを夫に送付してもらう必要があります。

　また離婚後、あなたの健康保険に子どもを加入させるためには、当該健康保険の保険者に子どもの異動届を提出します。あなたが夫の健康保険の被扶養者からあなたを被保険者とする健康保険に異動する場合には資格喪失証明書は不要ですが（Q85参照）、子どもの場合は、父母の離婚が即父の扶養の実態から抜けることを意味しませんので、重複加入や加入漏れを防ぐためにも資格を喪失したことを確認する必要があります。そのため、子どもの場合は健康保険から健康保険へ異動する場合にも、資格喪失証明書の添付が求められることもありますので、異動届の提出に際し保険者に相談してみてください。

4　夫の協力が得られない場合の取り扱い

　子どもの資格喪失証明書の取得に夫が協力してくれず、入手できない場合については、Q84を参照してください。

5　その他の援助制度

　あなたが離婚後、ひとり親家庭として子どもを育てる場合、東京都の「ひとり親家庭等医療費助成制度」等の適用を受けられれば、医療機関の窓口での自己負担金の支払いが不要となります。その他の各県にも類似の制度がある場合がありますので、詳しくは各市町村役場へ問い合わせてみてください。

87 離婚後の子どもの医療保険の変更

　夫と離婚する際、私が子どもを引き取りましたが、離婚当時私は無職だったため、子どもの健康保険については夫の被扶養者として夫の勤務先の健康保険に加入したままでした。今般、私は仕事を始めたため、私の被扶養者として子どもを私の勤務先の健康保険に加入させたいと思っています。どのような手続をすればよいでしょうか。
　また、逆に、元夫が再婚するため、私が無職であるにもかかわらず、私の国民健康保険に子どもを加入させろと言ってくる可能性があります。私には経済的余裕がありませんので、今のまま子どもを元夫の勤務先の健康保険の被扶養者としておいてほしいのですが、元夫が勝手に子どもを脱退させてしまうことはあるのでしょうか。

1　子どもの医療保険の変更

　夫婦が離婚しても、子どもが直ちに、父の健康保険の被扶養者の資格を失うわけではないこと及び子どもの医療保険の問題が父と母のどちらが離婚後の親権者であるかということとは直接関係がないことは（Q86）ですでに述べたとおりです。
　離婚後、子どもを母と父のどちらの医療保険に加入させるかは、子どもの扶養の実態に即して考えるべき問題です。子どもを引き取って育てているあなたが民間企業に勤務して収入を得ることとなったのであれば、それ以降は、子どもの扶養の実態はあなたにあると言えるでしょう。元夫の勤務先の健康保険からあなたの勤務先の健康保険に子どもを異動させる場合には、あなたの勤務先の健康保険の保険者に子どもの異動届を提出することとなります。この際、健康保険から健康保険への移動であっても資格喪失証明書を添付することを求められることがあること、そして元夫から資格喪失証明書を得ることができない場合の取り扱いについては、Q86でも述べたとおりです。

2　子どもの健康保険の脱退

　医療保険間の具体的異動手続には法令の根拠はなく、保険者（全国健康保険協会・健康保険組合・市町村役場・国民健康保険組合等）の判断に委ねられていますが、通常は子どもを保険から脱退させたいと申し出た場合、子どもが無保険になることを憂慮して、次に子どもが加入する医療保険を保険者が確認してから、脱退届を受理する扱いが多いようです。

　つまり、あなたに事前に何らの連絡なく子どもが夫の医療保険から脱退させられていたということは少なく、事前に夫又は夫の医療保険の保険者から扶養の実態に応じて子どもを元妻の保険に異動させるようにとの連絡があるはずです。そのような連絡があった場合には、あなたと元夫のどちらに扶養の実態があるのかという観点から、子どもをどちらの医療保険に加入させるべきか話し合ってみてください。

　万が一、そのような連絡もなく元夫の医療保険の保険者が子どもの脱退届を受理してしまった場合は、緊急の病気であれば、扶養の実態に即して子どもの加入すべき医療保険についてやむを得ず保険診療が受けられなかった場合として処理するしかないでしょう（Q82参照）。

　なお、元夫に扶養の実態があるのに元夫が勝手に子どもを医療保険から脱退させたまま加入を拒否している場合等は、家庭裁判所に離婚後の紛争調整調停の申立てをして、互いの扶養の実態を再確認することも一つの方法でしょう。

第12章 児童扶養手当

88 児童扶養手当の受給資格

私は、夫と別居して2年になり、離婚しようと思っています。夫から生活費は一切もらっていません。
2人の子どもの児童扶養手当はもらえるでしょうか。

夫と離婚していなくても、「父が引き続き1年以上遺棄している児童」を監護する母には、児童扶養手当が支給される余地が十分あります。

1 児童扶養手当制度の概要

児童扶養手当制度は、昭和36年に死別母子世帯を対象とする母子福祉年金制度の補完制度として創設され、昭和37年1月1日から施行されました。その後、離婚件数の増加に伴い、児童扶養手当受給者数は増加の一途をたどり、その結果、児童扶養手当制度の見直しが行われ、昭和60年児童扶養手当法は大幅に改正され、母子世帯の生活の安定と自立促進を通じて児童の健全育成を図ることを目的とする福祉制度に改められました（同法1条）（注1）。

平成10年7月以前は、婚外子が父から認知された場合は、除外規定により支給が停止されました（平成10年8月からは支給されています。）。この除外規定について、最高裁判所は平成14年、「本規定は母子家庭を支援しようという法律に反し無効」と判断しました。その結果、平成10年7月以前に父に認知されたことにより、支給が受けられなかった人も受給できることになりました（特例給付）。

さらに、平成14年に同法施行令が改正（平成14年8月1日から施行）され、手当額の見直し、受給者の所得制限額の計算方法の変更等がなされ、平成22年8月からは父子家庭も支給の対象になり、さらに平成24年8月から、配偶者からの暴力（DV）で父又は母が裁判所からの保護命令を受けている児童も支給対象に加わりました（同法施行令1条の2、1条の3の改正）。

2 児童扶養手当の受給資格者

児童扶養手当は、下記の児童（対象児童）を監護する児童の母又は父、若し

くは父母が監護しない場合の養育者に支給されます（児童扶養手当法4条1項、同法施行令1条の2）。

① 父母が婚姻を解消した児童
② 父又は母が死亡した児童
③ 父又は母が一定程度以上の障害の状態にある児童
④ 父又は母の生死が明らかでない児童
⑤ 父又は母が引き続き1年以上遺棄している児童
⑥ 父又は母が法令により引き続き1年以上拘禁されている児童
⑦ 母が婚姻によらないで懐胎した児童
⑧ 父母ともに不明である児童
⑨ 父又は母がDV防止法に基づく保護命令を受けた児童

なお、「児童」とは、「18歳に達する日以後の最初の3月31日までの間にある者」等をいいます（児童扶養手当法3条1項）。

ただし、上記のいずれかに該当する児童であっても、受給資格者以外の父又は母と生計を同じくしているとき、父又は母の配偶者（いわゆる義父母）に養育されているとき、児童福祉施設へ入所中や里親に委託されているとき等は、児童扶養手当は支給されません（同法4条2項）。なお、これまで公的年金との併給は認められていませんでしたが、平成26年12月以降は、受給資格者又は対象児童の公的年金額が児童扶養手当の額より低いときには、その差額分を受給できることとなりました。

3 別居中の場合

法律上離婚していなくても、父又は母が引き続き1年以上子どもを遺棄している場合には、児童扶養手当が支給されます。

児童を遺棄している場合とは、「父（又は母）が児童と同居しないで監護義務をまったく放棄している場合」と定義されており、遺棄の認定基準が定められています（注2）。

しかし、遺棄のケースはこの基準にとどまらず種々のケースがあると考えられますから、事実関係を総合的に勘案して判断することが求められています。

4 設問の場合

あなたの場合は「2年以上の別居」と、「その間夫からの生活費の支払いが

全くない」という事実からすると、「遺棄」と判断される余地が十分あると考えられますので、遺棄を理由とする児童扶養手当の請求をしてみて下さい。

なお、遺棄を理由とする手当の請求者は、他の必要書類に加えて遺棄調書に記入して市区町村役場に提出する扱いになっています。

(注) 1 厚生労働省社会福祉行政業務報告によると、児童扶養手当の受給者は、平成25年5月末現在、109万769人となっている。内訳は母子世帯99万3345人、父子世帯6万5415人、その他世帯3万2009人となっており、類型別では離婚を含む生別世帯81.7%、死別1.3%、未婚8.6%、障害者0.6%、遺棄0.3%、その他の世帯3%である。

2 児童扶養手当遺棄の認定基準について（昭55.6.20児企25号各都道府県児童福祉主管部局長宛厚生省児童家庭局企画課長通知）

　　同通知に記載されている遺棄の一般的ケースの図は次のとおりです。

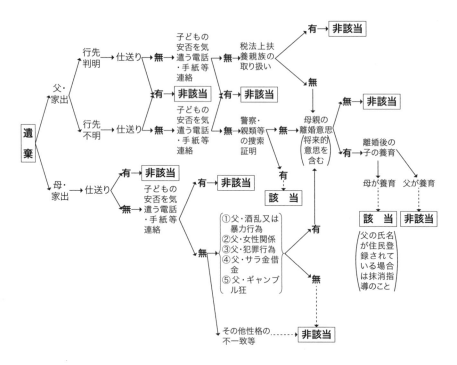

※注2の課長通知は、父には受給権がなかった時のものなので、同通知（及び上記の図）において、父が受給者の場合は「父」を「母」に、「母」を「父」に読み替えるものとされています。

89 児童扶養手当請求の手続

私は、1週間前に夫と協議離婚しました。8歳の子どもは、私が養育します。児童扶養手当をもらう手続と金額を教えてください。

 市区町村役場で、児童扶養手当認定請求書の用紙をもらい、必要事項を記入して、必要書類と共に住所地の市区町村役場に提出してください。

1 児童扶養手当の受給手続

児童扶養手当を受給するには、認定請求をし、受給資格、手当額について知事の認定を受けることが必要です（認定請求主義、児童扶養手当法6条1項）。

したがって、法律上の受給資格を有していても、認定請求手続をとらなければ、手当はもらえないことになります（注）。

認定請求書の提出を受けた市区町村は、審査したうえ都道府県へ進達し、都道府県が受給資格を認定します。認定にあたっては、必要に応じ調査、資料の提出を求められることがあります（同法29条、30条）。

受給資格が認められると、児童扶養手当認定通知書及び児童扶養手当証書が交付されます。また、資格がないと認められた場合には、認定請求却下通知書が交付されます。

手当の支給に関する処分については、異議申立て、審査請求ができます（同法17条、18条）。

2 児童扶養手当請求の方法

児童扶養手当請求に必要な書類は、以下のとおりです（児童扶養手当法施行規則1条）。

① 戸籍謄本（請求者及び児童）
② 世帯全員の住民票の写し
③ 請求者の所得の額についての証明書（住所地の市区町村役場でもらえます。）

④　印鑑
⑤　請求者名義の銀行通帳（手当の送金をしてもらう口座です。）

請求理由が、遺棄、生死不明、拘禁等の場合には、その事実を証明する書類も必要になります。

これらの書類をもって、住所地の市区町村役場に提出してください。

3　児童扶養手当額

児童扶養手当は月を単位に支給され、全部支給の手当額の現状は以下のとおりです（平成27年4月現在、児童扶養手当法5条、同法施行令2条の2）。

①　1人目の子………月　4万2000円
②　2人目の子………月　5000円
③　3人目以降の子…1人につき月　3000円加算

したがって、例えば、3人の子がいる場合には、4万2000円＋5000円＋3000円で、合計5万円が支給されることになります。

1人目の子に対する手当額は、毎年、全国消費者物価指数に従い、翌年の4月以降改定されますが（児童扶養手当法5条の2）、2人目以降の子に対する加算額については、自動改定はありません。

また、父又は母の所得が一定額以上ある場合には、全部又は一部が支給停止となります。一部停止の場合は、一人目の子について、9910円から4万1990円までの一部支給となります。具体的な手当額の計算方法は以下のとおりです（平成27年4月現在）。

手当額＝4万2000円－（受給者の所得額－全部支給の所得制限額）
　　　　× 0.0185434

所得制限額は扶養親族等の数に応じて額が変わります。所得制限額の詳細はQ90を参照してください。

4　支給期間及び支給日

児童扶養手当の支給は、認定請求をした月の翌月から始まり、支給事由が消滅した月で終わります（児童扶養手当法7条1項）。

また、手当は、毎年4月、8月、12月にそれぞれの前月までの分が支払われます（同条3項）。

支払日は、支払期月の11日となっています（児童扶養手当及び特別児童扶

養手当の支払に関する規則3条)。

　ですから、例えば、1月31日に認定請求した場合には、4月11日に2月及び3月分が支払われることになります。

　この支給に関する処分については、異議申立て、審査請求ができます(児童扶養手当法17条、18条)。

5　受給期間長期化による支給制限

　母又は父が児童扶養手当を受給している場合、支給開始月の初日から起算して5年又は手当の支給要件に該当した月から7年を経過したとき(3歳未満の児童を監護する受給者については、児童が3歳に達した日の属する月から5年を経過したとき)は、支給額が2分の1に減額されることがあります(児童扶養手当法13条の3)。

　ただし、受給者が就労している場合、求職活動等自立を図るために活動をしている場合、疾病、障害により就業できない場合、親族の介護のため就業できない場合等には、減額になりません。

　そのためには、現況届とともに、減額にならないための届出が必要です。

　なお、「父又は母がDV防止法に基づく保護命令を受けたこと」を理由とする場合については、支給要件に加わった平成24年8月1日以前にDV防止法の保護命令を受けた場合も、平成24年8月1日が「支給要件に該当するようになった日」となります。

(注)　京都地判平3.2.5判タ751号238頁は、認定請求主義(非遡及主義)をとる社会保障の担当行政庁の周知徹底等の広報義務を認め、周知徹底が、その不完全、不正確により、受給者が制度を知り得る程度に達しないときは、国家賠償法上でも違法になると判断した。

90 児童扶養手当支給の所得制限

　私は、離婚して2人の子どもを育てており、年収が300万円ほどあります。児童扶養手当をもらえるでしょうか。
　また、仮に私に収入がなく、子どもをつれて実家に帰って生活する場合、私の父母の収入の多寡によっては児童扶養手当はもらえないと聞きましたが、本当でしょうか。

　　　　　　手当を受ける人や扶養義務者等の前年の所得が一定額以上ある場合には、児童扶養手当額の一部又は全部が支給されません。
　　　　　　また、あなたと生計を同じくするあなたの父母の所得が一定額以上である場合にも、児童扶養手当は支給されないことになります。

1 受給資格者の所得要件

　児童扶養手当は、受給資格者に一定額以上の所得がある場合には、その所得の額によって、手当額の全部又は一部が支給されないことになります（児童扶養手当法9条乃至11条、同法施行令2条の4乃至4条）。

　支給が制限される所得の額は、受給資格者の所得税法に規定する控除対象配偶者及び扶養親族（扶養親族等）及び扶養親族等でない児童で当該受給資格者が生計を維持したもの（児童）の数により、以下のとおりとなっています（平成27年4月現在）。

扶養親族の数（人）	受給資格者の所得額（円）	
	全部支給	一部支給
0	190,000	1,920,000
1	570,000	2,300,000
2	950,000	2,680,000
3	1,330,000	3,060,000
4	1,710,000	3,460,000

※以降1人増えるごとに38万円が加算されます。

なお、上記の所得額は毎年8月乃至9月頃に見直しされます。

あなたの扶養親族が当該子ども2人の場合、あなたの前年の所得が95万円未満であれば、児童扶養手当は全額支給されます。前年所得が95万円以上268万円未満であれば、手当は一部支給され、268万円以上であれば、手当は全く支給されません。

なお、この所得とは、いわゆる年収とは異なり、基本的には地方税法における都道府県民税（いわゆる住民税）の課税所得金額をいいます。具体的には、給与所得控除後の所得から、社会保険相当額及び各種控除を差し引いた金額ですが、社会保険相当額については、一律8万円が差し引かれることになっています（児童扶養手当法施行令3条、4条）。なお、住所地の市区町村役場から課税証明書をもらうと、そこにあなたの前年の所得金額が記載されています。詳しくは市区町村役場に問い合わせてください。

また、児童扶養手当の請求者が父又は母である場合には、前年（1月から6月までの新規申請では前々年）の養育費の8割が所得に算入されます（Q91参照）。その場合、前段の社会保険相当額（一律8万円）は、養育費の8割を加算した後に差し引かれます。

あなたの場合、詳しいことは課税証明書を見ないとわかりませんが、額面給与額が300万円であれば、少なくとも手当の一部は支給されると思われますから、手当の請求をしてください。

2　祖父母と生計を同じくする者の所得制限

父又は母に対する手当は、その父又は母の民法877条1項に定める扶養義務者でその父若しくは母と生計を同じくするものの前年の所得が一定額以上であるときは、支給されません。

民法877条1項の扶養義務者とは、直系血族及び兄弟姉妹です。

したがって、母が、その父母（子の祖父母）と生計を同じくしており、その父母の所得が一定額以上である場合には、児童扶養手当は支給されないことになります。

生計が同一か否かの認定は、事実に則して行われます。具体的には、収入及び支出すなわち消費生活上の家計が同一であることが一応の基準となります。

実家で生活していても、家賃を実家に支払い、家計費も区分している等の場合には、生計が別と判断される可能性がありますから、その旨を主張してくだ

さい。

　上記の生計同一の扶養義務者の所得が、下記の金額以上である場合には、児童扶養手当は支給されません（平成27年4月現在）。

扶養親族の数 （人）	扶養義務者の所得額 （円）
0	2,360,000
1	2,740,000
2	3,120,000
3	3,500,000
4	3,880,000

　あなたの父又は母（子の祖父母）の扶養親族が2人だった場合、父又は母（祖父母）の前年所得額が312万円以上であると、あなたは、児童扶養手当をもらえなくなります。

91 児童扶養手当と養育費の関係

夫は「離婚すれば児童扶養手当がもらえるから、養育費を払う必要はない」と言っています。児童扶養手当をもらうと、養育費を請求することはできないのでしょうか。

児童扶養手当の支給は、夫の養育費支払義務を消滅させるものではありません。したがって、あなたは、当然に、夫に対して養育費の請求ができます。

1 児童扶養手当と養育費支払義務の関係

児童扶養手当法2条3項が、「児童扶養手当の支給は、婚姻を解消した父母等が児童に対して履行すべき扶養義務の程度又は内容を変更するものではない」と定めているとおり、児童扶養手当は、父母等の扶養義務を免除・軽減するものではなく、私的扶養義務が尽くされても、なお困難な状態の解消が図られない母子家庭等を公費によって援助するための公的扶助であると解されています。この条項からも明らかなとおり、児童扶養手当を受給しているからといって、父母の子に対する養育費支払義務が消滅するわけではありません。

なお、平成22年8月1日の法改正により、父子家庭にも児童扶養手当が支給されることになったことに伴い、同条3項は、児童扶養手当の支給が、父親だけでなく、母親の扶養義務を免除・軽減するものでないことも規定しました。

2 養育費の算定における児童扶養手当の扱い

離婚後の養育費の額について協議が調わなかった場合、一般的に父と母の収入を前提に、支払うべき養育費の額を算定することになります。そこで、母（又は父）が児童扶養手当を受給している場合、母（又は父）の収入に児童扶養手当額を加算すべきかが問題となりますが、この点について明確に判示した判例は見当たりません。

養育費の額の算定にあたっては、平成15年4月に「東京・大阪養育費等研究会」によって作成された算定方式及び算定表が広く活用されています（Q33

参照)。そして、この養育費算定表では、「権利者の基礎収入に児童扶養手当や児童手当を加算するかどうかが問題となるが、児童扶養手当等は、本来の意味合いにおいて、私的扶助が受けられない世帯に対する補充的な公的扶助であって、養育費分担義務を低減させるものとして考慮する（権利者の基礎収入に加算する）ことについては、疑問があるので、加算しないことにした」と注意書が記載されています。

　これに加えて、児童扶養手当法2条3項の規定の存在、児童扶養手当には一定の支給制限があり前年度分の所得が一定の額を超えた場合、一部又は全部が支給されないことがあること、前述のとおり、所得の計算にあたっては父（又は母）から受け取った養育費の8割が算入されることなどからすると、養育費の算定にあたり、児童扶養手当を母（又は父）の基礎収入に加算することは、適切ではないでしょう。

3　児童扶養手当の支給制限所得額の計算

　児童扶養手当法9条2項は、児童が父（又は母）から養育に必要な費用の支払いを受けたときは、政令で定めるところにより、母（又は父）が費用の支払いを受けたものとみなして母（又は父）の所得として計算するとしており、前年（1月から6月までの新規申請では前々年）に支払いを受けた養育費の8割が所得として計算されることになります（同法施行令2条の4第3項）。

92 生活保護と児童扶養手当

私は、3歳の子どもを引き取って夫と離婚することになりました。私は、病気がちで収入の目途がないため、離婚後は生活保護を受けようと思っています。生活保護のほかに、子どもの児童扶養手当がもらえるでしょうか。

 生活保護とは別に、児童扶養手当の受給資格に該当すれば、児童扶養手当をもらえますが、児童扶養手当の受給によって生活保護費が減額又は支給されないことがあります。

1 生活保護と児童扶養手当の関係

父、母や養育者が生活保護を受けている場合の児童扶養手当については、特に不支給の規定はなく、生活保護給付に加えて、児童扶養手当も支給されます。

2 児童扶養手当金の生活保護制度における扱い

生活保護制度においては、他の法律等による保障等を受けることができる者については極力その利用に努めさせることとされています。

児童扶養手当法に基づく手当も、この「他の法律による保障」に含まれますので、むしろ、積極的に児童扶養手当の受給を図るべきものとされており、児童扶養手当等の社会手当等を受給してもなお生活上の困窮が解消されず、最低生活水準を割り込んだ場合に、生活保護を受けることができることになります。

生活保護の場合、厚生労働大臣が定める基準で計算される最低生活費から収入を差し引いた金額が保護費として支給されるところ、児童扶養手当を受給した場合には、その受給額は、生活保護基準上、収入として認定されますので、場合によっては、生活保護費が減額又は支給されないことがあります。

93 児童扶養手当と外国人

私は外国人ですが、外国人であっても児童扶養手当はもらえるのでしょうか。子どもが外国人の場合はどうでしょうか。

 あなたと子どもが、日本に住んでいる場合には、あなたや子どもの国籍にかかわらず、児童扶養手当をもらうことができます。

1 外国人の児童扶養手当の受給資格

児童扶養手当は、対象児童、母（又は父）が、日本国内に住所を有しないときには支給されません（児童扶養手当法4条2項1号・3項）。したがって、日本人であっても、外国で生活している場合には支給されないことになります。

それとは逆に、母（又は父）と子どもが日本に住んでいる限り、その母（又は父）や子どもが外国籍であっても、児童扶養手当は支給されます（注）。

2 児童扶養手当請求の手続

児童扶養手当請求に必要な書類についてはQ89に記載されておりますが、母（又は父）が日本国籍を有しない場合には、戸籍謄本のかわりに、大使館が発行する独身証明書が必要になります。

また、日本に住み始めた時期や子どもの年齢等によって、パスポートや在留カード、あるいは母子手帳等の書類の提出を求められることがありますので、その他の必要書類については、住所地の市区役所・町村役場で確認してください。

支給される児童扶養手当の額や、所得制限等については、日本人の場合と変わりありませんので、Q89、90を参照してください。

（注） 昭和50年の同法改正で、対象児童の国籍要件が撤廃された。また、難民条約の批准に伴い、社会保障に関する内国民待遇を実現するため、昭和57年に受給者の国籍要件も撤廃された。

94 児童育成手当等のその他の福祉制度

私は離婚して現在母子家庭です。母子家庭には、児童扶養手当のほかに、どのような福祉制度があるのでしょうか。

 地方自治体によって異なりますが、多くの自治体では、児童扶養手当のほかに、ひとり親家庭に対する手当の支給等を行っています。ここでは、主に東京都が設置している制度等の概要を紹介します。

1 児童育成手当

⑴ 支給対象

都内に住所があり、以下のいずれかに該当する、18歳になった日以後の最初の3月31日までの児童を対象に、その養育者に対して支給されます。

① 父母が離婚した児童
② 父又は母が死亡した児童
③ 父又は母が重度の障害を有する児童
④ 父又は母が生死不明の児童
⑤ 父又は母に1年以上遺棄されている児童
⑥ 父又は母が法令により1年以上拘禁されている児童
⑦ 婚姻によらないで生まれた児童で、父又は母から扶養されていない児童
⑧ 父又は母が裁判所からのDV保護命令を受けた児童

⑵ 支給額(平成27年4月1日現在)

児童1人につき　月額1万3500円

⑶ 所得制限額(平成27年4月1日現在)

扶養人数	所得制限
0人	3,604,000
1人	3,984,000
2人	4,364,000
以下1人増すごと	380,000

児童育成手当の所得制限額が児童扶養手当の所得制限額より高く設定されていますので、児童扶養手当が支給されなくても児童育成手当だけ支給される場合があります。なお、ここにいう所得はいわゆる年収とは異なり、収入から給与所得控除等の控除を行い、養育費の80％を加算した額となります（Q90参照）。

2　ひとり親家庭等医療費助成制度

ひとり親家庭等（支給対象は児童育成手当と同様）に対して、経済的負担の軽減を図るため、医療費の自己負担金の一部を助成する制度です。

3　母子家庭等自立支援給付金事業

(1)　自立支援教育訓練給付金

ひとり親家庭の母又は父の主体的な能力開発の取り組みを支援するため、雇用保険の教育訓練給付の受給資格を有していない人が対象教育訓練を受講して終了した場合、受講料の40％が支給されます。

(2)　高等職業訓練促進給付金

ひとり親家庭の母又は父が看護師や介護福祉士等の資格取得のため2年以上養成機関で修業する場合、修業期間中の生活の負担軽減を図り、資格取得を容易にするため、高等職業訓練促進給付金が支給されるとともに、入学時の負担軽減のため、高等職業訓練修了支援給付金が支給されます。

4　母子及び父子福祉資金

母子及び父子家庭の方々が、経済的に自立して安定した生活を送るために、無利子（事業開始資金等の貸付であって連帯保証人がない場合は1.5％）で資金の貸付を行う制度です。償還期限は、資金の種類により、3年間から最長で20年となっており、貸付金の種類は、事業開始資金、修学資金、医療介護資金、生活資金等の合計12種類があります。

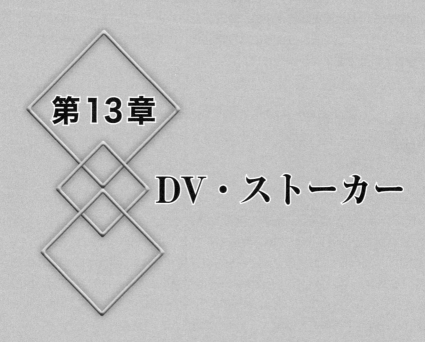

第13章

DV・ストーカー

Q 95 保護命令

夫の暴力に耐えかねて、子どもを連れて別居しています。ところが、夫が別居先の新住所をつきとめて、毎日、自宅や近所のスーパーで待ち伏せし、しつこくつきまとうようになりました。このような夫の行為を止めさせることはできますか。

　保護命令の一つである接近禁止命令を得ることにより、夫のつきまとい行為を禁止することができます。

1　保護命令の種類

保護命令は、配偶者（元配偶者・事実婚を含む。以下、「加害者」といいます。）の暴力から被害者の生命・身体を守るため、裁判所が、被害者の申立てにより、一定期間、加害者を被害者から引き離すために発する命令のことであり、「配偶者からの暴力の防止及び被害者の保護等に関する法律」（DV防止法）の重要な柱の一つです。保護命令に違反した場合には刑罰（1年以下の懲役又は100万円以下の罰金）が課されます（同法10条、29条）。

裁判所が出す保護命令は、①被害者への接近禁止命令、②退去命令、③電話等禁止命令、④子への接近禁止命令、⑤親族等への接近禁止命令の5種類です。なお、③④⑤は、①の被害者への接近禁止命令の実効性を確保するための付随的な申立てであることから、単独で発令されることはなく、①の被害者への接近禁止命令が発令されていることが前提となります。

(1)　被害者への接近禁止命令（DV防止法10条1項1号）

被害者の身辺への「つきまとい」や、被害者の住居、勤務先のほか通常所在する場所付近での「はいかい（徘徊）」を禁止する裁判所の命令です。有効期間は6か月間で（DV防止法10条1項1号）、再度の申立ても可能です。

(2)　退去命令（DV防止法10条1項2号）

同居している住居からの退去及びその住居の付近での「はいかい」を禁止する命令です。有効期間は2か月間で（DV防止法10条1項2号）、やむを得ない

場合には、再度の申立ても可能です。

(3) 電話等禁止命令（DV防止法10条2項）

　加害者が被害者に対して以下の行為をすることを禁止する命令です。接近禁止命令と異なり、被害者の子や親族等は対象になりません。また、電話等禁止命令は付随的な申立てのため、有効期間は被害者への接近禁止命令の有効期間が満了する日までです。

① 面会の要求
② 行動を監視しているような言動等
③ 著しく粗野又は乱暴な言動
④ 無言電話、連続しての電話、FAX、電子メール（緊急時を除く）
⑤ 夜間（午後10時から午前6時）の電話、FAX、電子メール（緊急時を除く）
⑥ 著しく不快な物の送付等
⑦ 名誉を害する事項の告知等
⑧ 性的羞恥心を害する事項の告知、物の送付等

(4) 子への接近禁止命令（DV防止法10条3項）

　加害者が被害者の同居する未成年者の子を連れ戻すと疑うに足りる言動を行っている場合、未成年者の子に対しても接近禁止命令の発令ができます。加害者が被害者の子を連れ去った場合、被害者が子を取り戻すために加害者と会うことを余儀なくされ、配偶者から更なる暴力を加えられる危険性があるため認められた制度です。なお、対象となる未成年者の子が15歳以上の場合は、書面による子の同意が必要です（DV防止法10条3項但書）。

(5) 親族等への接近禁止命令（DV防止法10条4項）

　加害者が被害者の親族や密接な関係を有する者の住宅に押し掛けて著しく粗野又は乱暴な言動を行っている場合、被害者の親族等についても接近禁止命令の発令ができます。被害者が加害者の行動を止めさせるために加害者と会うことを余儀なくされ、更なる暴力を加えられる危険性があるため認められた制度です。なお、対象となる親族等の書面による同意が必要です（DV防止法10条5項）。

2　保護命令の要件

　保護命令が認められるためには、以下の要件を満たすことが必要です（DV防止法10条1項本文）。

⑴ **加害者から身体に対する暴力又は生命に対する脅迫を受けたこと**

　保護命令を申し立てることができるのは、加害者（配偶者・元配偶者（事実婚を含む））から身体に対する暴力又は生命に対する脅迫を受けた者です。DV防止法における配偶者からの「暴力」の定義には、身体に対する暴力だけでなく、これに準ずる「心身に有害な影響を及ぼす言動」も含まれますが（同法1条）、上記の要件にあたらない暴力は保護命令の対象にはなりません。また、暴力等を受けた後に夫婦関係を解消した場合は、以前に受けた暴力等をもとに保護命令を申し立てることができますが、夫婦関係を解消した後に受けた暴力等をもとに申し立てることはできません。

　平成25年の法改正により、生活の本拠を共にする交際をしている者から暴力を受けた被害者（いわゆる同棲中の恋人から暴力を受けた者）についても、保護命令の規定が準用されることになりました（同法28条の2）。

⑵ **加害者からの更なる身体に対する暴力により、その生命又は身体に重大な危害を受けるおそれが大きいこと**

　設問のように、これまで暴力をふるってきた夫が、妻の別居先の住居をつきとめて、しつこくつきまとっている場合、妻が再び暴力をふるわれるおそれは大きく、「生命又は身体に重大な危害を受けるおそれが大きい」といえます。

3　保護命令の申立て

⑴ **管　　轄**

　①相手方（加害者）の住所の所在地を管轄する地方裁判所、②申立人の住所又は居所を管轄する地方裁判所、③暴力が行われた地を管轄する地方裁判所のいずれにも申立てができます。ただし、居所の立証の問題や避難先が加害者に知れる危険性を考慮する必要があります。

⑵ **申立書面**

　保護命令の申立ては、書面によることが必要です（DV防止法12条）。申立書の書式は、各地方裁判所のホームページからダウンロードできます。

　申立書その他の記録は、相手方が閲覧・謄写（コピー）できますので（同法19条）、申立人が避難先等を秘匿している場合には、従前の住所等を申立人の住所として記載するなどの注意が必要です。

　申立書面には、①身体に暴力を受けた状況、②さらなる暴力により生命又は身体に重大な危害を受けるおそれが大きい事情、③子への接近禁止命令を得た

い場合は、配偶者が幼年の子を連れ戻すと疑うに足りる言動を行っていることその他の事情、④親族等への接近禁止命令を得たい場合は、配偶者が親族等の住居に押し掛けて粗野又は乱暴な行動を行っていることその他の事情、⑤配偶者暴力相談支援センターや警察に保護を求めていた場合は、その旨及び所定の事項を記載します（同法12条1項5号）。

なお、配偶者暴力相談支援センターや警察に保護を求めていない場合は、公証人面前宣誓供述書が必要ですが、あまり利用されていないようです。

前記①から④の事情については、暴力や脅迫を受けた際の状況、つきまといの状況、その際の夫の態度や言葉等を、できるだけ具体的に詳しく記載します。直近に暴力をふるわれていなかった場合でも、その理由（妻が、暴力をふるわれた時の恐怖心から、夫に逆らうことができず、夫の顔色をうかがいながら暮らしたため、暴力を受けずにすんだこと等）によっては、保護命令を得ることは可能です。

(3) 提出資料

申立ての際には、申立ての事情を裏付ける資料を提出します。暴力によりケガをした場合、その診断書又は写真があれば、暴力をふるわれたことの有力な証拠となります。暴力の直接の証拠がない場合でも、PTSD（心的外傷後ストレス障害）を発症した場合の診断書や暴力を受けた際の状況を詳述した陳述書によって、保護命令が認められた例もあります。

(4) 審尋の開始

申立てが受理されると、「速やかに」審尋が行われます（DV防止法13条）。

なお、東京地裁民事第9部では、申立当日に申立人の審尋を行います（念のため、事前に申立予定を連絡し、期日の調整等をしておくとよいでしょう。）。その後、相手方に申立書や書証の写し等を送付し、1週間から10日程度の内に相手方の審尋を行う運用がなされているようです。申立人代理人は、相手方の審尋期日に同席することも可能ですが、事案によっては安全に十分配慮する必要があります。

また、裁判所は、申立人が保護を求めた配偶者暴力相談支援センター又は警察に対し、所定の書面の提出を求め、必要があればさらにその内容について説明を求めます。

(5) 保護命令の言い渡し

保護命令は、相手方が審尋期日に出頭した場合には、その場で言い渡され、

効力が生じます。相手方が審尋期日に出頭しない場合には、決定書が相手方に送達されることによって効力が生じます（DV防止法15条2項）。

4 保護命令発令後の警察との連携

裁判所から保護命令が発せられると、裁判所が、その旨・その内容を、申立人の住所又は居所を管轄する警視総監又は道府県警察本部長（警察）に通知します（DV防止法15条3項）。したがって、申立書に従前の住所等を記載した場合には、裁判所には実際の住所又は居所を伝えておく必要があります。

また、申立書に支援センターに事前に相談した事実の記載がある場合は、当該支援センターにも保護命令が発令された事実と内容を通知します（同条4項）。

その後の所轄の警察による保護については、**Q97**を参照してください。

96 一時保護と避難時の留意事項

　夫は、気にいらないことがあると、私に対し、殴る、蹴るなどの暴力をふるいます。このまま同居を続けると、夫に殺されるような気がして怖くてたまりません。夫のいない所に逃げたいと思っていますが、頼れる知人もいません。どうしたらいいでしょうか。また、逃げる場合には、どのような点に注意したらよいでしょうか。

　配偶者暴力相談支援センターや警察に保護を求め、緊急一時保護施設（シェルター）に避難しましょう。

1　配偶者暴力相談支援センター

　DV防止法は、都道府県に対し、その設置する婦人相談所その他の適切な施設を、配偶者暴力相談支援センターとすることを義務づけています（DV防止法3条1項）。そのほか、市町村（特別区を含む）に対しても、配偶者暴力相談支援センターを設置すべき努力義務が規定されています（同条2項）。

　配偶者暴力相談支援センターは、配偶者からの暴力の防止及び被害者の保護のため、①相談、婦人相談員・相談機関の紹介、②医学的、心理学的カウンセリング、③緊急時における安全の確保、一時保護、④自立促進のため、就業の促進、住宅の確保、各種援護制度の利用についての情報の提供、助言、関係機関との連絡調整その他の援助、⑤保護命令の利用についての情報の提供、助言、関係機関への連絡、⑥居住させ保護する施設の利用についての情報の提供、助言、関係機関との連絡調整その他の援助の業務を行います（同条3項）。

　したがって、配偶者暴力相談支援センターに相談のうえ、夫の暴力から逃れる必要がある場合には、一時保護をしてもらうことができます（同条3項3号）。また、一時保護施設を出た後も、夫の暴力から逃れ、安全に生活していけるように、様々な援助を受けることができます。

　配偶者暴力相談支援センターのほかにも、市区町村役場、福祉事務所、警察の相談窓口等でも、配偶者からの暴力に関する相談を行っています。また、民

間の団体でも、相談窓口やシェルター機能を備えたところもあります。これらの施設や団体等は、それぞれが連携を保っていますので、どこかの窓口に相談に訪れることで適切な保護が受けられることになります（同条5項、9条）。

2　緊急一時保護施設（シェルター）とその利用方法

　配偶者暴力相談支援センターが行う一時保護のための施設（いわゆるシェルター）は、婦人相談所に設置されているほか、婦人相談所から委託された民間の団体の施設を利用する場合があります（DV防止法3条4項）。

　婦人相談所のシェルターは、福祉事務所を通しての利用が原則です。福祉事務所に前もって相談しておくと、遠隔地に逃げたいといった事情にも対応してもらえます。

　もっとも、そのような事前の準備の余裕がなく、暴力が差し迫っているときは、迷わず警察に保護を求めましょう。警察が、婦人相談所のシェルターに連絡してくれます。

3　避難時の留意事項と安全確保

(1)　避難時の持ち出し物

　もともと専業主婦であった場合や、避難に伴って仕事を休んだり辞めたりした場合には、収入が途絶えることになります。また、一時保護中はシェルターを無料で利用できますが、利用期間は2週間程度と限られています。

　シェルターを出た後も、夫の暴力から逃れ安全に生活していけるように、配偶者暴力相談支援センターや関係機関による様々な援助を受けることはできますが、これらの制度や援助は利用しつつも、生活と健康の維持については、できる限り自力で行っていけることが望ましいのはいうまでもありません（一時保護以後の生活の維持については、Q100を参照してください。）。

　そこで、可能であれば、家を出るときに、現金・あなたや子ども名義の預金通帳・印鑑・健康保険証かその写し・運転免許証など身分証明になるものを持って行くようにしましょう。

(2)　住所の探索の防止

　あなたが家を出たと知ると、夫は、あなたの所在を探し回ることが考えられます。夫にあなたの行方を探す手がかりを与えぬよう、携帯電話や住所録も持って出るようにしましょう。

家族や友人は心配するでしょうから、避難後に連絡を取ること自体はやむを得ませんが、あなたの所在を知らせるのは避けるべきです。これらの人たちが、夫のしつこい追跡や懐柔に負けて、あなたの所在を漏らしてしまう可能性も否定できないからです。連絡するときは、着信履歴が残らぬよう必ず公衆電話からするようにしましょう。

また、警察に事前に捜索願の不受理届を提出しておけば、夫から捜索願が提出されても、受理されることはありません。詳しくは、Q97を参照してください。

(3) 住民票・郵便物

住民票の異動や郵便物の転送の手続をとることは危険なので、可能な限り避けたいところです。なお、住民票や戸籍の附票については、全国の役所で、被害者からの申出により、加害者からの交付請求や閲覧請求を拒否する措置が講じられています。また、第三者からの請求の場合にも、身分確認や請求事由について厳格な審査が行われることになっています。しかし、弁護士や司法書士が正当な理由により住民票の写しを職務上請求した場合、交付されるのが原則です。したがって、やむを得ず、住民票の異動をする場合は、住民票等の閲覧制限の申出を行うとともに役所に十分事情を説明しておくことが大切です。

(4) 子どもの学校等

就学している子どもを連れて避難する場合、子どもは避難先の近くの学校に転校する必要が出てきます。義務教育については住民票の登録地の通学区域内の学校に通学するのが原則ですが、DVで住民票を異動できない場合は、住民登録していなくても、避難先の通学区域内の学校に転校することができます。

現在では、SNS（Facebook、Twitter、mixiなど）を利用している保護者、学生も多いため、SNSを通じて加害者に居所が判明してしまう危険性もあります。転入する際は、学校や保護者に事情を説明して配慮を求めるとともに、本名ではなく通称名を使用するなど、対策が必要です。

(5) その他

また、次のようなことも危険が伴うので避けるべきです。

① 避難先近くの銀行やATMで通帳やキャッシュカードを使用すること
② 避難先近くの銀行や店舗でクレジットカードを使用すること
③ 避難先近くの病院や診療所で健康保険証を使用すること（夫の扶養から外れ、新たに健康保険に加入する方法については、Q100を参照してください。）

97 DV事件における警察の役割

私は、夫から頻繁に暴力をふるわれています。先日も殴る蹴るの酷い暴力をふるわれたのですが、警察に取り合ってもらえるか不安で、110番通報をすることができませんでした。警察に通報したら、何をしてもらえたのでしょうか。また、暴力をふるわれている最中でないと、警察は何もしてくれないのでしょうか。

 110番通報をすれば、すぐに警察官が駆けつけてくれ、暴力の制止、加害者の現行犯逮捕、被害者の保護、今後の被害防止のための情報提供などをしてくれます。ですから、暴力をふるわれたときには、隙を見て、ためらわずに110番通報してください。

また、暴力の最中に限らず、DV相談、保護命令申立て、発令後の安全確保等の各場面において、警察機関が被害者の保護に重要な役割を果たします。

1 警察機関の重要な役割

配偶者から暴力を受けた被害者がまず頼るのは、多くの場合、警察機関です。平成26年度に警察が受理した相談件数は、5万9072件に上り、DV防止法の施行以後過去最多の件数となりました。DV防止法は、その手続の各段階において、警察機関に重要な役割を与え、また、被害者の保護のために、暴力の制止、被害者の保護その他の予防措置（同法8条）、関係機関との連携（同法9条）などの必要な義務を課しています。

警察官は、通報などにより配偶者からの暴力（DV）が行われていると認められるときは、警察法・警察官職務執行法など既存の法令に従って、暴力の制止、被害者の保護、その他被害の発生を防ぐために必要な措置をとるよう努めなければならないとされています（同法8条）。

具体的には、暴力行為の制止、警告、現行犯逮捕、事情聴取、負傷した被害者の一時保護、配偶者暴力相談支援センターや相談窓口の利用方法等の情報提供などをしてくれます。また、希望すれば自宅周辺の巡回をしてくれることもあります。さらに、DV防止法は、DVによる被害を自ら防止するための援助

を受けたい旨の申出が被害者からあったときは、必要な援助を行うべきことを警察署長さらには警視総監・警察本部長に対し義務づけており、警察による援助をより強化しています（同法8条の2）。

また、警察は、他の関係機関（配偶者暴力相談支援センター、福祉事務所、人権擁護機関等）と相互に連携を図りながら協力し合い、被害者の適切な保護を図るよう努めなければならないとされています（同法9条）。警察を含む関係機関は、被害者の保護に係る職員の職務執行に関し、被害者から苦情の申出があった場合には、適切かつ迅速にこれを処理するよう求められています（同法9条の2）。

2 「配偶者からの暴力相談等対応票」の作成

警察は、DVの相談を受けたら必ず「配偶者からの暴力相談等対応票」を作成します。この対応票は、全国の警察において統一の書式が使用されており、保護命令の審理の際には、裁判所の求めに応じて速やかに提出すべき書面となります（DV防止法14条2項）。裁判所は、警察に対し、対応票に記載された事項について更に説明を求めることもできます（同条3項）。

このように、対応票は保護命令申立ての信用力を担保し、迅速な裁判（同法13条）を実現するために、重要な位置づけを与えられています。したがって、被害を訴える場合、被害の時期・頻度・被害状況・被害場所など、必要記載事項についてできるだけ具体的かつ克明に伝え、警察にしっかり把握してもらうことが肝心です。

その際、注意が必要なのは、裁判所に提出された対応票は、相手方（加害者）が閲覧・謄写（コピー）できるという点です（同法19条）。警察としても、被害者の一時避難先については、相手方に知られないよう部内処理用書面のみに記載するなど、必要な体制をとっているようですが、相談する側としても、相手方に知られたくない事項については、警察にはっきりと告げておくことが大切です。

3 保護命令の発令後における保護

保護命令が発令されると、裁判所は、その旨及びその内容を速やかに申立人の住所又は居所を管轄する警視総監又は道府県警察本部長（警察）に通知します（DV防止法15条3項）。警察は、裁判所から通知を受けると、速やかに申

立人と連絡を取り、その住居その他通常所在する場所を把握して、所轄の警察署長に連絡をします。

そして、連絡を受けた警察署は、申立人と連絡を取り、警察官が申立人の自宅を訪問するなどして、緊急時の連絡体制、防犯上の注意点、配偶者暴力相談支援センターの利用に関する事項等について助言をし、そのほか、申立人の安全確保のために必要な方策（自宅周辺の巡回等）について、申立人と相談します。また、申立人が希望すれば、一時避難中に退去命令が発令されている住居に荷物を取りに行く際に、警察官が同行してくれることもあります。

また、裁判所は保護命令を発令した場合、速やかにその旨及びその内容を、申立人が相談等をした配偶者暴力相談支援センターにも通知します（ただし、申立人が、配偶者暴力相談支援センターに相談等をした事実があり、かつ、申立書に当該事実の記載がある場合に限る）（同条4項）。これにより、同センターは迅速に保護命令の発令を知ることができ、警察等と連携してより円滑に被害者の保護を図ることができます。

4 警察官の被害者への配慮義務、DVの特性についての研修・啓発

警察などの職務関係者は、DV被害者に接するときは、その心身の状況、置かれている環境等を踏まえ、人権の尊重・安全の確保・秘密の保持に十分配慮するよう義務づけられており、被害者が外国人や障がい者であることによる差別は許されません（DV防止法23条1項）。

さらに、国と自治体は、警察などの職務関係者に対して、被害者の人権、DVの特性に関する理解を深めるための研修・啓発を行うことが義務づけられています（同条2項）。

これは、DVにより精神的にダメージを受けている被害者は、警察官など職務関係者の言動によりさらに傷つきやすいこと（二次被害）、また加害者から報復される危険性が高く秘密の保持には特に留意が必要なことなど、職務関係者にDVの特性についての知識を習得する機会を与え、十分な配慮ができるようにすることを目指すものです。

5 捜索願に対する警察の対応

夫が妻の所在を探す目的で捜索願を出すことがありますが、警察が妻の家出の理由がDVによるものであるという事実を把握している場合には、捜索願は

受理されないことになっています。

　しかし、警察が当該事実を把握していない場合には、捜索願は受理されてしまいます。その場合でも、その後、家出の理由がDVによるものと判明した場合には、妻の意思に従い、その生存のみを連絡するなど、適切な措置を講ずることとされています。

　したがって、捜索願が出されてしまったとしても、警察に発見されたときに、家出の理由を説明すれば、夫に所在を通報されるおそれはありません。しかし、そのような煩わしさを回避するためにも、家を出るときには、警察に相談に行っておくことをお勧めします。

98 DV事件におけるストーカー規制法の利用

昨年夫と離婚しましたが、元夫が、私の自宅周辺を徘徊(はいかい)したり、毎日のように「愛している」などと言って電話をかけてきます。どうしたらいいでしょうか。

　配偶者や元配偶者が、別居した後や離婚した後、復縁を求めて本人やその家族の自宅周辺を徘徊したり、何度も脅迫電話をかけてきたりすることが珍しくありません。これは本人（多くの場合妻・元妻）とその家族にとっては、大変な不安と心身への負担となります。

　DV防止法の改正により、保護命令の対象は拡大されつつありますが（保護命令については、Q95をご参照ください。）、保護命令が認められるのは、身体に対する暴力があった場合又は生命・身体に対して害を加える旨の脅迫があった場合に限られ、引き続きストーカー規制法によりカヴァーしなければならない領域があることには変わりありません。

　そこで、このような場合、ストーカー規制法（「ストーカー行為等の規制等に関する法律」）の積極的な活用を考えるべきです。

1　「つきまとい等」「ストーカー行為」とは

　ストーカー規制法は、「特定の者に対する恋愛感情その他の好意の感情又はそれが満たされなかったことに対する怨恨の感情を充足する目的で」、「当該特定の者又はその配偶者、直系若しくは同居の親族その他当該特定の者と社会生活において密接な関係を有する者に対し」、①つきまとい・待ち伏せ・押しかけ・見張り、②監視していると告げる、③面会・交際の要求、④粗野・乱暴な言動、⑤無言電話、連続した電話・ファクシミリ、若しくは電子メールの送信(平成25年の法改正により追加)、⑥汚物などの送付、⑦名誉を傷つける、⑧性的羞恥心を侵害する行為を「つきまとい等」としています（ストーカー規制法2条1項）。

　そして、これら「つきまとい等」の行為を同じ相手に対し反復して行った場合、それは「ストーカー行為」とされます（同条2項）。ただし、上記の①か

ら④の行為については、身体の安全、住居等の平穏若しくは名誉が害され、又は行動の自由が著しく害される不安を覚えさせるような方法により行われる場合に限られます。なお、同一類型の「つきまとい等」を反復した場合に限らず、上記①～⑧のうちの複数の号を繰り返す「号またぎ」の場合にも、反復して行った場合にあたると判断した裁判例があります（東京高判平16.10.20）。

　ストーカー規制法3条は、何人も、つきまとい等の行為により、相手方に身体の安全、住居等の平穏若しくは名誉が害され、又は行動の自由が著しく害される不安を覚えさせてはならないとしています。「何人も」という以上、当然、配偶者・元配偶者の「つきまとい等」の行為も、ストーカー規制法による規制の対象となります。

2　ストーカー規制法をどう活用するか

　配偶者・元配偶者の「つきまとい等」の行為に対しては、ストーカー規制法に基づく以下のような対応が可能です。

(1)　「警告」（ストーカー規制法4条）を求める申出

　被害者が、警察につきまとい等の行為があったことを申告し、警告を求めます。警察からの警告により、まずは相手の自覚を促し、自発的につきまとい等の自粛を求めるのです。

　平成25年の法改正により、警告を発する警察が被害者の住所地に加え、加害者の住所地、つきまとい行為等が行われた地を管轄するものにも拡大され、より申出がしやすくなりました（ストーカー規制法10条2項）。

　さらに、警察は、被害者から警告を求める旨の申出を受けた場合、①警告をしたときは、速やかに当該警告の内容及び日時を申出者に通知し（同法4条3項）、②警告をしなかったときは、速やかにその旨及びその理由を、申出をした者に対して書面により通知しなければならないと規定され（同条4項）、つきまとい行為等を受けた被害者の関与が強化されました。

(2)　「禁止命令」の発令（ストーカー規制法5条）の申出

　配偶者・元配偶者が警告に違反し、更に反復してつきまとい等の行為をするおそれがあるときは、公安委員会は、被害者の申出（平成25年の法改正により追加）又は職権で、聴聞を行ったうえで、禁止命令を発令します（ストーカー規制法5条1・2項）。もし禁止命令に違反すれば、最高で1年以下の懲役又は100万円以下の罰金という刑罰の対象となります（同法14条、15条）。

平成25年の法改正により、警告と同様に禁止命令を発令できる公安委員会の管轄が拡大されました（同法10条1項）。また、被害者の申出があった場合の処分の有無については警告と同様の方法で通知されます（同法5条4項）。

(3) 告訴（ストーカー規制法13条1・2項）

ストーカー行為は、それ自体が犯罪行為です（6月以下の懲役又は50万円以下の罰金）。ですから、配偶者・元配偶者のつきまとい等の行為が繰り返され、「ストーカー行為」と認定される程度になった場合には、警告や禁止命令を待つ必要はなく、直ちに告訴することも可能です。

なお、告訴においては、警察に迅速に対応してもらえるよう、できれば写真・録音テープ・目撃者など、ストーカー行為の証拠を確保しておくことが望ましいでしょう。

(4) 仮の命令（ストーカー規制法6条）

警告を求める旨の申出を受けた警察本部長等は、つきまとい等の加害行為のうち、つきまとい・待ち伏せ・押しかけ・見張りの行為（ストーカー規制法2条1項1号）があり、反復のおそれが認められるとともに、申出者の身体の安全、住居の平穏等の平穏若しくは名誉が害され、又は行動の自由が著しく害されることを防止するために緊急の必要があると認めるときは、聴聞又は弁解の機会を付与せずに、反復して当該行為をしてはならない旨の仮の命令を発することができます（同法6条1項）。

3　DV防止法とストーカー規制法

以上のとおり、DV防止法の保護命令の対象となる「暴力」にあたらない配偶者の行為について、ストーカー規制法に抵触すれば同法によって処罰されます。このように、ストーカー規制法がDV防止法を補う形で、DV被害者の十分な保護が図られることが期待されています。

99 離婚手続における安全確保

私は、夫の暴力から逃れるため、知人宅に身を寄せています。夫と離婚したいのですが、夫の暴力が恐ろしく、とても夫に会うことはできません。夫と顔を合わせることなく、離婚をする方法はないでしょうか。調停や裁判でも夫に会うことになるのでしょうか。

調停では、原則として当事者の出頭が求められますが、夫と顔を合わせることなく手続を進めることが可能です。離婚訴訟では、代理人弁護士を依頼すれば、ほとんどの手続は、あなたが裁判所に出頭することなく進めることができますが、本人尋問のときだけは、法廷で夫と顔を合わせる場合があります。

1 協議離婚の場合

第三者を介して、あるいは郵便でのやりとりにより、あなたが直接夫に会うことなく離婚届を作成することは可能です。夫に避難先を秘匿している場合には、離婚届の返送先を代理人弁護士の事務所宛にすることもできます。

ただし、夫が協議離婚に応じない可能性が高い場合や、第三者や代理人弁護士に危害を加えるおそれがある場合には、協議離婚を試みることなく、直ちに裁判所の手続を利用するべきでしょう。

2 調停の場合

DV防止法では、DV被害者の保護、捜査、裁判等に職務上関係がある者（職務関係者）に対し、被害者の安全の確保に配慮するよう義務づけています（同法23条）。

そのため、調停では、危険性の度合いに応じて、裁判所内や裁判所への行き帰りに当事者同士が顔を合わせることがないよう、出頭時間をずらしたり、調停の終了前に帰宅させる等、様々な配慮をしてくれます。相手方から危害が加えられる可能性が極めて高い場合は、調停を別々の部屋で行ったり、調停期日を別の日に設ける場合もあります。調停では初回に申立人と相手方が同席して

説明を受けるのが原則ですが（Q3参照）、DV等により相手方と同席することに心理的負担が大きい場合は、別席で説明を受けることができます。

　このような配慮を求めるには、事情説明書や上申書に、離婚の原因が夫の暴力にあること、保護命令が出ている場合にはその旨、夫が裁判所で暴力行為に及ぶ可能性があることなどを記載するほか、期日前に裁判所書記官と連絡を取り、あなたの身の安全のために、どのような配慮が必要か打合せをしておくことが大切です。

　家事法の制定に伴い、調停申立書を相手方に送付することが規定されたため（同法256条1項）、申立書に現住所を記載してしまうと、相手方に知られてしまいます。そのため、相手方に住所を秘匿している場合は、申立書に現住所を記載せず、本人の特定のために旧住所（相手方と以前暮らしていた住所）等を記載することも可能です。裁判所には、連絡先の届出書を提出する必要がありますが、私生活の平穏が害されるおそれ等を理由として、非開示の希望に関する申出書を一緒に提出すれば、原則として相手方に連絡先が開示されることはありません（Q2参照）。なお、代理人弁護士を依頼した場合は、弁護士事務所を連絡先に指定すれば足ります。

　また、当事者が「遠隔の地に居住しているときその他相当と認めるとき」は、電話会議システムやテレビ電話会議システムを利用して調停を行うことができます（家事法54条1項、258条）（Q2参照）。同法は「その他相当と認めるとき」にも電話会議システム等を利用することを認めていることから、調停期日に裁判所で相手方から危害を加えられる可能性が極めて高いために出頭できない場合にも電話会議システム等の利用が認められる可能性があります。ただし、その場合も、調停成立の時は、裁判所に出頭する必要があるので注意が必要です。

　このように、調停では、調停の成立又は不成立に至るまで、夫と顔を合わせることなく手続を進めることができます。

　なお、DV事案の場合、加害者に自覚がなく、調停期日を重ねても、結局合意に至らないケースが多いので、早めに不成立とする決断も必要です。

3　離婚訴訟の場合

　夫が調停期日に出頭せず、又は離婚（離婚に伴う条件）に応じない場合には、調停は不成立となり、離婚訴訟を提起することになります。

　離婚訴訟では、代理人弁護士がいる場合、当事者本人の出頭が必要な手続は

限られています。また、出頭する場合でも、調停のときと同様、危険性の度合いに応じて、裁判所内や裁判所への行き帰りに当事者同士が顔を合わせることのないよう、様々な配慮をしてくれます。

ただし、離婚訴訟の場合には、ほとんどのケースで本人尋問が行われます。夫も当事者として出廷する権利がありますので、あなたが証言するときに、法廷内の被告（原告）席にいる夫と顔を合わせることになります。

被害者の保護、捜査、裁判等に職務上関係のある者は、被害者の安全に配慮するだけでなく、DV被害者の心身の状況、その置かれている環境を踏まえ、その人権を尊重することも義務づけられており（DV防止法23条）、尋問を行う場合には、できる限り短時間にとどめるなどの配慮をしてくれます。また、事案の性質、証人の心身の状態、証人と当事者本人との関係等その他の事情により、証人が当事者本人の面前で陳述するときに圧迫を受け、精神の平穏を著しく害されるおそれがあると認められる場合には、被告（原告）席と証人席の間に遮蔽措置をとることもできます（民訴203条の3第1項、210条）。

100 別居後の生活の維持

夫は、毎日私を罵り、私が少しでも言い返したりすると、大声で怒鳴りちらしたり、何時間も説教を続けたりします。身体に対する暴力はないのですが、精神的に耐え難い毎日です。私は長年専業主婦で、今後の生活が不安で、これまで別居に踏み切る勇気がありませんでしたが、近いうちに思い切って家を出ようと考えています。夫からの援助を得ることなく、生活していく手段はあるでしょうか。

 配偶者暴力相談支援センター、福祉事務所その他の関係各機関の連携により、被害者の事情に即した様々な援助が受けられますので、夫の援助を受けずに生活していくことができます。

1 被害者の自立支援の必要性

被害者が夫との同居中に専業主婦であったり、避難によって仕事を辞めざるを得なくなる場合には、別居後すぐに住居や経済的な問題に直面することになります。

DV防止法では、配偶者暴力相談支援センターの業務として、自立支援に関し、①自立促進のため、就業の促進、住宅の確保、各種援護制度の利用についての情報の提供、助言、関係機関との連絡調整その他の援助、②居住させ保護する施設の利用についての情報の提供、助言、関係機関との連絡調整その他の援助（同法3条3項）を行うことを定めています。また、福祉事務所は、生活保護法、児童福祉法、母子及び寡婦福祉法その他の法令の定めるところにより、被害者の自立を支援するために必要な措置を講ずるよう努めなければならないとされています（同法8条の3）。

2 暴力の定義

DV防止法の保護の対象となる暴力には、身体に対する暴力だけでなく、これに準ずる心身に有害な影響を及ぼす言動も含まれます（ただし、保護命令についてはQ95参照）。心身に有害な影響を及ぼす言動には、大声で怒鳴るなど

の精神的暴力、生活費を渡さないなどの経済的暴力、望まない性行為を強制するなどの性的暴力があげられます。設問のように、日常的に罵る、大声で怒鳴る、長時間説教するなどの行為は精神的暴力といえますので、配偶者暴力相談支援センターの各種保護が受けられます。

3 生活の問題

避難することで収入が途絶えてしまった場合、当面の生活費をどのように工面するかが最大の課題となります。

(1) 生活保護

一時保護施設を出た後、収入も蓄えもない場合、生活保護を受給することができます。

生活保護には、生活扶助、教育扶助、住宅扶助、医療扶助、介護扶助、出産扶助、生業扶助、葬祭扶助があり、最低限の生活を維持することが可能です。

生活保護は、通称名や住民票所在地以外でも受給できます。また、DV被害者の場合、夫と離婚していなくても、夫の収入や扶養の意思とは無関係に、受給が認められます。

(2) 児童扶養手当

父母が婚姻を解消した児童や父母が引き続き「1年以上遺棄」している児童等を監護する児童の母父又は養育者には、児童扶養手当が支給されます（児童扶養手当法4条1項、同法施行令1条の2）。DV被害者が子を連れて家を出た場合には、遺棄の認定にあたり、別居期間、母の離婚意思等が考慮されますが、都道府県によって認定に難易があるようです。

また、平成24年8月からは、配偶者からの暴力により、父又は母が保護命令（DV防止法）を受けている児童についても、児童扶養手当の支給対象となりました（児童扶養手当法施行令1条の2、2条）（Q88参照）。

児童扶養手当は、生活保護と同様に通称名や住民票所在地以外でも受給できます。

児童扶養手当の詳しい内容及び生活保護との関係については、第12章を参照してください。

(3) 健康保険

別居後に夫の被扶養となっている保険証を医療機関で使用すると、あなたが診療を受けた病院が夫にわかってしまう危険性があることから、以下の方法で

新たに健康保険に加入することもできます。

　① 夫が国民健康保険に加入していた場合

　あなたが現在住んでいる市町村役場に行き、夫とは別世帯として国民健康保険に加入することができます。

　② 夫が社会保険に加入していた場合

　夫の勤務先の保険組合（以下、「保険者」といいます。）があなたの被扶養者資格喪失手続をとった後、国民健康保険に加入することができます。

　以前は、夫が保険者に対して被扶養者資格喪失手続を行う必要があったため、夫が手続に協力的でない場合、夫の扶養から外れて国民健康保険に加入することは困難でした。しかし、現在は、被害者が配偶者暴力相談支援センターで配偶者からの暴力を受けている旨の証明書を発行してもらい、当該証明書を添付して保険者に対して被扶養者から外れたい旨の申告をすれば、夫の協力なく、被扶養者の資格喪失手続を行い、国民健康保険に加入することができます。

⑷　年　　金

　あなたが国民年金第3号被保険者（会社員、公務員等の被扶養配偶者）の場合、夫の扶養から外れると、あなたは国民年金の第1号被保険者への変更手続を行う必要があり、保険料の納付義務が生じます（Q74参照）。

　国民年金は、前年所得（1月から6月までの申請の場合は前々年）が一定以下の場合に保険料が免除されます。以前は所得の判断にあたり、本人の所得はもちろん、世帯主や配偶者の所得も含めて判断されるため、夫に所得がある場合、あなたの所得が一定以下であっても、保険料の納付義務が免除されることはありませんでした。しかし、平成24年7月より、DVを理由に夫と住所が異なる場合は、夫の所得にかかわらず、本人の所得を基に免除の判断がなされるようになったため、あなたの所得が一定以下の場合は、保険料が免除されます。

　詳しくは、お近くの年金事務所や市町村役場にご相談ください。

4　住宅の問題

　民間住宅は、敷金や礼金が必要であったり、保証人をつける必要があるなど、避難してすぐに入居するのは困難な場合もあります。そのような場合には、次のような施設や公営住宅を利用することが考えられます。

(1) 婦人保護施設

　婦人保護施設は、売春防止法36条により都道府県や社会福祉法人などが設置している施設です。もともとは売春を行うおそれのある女子を収容保護する施設でしたが、現在では、家庭環境の破綻や生活の困窮など、様々な事情により社会生活を営むうえで困難な問題を抱えている女性も保護の対象としています。

　婦人保護施設は、婦人相談所を通じて保護が行われます。

(2) 母子生活支援施設

　母子生活支援施設（かつての母子寮）は、児童福祉法38条に基づき、配偶者のない女子又はこれに準ずる事情にある女子及びその者の監護すべき児童（18歳未満）を入所させて、これらの者を保護するとともに、これらの者の自立の促進のためにその生活を支援することを目的とする施設です。

　母子生活支援施設においては、母子を保護するとともに、その自立を促進するため、それぞれの母子の状況に応じ、就労、家庭生活及び児童の教育に関する相談及び助言を行う等の支援も行っています。

　母子生活支援施設は、福祉事務所を通して入所します。

(3) 宿所提供施設

　社会福祉法に基づいて設置されている施設と生活保護法に基づいて設置されている施設があります。母子生活支援施設と違い、未成年の子の有無にかかわらず利用でき、生活相談や自立支援も行っています。

(4) 公営住宅

　公営住宅とは、地方自治体が低所得者向けに低額で貸し出す公的賃貸住宅です。公営住宅は全国に約219万戸あり、4割が都道府県営住宅、6割が市町村営住宅です。自治体によっては母子世帯に優先入居枠を設けているところもあります。

　ただし、公営住宅は民間住宅に比べて家賃が安いため入居希望者が多く、地域によっては入居に時間がかかる場合があります。

5　就労の問題

　避難後、自立して生活していくためには、仕事に就き、安定した収入を得ることが必要です。しかし、子どもが小さい場合や夫の追跡をおそれて住民票の異動ができない場合などは、安定した収入を得られる仕事が見つかりにくいの

が現状です。

　公共職業安定所（ハローワーク）では、母子家庭のために専門の職員が就職に関する相談・指導を行い、適性に合った事業所へ職業紹介を行うとともに、公共職業訓練施設等における職業訓練のための手当を支給する等の援助が行われています。

　また、各都道府県に設置されている女性就業援助センターでも、就業相談のほか、職業訓練や講習会が行われています。

　そのほか、各自治体に母子自立支援員が配置されており、母子家庭等就業・自立支援センターでも、就業相談、就業支援講習会が行われています。

　DV防止法では、配偶者暴力相談支援センターや福祉事務所にも、DV被害者に対し、就業促進のための情報の提供、助言、関係機関との連絡調整その他の援助を義務づけており、上記の関係各機関との連携により、就業促進が図られることが期待されています。

編集後記

　当部会は、平成8年に「離婚をめぐる相談100問100答」の初版を刊行し、平成18年に改訂版を出版しました。前回改訂版から10年近く経過しましたが、その間に家事事件手続法の制定をはじめとして、離婚をめぐる手続きやその周辺分野で大きな変更がありました。また、離婚をめぐる法律問題について、裁判例や実務、社会全体の考え方にも変化が生じています。本書は、離婚に関する法律問題をめぐる状況の変化や、私たち弁護士の経験を踏まえ、前著を全面的に改訂したものです。

　私は、今回の改訂作業から執筆に参加致しましたが、前著との出会いは、司法修習中の裁判官室でした。離婚事件を勉強する際に前著を手に取り、前著が離婚の法律的な問題だけでなく、福利厚生制度、年金等、離婚をめぐる周辺手続きについて解説されており、離婚後の生活や経済的な保障の重要性に理解を深めたことをきっかけに、離婚事件について興味を持ちました。弁護士となった現在は、離婚事件をはじめとする家事事件を多く扱っています。家事事件に興味を持つきっかけとなった本の改訂作業に参加することが出来、不思議な縁を感じるとともに、とても嬉しく思っています。

　本書の改訂作業では、部会員の先生方と討論や情報交換を重ね、先生方の経験に基づいた実践的な意見を執筆に反映させることが出来、非常に勉強になりました。先生方は多忙な日常業務の中での執筆活動でご苦労があったかと思いますが、夏期に熱海に合宿に行き、泊まり込みで改訂作業を行うなど、とても楽しい改訂作業でした。

　本書は、弁護士や法律職の方々を想定して作った本ではありますが、平易な表現を心がけましたので、一般の方々でも十分理解できる内容を備えていると思います。

　最後になりますが、関係者の皆様、部会員の皆様、本当にどうもありがとうございました。

平成28年1月

　　　　第一東京弁護士会人権擁護委員会

　　　　　両性の平等部会　部会員　土　田　清　子

執筆者一覧

第1章	安田 まり子	
	浜田 薫	
第2章	上中 綾子	
	野﨑 薫子	（千葉県弁護士会へ移籍）
第3章	松岡 太一郎	
	土井 智雄	
第4章	浅田 登美子	
	安田 明代	
	岡本 雅美	
第5章	中山 美惠子	
	友田 真貴子	
第6章	浅井 詩帆	
	松村 眞理子	
第7章	桜木 佳子	
第8章	岸本 学	
	関 麻衣子	
第9章	安田 まり子	
	下門 優枝	
第10章	巻淵 眞理子	
	安田 まり子	
第11章	沼田 美穂	
	岡本 雅美	
第12章	浅田 登美子	
	山澤 梨沙	
第13章	上田 清子	

離婚をめぐる相談 100 問 100 答
第二次改訂版

平成 28 年 2 月 20 日　第 1 刷発行
平成 31 年 1 月 20 日　第 2 刷発行

編　者　第一東京弁護士会人権擁護委員会

発　行　株式会社ぎょうせい

〒136-8575　東京都江東区新木場 1-18-11
電話　編集　03-6892-6508
　　　営業　03-6892-6666
　　　フリーコール　0120-953-431
URL：https://gyosei.jp

〈検印省略〉

印刷　ぎょうせいデジタル㈱　　©2016 Printed in Japan
※乱丁・落丁本はお取り替えいたします。

ISBN978-4-324-10091-2
(5108214-00-000)
〔略号：離婚（二訂）〕

読みやすくコンパクトな解説と豊富な書式
法曹実務家の新たな必携書が3年ぶりの改訂！

民事訴訟マニュアル 第2版 上・下
―書式のポイントと実務―

岡口 基一【著】

A5判・全2巻・各巻定価（本体5,000円＋税）

本書の特色

- 法曹実務家から絶大な支持を得た『要件実務マニュアル』の著者による、民事訴訟の実践マニュアル。訴状の作成・提出から上訴・再審まで、一連の流れに沿って、基礎知識や注意点を紹介。

- 簡潔で分かりやすい解説に、実務の現状に即した補足情報をふんだんにちりばめ、民事訴訟手続をがっちりサポート！

- 手続上必要となる書式や記載例を網羅的に本文中に掲げ、留意点等をそれぞれ説明。

- 『要件事実マニュアル』でもおなじみ、項目ごとに重要度順で紹介される参考文献で、更に詳細な情報へ効率的にアクセスできる。

ご注文・お問合せ・資料請求は右記まで

株式会社 ぎょうせい
〒136-8575 東京都江東区新木場1-18-11

フリーコール
TEL：0120-953-431 [平日9〜17時]
FAX：0120-953-495 [24時間受付]
Web https://gyosei.jp [オンライン販売]